高校教师队伍建设与管理模式探究

李 晋／著

吉林大学出版社

·长春·

图书在版编目（CIP）数据

高校教师队伍建设与管理模式探究 / 李晋著. -- 长
春 : 吉林大学出版社, 2020.12
ISBN 978-7-5692-8028-9

Ⅰ.①高… Ⅱ.①李… Ⅲ.①高等学校—教师—师资
队伍建设—研究②高等学校—教师—管理模式—研究
Ⅳ.①G645.1

中国版本图书馆CIP数据核字(2021)第022603号

书　　名：高校教师队伍建设与管理模式探究
　　　　　GAOXIAO JIAOSHI DUIWU JIANSHE YU GUANLI MOSHI TANJIU

作　　者：李　晋　著
策划编辑：矫　正
责任编辑：周　鑫
责任校对：李潇潇
装帧设计：雅硕图文
出版发行：吉林大学出版社
社　　址：长春市人民大街4059号
邮政编码：130021
发行电话：0431–89580028/29/21
网　　址：http://www.jlup.com.cn
电子邮箱：jdcbs@jlu.edu.cn
印　　刷：长春市华远印务有限公司
开　　本：787mm×1092mm　　1/16
印　　张：13.75
字　　数：200千字
版　　次：2022年5月　第1版
印　　次：2022年5月　第1次
书　　号：ISBN 978-7-5692-8028-9
定　　价：50.00元

前　言

近些年来，我国施行科教兴国战略和人才强国战略，其核心便是要通过培养高端技术人才和专家，实现国家复兴。在这个过程中，高等教育扮演着重要角色，承担着培养知识人才和技术研究的重要任务。而高等教育能否发挥应有的作用，其核心在于高校的教师队伍素质如何。因此，从我国的宏观战略出发，为推进社会经济快速发展，就必须重视高等学校的发展，特别是加强高校教师队伍的建设与管理。

我国现代高等教育的发展经历了借鉴、自主、融合的发展阶段，每一段历程都积累了宝贵的经验和财富。历史证明，凡是尊重人才、爱惜人才的时期，我国高等教育往往能够取得长足的发展。高校教师是高校人力资源的核心组成部分，肩负着人才培养、知识创新和社会服务等主要任务，既是高等教育领域的劳动者，也是国家关心、关注的对象。高校教师肩负着对大学生传道、授业、解惑的责任，是为国家培养人才的基层工作者。同时，高校作为知识传播、创新的主要阵地，高校教师则是知识传播、创新的中坚力量。而在社会服务方面，高校教师在实际上承担起了高校与社会对接、融合的任务，成为高校履行社会责任的实践者。当前高校教师已然成为人才培养、知识创新和社会服务的主力军，高校教师的管理、发展成为我们必须给予足够关注的问题。

当前，高校师资建设面临着理论、制度和实践层面的诸多挑战，高校教师管理模式的创新则应回应这些关切。一方面，高校师资队伍建设面临着"谁来建""如何建"等理论诉求。高校教师队伍的现代管理模式应在理论层面进一步明确高校在教师队伍建设中的主体地位，从根本上解决高校教师队伍建设的主体问题。因此，如何创新高校教师队伍建设与管理模式，充分调动教师的积极性、主动性、创造性，充分发挥教师的主体性作用，建立一支优秀的高校教师队伍，实现教师的全面发展，既是摆在高校和高校管理者面前的一道难题，更是高校发展甚至是国家教育战略中的重中之重。

与西方发达国家相比，我国高校的发展水平还存在很大差距，其中在教师队伍建设和管理上，表现出明显的体制落后问题，这难以适应新时期的发展需求。因此，我国在高校教师队伍建设和管理中，要积极借鉴国外先进经验，创新教师队伍管理模式，持续提升教师队伍综合素质，推动高校建设向国际先进水平迈进，进而提升中国的全球影响力和竞争力。

基于此，本书结合人本管理理论、人的全面发展理论、战略人力资源管理理论、教育人才学理论等基础理论和中国特色社会主义理论、改革开放以来中国共产党关于教育的理论、党的十八大以来国家出台的高校师资队伍建设的相关政策等以及国内外高校教师队伍建设与管理的先进经验与启示，站在系统的高度对我国高校教师建设管理的本质、意义和现状进行分析，阐述我国高校人事管理制度改革的历史变迁及经验，剖析我国高校人事管理制度现状及影响因素，对传统人事管理与现代师资管理进行比较分析；进而从树立"以人为本"的人本管理思想、建立产学研战略联盟、构建国际化培养模式、加快"双师型"教师培养的步伐、优化高校教师分类管理模式等五个方面构建现代师资管理新模式；并提出了加强高校教师队伍建设管理的建设性实践路径，即遵循高校教师队伍建设管理的基本原则、强化现代师资管理模式的基本内容、充分发挥政府对高校教师人力资源开发的统筹主导作用、严格教师队伍的遴选、加大高校教师队伍的培训力度、健全高校教师队伍的管理机制。本书为高校教师的管理实践提供了现实标准和操作方案，有益于最大限度发挥高校教师管理效力，推进高校教师队伍建设进程。

本书借助战略人力资源管理理论等研究工具，采用文献分析法、历史分析法、比较研究法等研究方法，深入展开了对于我国高校教师队伍建设管理的考察与分析，有利于高校未来的发展，进而充实高等教育管理的相关理论；有助于提升高校人力资源管理的能力，完善人事制度；对于高校人事制度改革、教师个性化培养方案制定具有现实的指导意义。

当前，我国高等教育事业的飞速发展与社会经济、政治、文化等外部环境有着紧密的互动性联系，高校教师队伍建设管理同样不能脱离特定的内外部环境。随着社会的不断发展，影响高校教师队伍管理、发展的内外部环境也在时刻发生着变化，这就要求高校教师队伍建设管理应是一个动态的、内外部环境变化同步的管理模式。高校教师队伍建设与管理模式这一问题仍会不断发展，后续问题需要我们继续探索和研究。

目 录

第一章　高校教师队伍建设管理概述

　　教师是太阳底下最光辉的职业，承担着塑造灵魂、塑造生命、塑造人的重担。高校师资队伍的质量关乎青年人才的培养、关乎教育事业的发展、关乎中华民族伟大复兴中国梦的实现。知识经济时代的到来和高等教育大众化在中国的实现是21世纪中国高等教育面临的新形势，这一新形势对高校教师队伍建设提出了数量、质量、结构、水平、素质、能力等一系列新的要求。高校师资队伍管理是与高等教育同步发展的，当高等教育进入了知识经济时代和大众化发展阶段，高校师资队伍管理也应该进入一个新的阶段，传统的管理方式已经不适应新形势发展的需要，要求对高校师资队伍进行更有效的管理，要求寻找新的、更有效的方法。因此，适应高校教师队伍建设和发展的需要，探究高校教师队伍建设与管理模式，建立高校教师队伍管理体系与方法，对高等教育发展的影响和高校教师队伍建设有着重要的现实意义和理论意义。

　　本章从高校教师队伍建设管理的相关概念界定着手，阐述了高校教师队伍管理的本质，指出了高校教师队伍建设管理的重要意义，并就高校教师队伍建设管理的现状进行分析，总结以往取得的显著成绩，剖析存在的突出问题及其影响因素，旨在为进一步探究高校教师建设与管理模式奠定坚实的研究基础。

一、相关概念界定

（一）核心概念厘定

1. 高校教师

在学术研究领域对于高校教师这一概念有着不同的理论解读。一是从高校的属性出发推导出高校教师的属性。纽曼（J.H.Newman）认为大学是"教授广泛性学问的处所"[①]，大学的主要职能就是知识的传播和理智、自由的培养。雅斯贝尔斯（K.Jaspers）认为大学是一个学者和学生构成的，竭力追求真理事业的共同体，大学应追求文化涵养的创造。现有的诸多研究则赋予了高校教学、科研和社会服务等诸多职能，进一步丰富和外延了高校的属性。二是从高校教师的职业特征来界定高校教师概念，认为高校教师是一种专门性的学术职业。沈红通过对大学教师与学术职业概念的辨析，认为在中国的语境下，大学教师这一群体从事的学术工作属于学术职业的范畴[②]，学术职业是以学术为生，以学术为业，学术的存在和发展使从业者得以生存和发展特征的职业。[③]本书综合学者们对于高校属性的描述，将高校界定为承担教学、科研、社会服务三种职能的教学型大学及以上层次的全日制普通高校，它不包括普通高等专科学校、私立高等学校、高等职业技术学校和各类高等成人教育性质的学校，也不包括军事院校、党校这些具有特殊目的及特定培养目标的学校。

同时，我国对教师这一概念，有着法律上的明确规定。《中华人民共和国教师法》规定：教师是履行教育教学职责的专业人员，承担教书育人，培养社会主义事业建设者和接班人、提高民族素质的使命。《中华人民共和国教育法》也规定：国家实行教师资格、职务、聘任制度，通过考核、奖励、培养和培训，提高教师素质，加强教师队伍建设。学校及其他教育机构中的管理人员实行教育职员制度。学校及其他教育机构中的教学辅助人员和其他专业技术人员，实行专业技术职务聘任制度。《中华人民共和国高等教育法》则规定：高等学校实行教师资格制度和教师职务制度。高等学校教师职务根据学校所承担的教学、科学研究等任务的需要设置。教师职务设助教、讲师、副教授、教授。高等学校的管理人员，实行教育职员制度。高等学校的教学辅助人员及其他专业技术人员，实行专业技术职务聘任制度。从我国相关法律对于教师的规定可以看出，在法律层

---

① ［英］约翰·亨利·纽曼.大学的理想（节本）［M］.徐辉, 顾建新, 何曙荣, 译.杭州: 浙江教育出版社, 2001: 1.
② 沈红.论学术职业的独特性［J］.北京大学教育评论, 2011（03）: 18-28.
③ 沈红.论学术职业的独特性［J］.北京大学教育评论, 2011（03）: 18-28.

面上，高校教师主要是指高校中履行教学职责的专业人员，区别于高校中的管理人员、教学辅助人员和专业技术人员，法律层面上对于高校教师概念的规定是我们一般理解的狭义上的高校教师。

基于此，本书综合从法律属性、高校属性和职业特征等三个方面对高校教师概念的界定，将高校教师界定为在教学型大学级以上层次的全日制普通高校中从事专门教学、科研任务，履行社会服务职责的从事专门学术职业的专任教师。

2.高校教师队伍

本书所指的高校教师队伍，主要指高校中具有教师资格、专门从事教学工作的人员，他们组成一个高级人才集合体，包括教学、科研以及担任管理岗位的教师，他们不仅履行教育职责教书育人，承担培养社会主义接班人的重任，同时也是搞好科学技术研究、推进科技进步的重要力量，肩负着提高全民族整体素质的重大使命。

3.高校教师队伍建设

高校教师队伍建设是高校教育事业发展的一项基础性工程。其内涵在于动态地调控师资队伍的结构，使师资队伍的结构不断趋于合理，在提高师资队伍水平的同时应注重学校师资队伍的可持续发展，这也是学校人力资源管理工作的重中之重。学校人力资源部门要根据学校各学科发展和办学规模的需要，规划好人才的引进及培养工作，物色各种必需的人才，使学校的发展保持活力。

4.高校教师队伍管理

高校教师队伍管理是指高校管理层中的负责人力资源的部门，基于本学校发展的目标与需求，使用专业的人力资源管理理论和方法，合理地对学校的教师队伍进行配置、开发，协调师教师队伍中的人际关系，对教师队伍从聘任、考核、调配、培训直至退休，进行全面科学的管理和调控，从而达到对学校教师队伍高效率的利用的目的。

综上所述，高校教师队伍建设与管理的实质就是人力资源的开发与管理，其至少应包括如下内容：（1）教师队伍建设管理的政策制定；（2）教师队伍建设管理的制度设计；（3）教师队伍建设管理的具体措施。

（二）相关概念辨析

1.高校教师人事管理与高校教师人力资源管理

"随着高等教育进入内涵式发展阶段，长期困扰高校发展的体制机制性障碍，特别是用人机制的瓶颈性因素进一步凸显。"[①]传统的高校教师人事管理是区别于高校教师人力资源管理的概念，其主要是指高校等管理主体依据相应的人事管理政策、制度和规划，对学校教师的聘任、调配、培训、薪酬、考核等开展相关管理工作，其本质上是一种针对高校教师的管理实践活动。科学、高效的教师人事管理活动是维护高校正常管理秩序，促进高校和谐、健康发展的基本保证，也是促进高校教师专业成长的有力保障。传统的高校教师人事管理主要呈现出"人事观""行政观"和"计划观"等相应特点。具体来看，就"人事观"来说，传统的高校教师人事管理更多地将高校教师视作隶属于学校事业编制的体制内人员，高校教师往往拥有"铁饭碗"，高校教师人事管理的对象是人，而不是相应的工作岗位；就"行政观"来说，高校教师人事管理更多的是一种行政至上的管理理念，高校教师只是被管理的对象，处于一种相对被动的位置；就"计划观"来说，高校教师人事管理属于传统的计划经济时期的产物，强调高校教师的人事管理计划性和高校教师对于管理活动的服从性，相应管理活动缺乏必要的灵活性而显得较为机械。

而高校教师人力资源管理更多地将高校教师视作一种资源，高校教师人力资源管理的管理对象为高校教学活动中的教师以及教师与组织、环境、事、物的相互联系。[②]虽然其同样也是高校等管理主体依据相应的管理政策、制度和规范对高校教师进行的相应管理活动，但是这一管理活动相对于高校人事管理来说，在管理理念上发生的较大变化，呈现出"人本观""服务观""统一观"和"发展观"等相应管理理念的统一。具体说来，就"人本观"来说，高校教师人为资源管理将高校教师视作高校发展最重要的资源，强调以教师为本，充分发挥教师的主动性，发掘教师发展潜力，促进教师发展，最终实现高校教师人力资源的整体提升。就"服务观"来说，高校教师人力资源管理，强调以学术为中心、教师为中心，认

---

① 管培俊.关于新时期高校人事制度改革的思考[J].教育研究,2014（12）：72.

② 傅冰钢.高校教师人力资源管理改革初探[J].江苏高教,2003（02）：96.

为"大学教师和科研人员是办学的主体，他们在审议学科专业的设置，制订教学科研计划，评议教学科研成果等有关学术事项中具有举足轻重的作用"①，高校教师人力资源管理从本质上来说就是服务高校教师发展和高校教师人力资源队伍发展的实践活动。就"统一观"来说，高校教师人力资源管理更多地将高校教师专业发展和高校发展统一起来，认为高校教师专业发展和高校发展是密不可分的统一体，呈现相互促进的互动关系。同时，高校教师人力资源管理的对象不仅是高校教师，还包括教师与组织、环境、事、物的相互联系。就"发展观"来说，一方面，高校教师人力资源管理有其客观的发展规律，高校教师人力资源管理的观念、理论、方式和手段是随着时代和社会的发展而发展的；另一方面，高校教师人力资源管理将高校教师视作发展、变化的人力资源，这在客观上促进了高校教师的专业发展和成长。

将上述两种管理模式进行对比来看，高校教师人事管理更多的是一种传统的教师管理模式，而高校教师人力资源管理在某种意义上是高校教师人事管理不断发展、进化的结果。当前，我国在现代大学制度的建设过程中，高校教师管理正处于从人事管理到人力资源管理的转变过程当中，这样一种转变更强调统筹和协调，也更加强调人的作用和规则的力量。

2.高校教师队伍管理、管理制度与管理模式

管理制度是指组织为实现管理目标对内外部资源、组织架构、组织功能、组织目的所采取的组织、控制、协调、反馈等活动所依据的规范形式的总和，是一种组织行为规范和依据。制度是高校教师队伍管理的刚性要求②，制定科学合理的制度是进行规范、有效的人事管理的前提保证。当前，我国高校现代大学制度的建设目标就是实现高校的科学管理，而科学管理也是管理部门及管理人员的至高理想，建立和完善各种规章制度则是实现科学管理的基本前提和依据。在建立完善的规章制度之后，只有通过全面贯彻和实施相应管理制度，才能够真正实现高校的科学管理。高校教师队伍管理制度则是高校教师队伍管理所依据的规则和规范，高校教师队伍管理在某种意义上就是高校教师队伍管理制度的具体实施。

① 王晓龙.关于高校人事管理制度的思考[J].黑龙江高教研究,2011(03)：44.
② 王晓龙.关于高校人事管理制度的思考[J].黑龙江高教研究,2011(03)：44.

管理模式是在管理理念指导下建构起来的，是在管理人性假设的基础上设计出的一整套具体的管理理念、管理内容、管理工具、管理程序、管理制度和管理方法论体系并将其反复运用于企业，使企业在运行过程中自觉加以遵守的管理规则。[①]管理模式应具有极强的适应性，这样，这种管理模式才能真正成为企业持续发展的保障。高校教师队伍管理是通过管理模式来体现的，而管理模式的实现是通过管理制度来保障的。三者互相依存，缺一不可。而我国高校现代的开放的教师队伍管理模式是指在国家宏观调控的背景下，通过把市场机制引入高校教师队伍管理工作中，打破以往传统的终身制教师管理模式，通过市场的自动调节，实行教师聘任制改革，发挥竞争机制的引导作用，合理配置资源，充分激活高校教师的创新能力，提高人力资源的利用效益；与此同时，贯彻公平、公正、公开的原则，建立一套合理的考核体系，强化激励，优胜劣汰，建立一种在管理、培养、考核上真正能够激发教师活力，实现师资结构和人力资源最佳配置，从而适应多元化、国际化、开放化高校建设的新的高校教师队伍管理模式。[②]

二、高校教师队伍管理的本质

本书拟采用系统分析方法，对高校教师队伍管理进行分析，系统分析方法从全局整体出发，找出目标系统的要素，以及要素之间的关系，同时考虑目标系统与环境之间的关系。使用系统分析方法，可以从系统整体上发现问题的实质，进而从根本上提出解决问题的方案。避免局部、片面地理解问题，避免出现"头痛医头，脚痛医脚"和"治标不治本"等问题的出现。

（一）高校教师队伍的相关系统

如果把"高校教师队伍"看作一个系统，那么这个系统的要素主要是"教师"，这些教师存在于"高校"环境下，它包括调配管理、薪酬管理、晋升管理、培训管理、考核管理、招聘管理等；也可将其看作"知

---

① 管理模式_360百科https://baike.so.com/doc/670042-709214.html.
② 基于开放式管理模式的高校师资队伍建设的思考https://www.xzbu.com/7/view-7928625.htm.

识"的系统，包括知识输入生产、加工管理、知识传播扩散管理、知识创新管理、知识输出管理、自学习管理等知识活动过程。

本书研究的目的在于提高高校教师队伍系统的整体特性。整体性包括要素种类、要素能力、要素数量、要素结构机制、体制，目的是提高要素能力。

影响教师队伍系统整体特性的内在因素包括以下几个方面。

1. 关联性方面

组成系统的各个要素之间都是相互联系、相互制约的，系统中没有孤立的要素存在。这种特性反映到教师队伍中，可体现为各类教师是相互联系、相互促进、相互影响的。

2. 多样性方面

客观事物的联系是多种多样的，联系的多样性，决定了系统的多样性，分析高校教师队伍这个系统，必须从它的组成成分、结构功能、相互联系的方式等多方面综合分析考察。

3. 层次性方面

从教师类型上分，可分为以教学为主型、以基础研究为主型、以应用研究为主型、以设计开发为主型；从学术职务上分，可分为院士、特聘教授、教授、副教授、讲师、助教等不同梯队；从年龄上又分为老、中、青等不同层次。

4. 动态性方面

系统总是发展变化的，构成教师系统要素是思想水平、业务水平、知识存量、工作态度、工作业绩等方面都是不断发展变化的，一名教师的工作经验从欠缺到丰富，学术水平从低到高，这都是动态性原则的具体体现。

5. 环境适应性方面

任何系统都存在于环境之中，与环境进行能量、物质、信息的交换，系统应具备调整的能力，使系统与环境在动态中适应。教师队伍系统应适应高等教育进入大众化阶段教育环境的变化。

（二）高校教师队伍的管理系统

我们把"高校教师队伍"看作一个系统，那么系统的要素主要是"教师"，这些教师存在于"高校"环境下，有三种大的类型——"教师编制"类、"政治教育"类和"科研编制"类。要对高校教师队伍进行管理，还涉及管理的主体，即高校的相关管理部门，这个管理体系不仅包括行政部门，如人事、财务、后勤等，而且还包括业务部门，如各院系、研究所等。这些管理部门的管理人员一般都是由这些"教师"来担任的，所以对于一个自然人来讲，他/她有可能既是管理者，又是被管理者。在这里笔者按角色来考虑各要素的关系。管理主体使用各种方法对高校教师队伍进行管理，两者主要是管理和被管理的关系，其中管理主体是管理者，高校教师队伍是被管理者。这种关系是通过各种方法实现的。

（三）高校教师队伍的地位

地位，是个人或群体在社会关系、社会格局中所处的位置，并由此显现出的对于社会的重要程度。关于高校师资队伍的地位，习近平在各种场合所作的关于"加强高校师资队伍建设"的重要论述，从人类进步、国家民族振兴、教育发展等方面进行了深刻阐释。

1. 高校师资队伍之于人类进步

习近平从人类进步角度论述了高校师资队伍的地位。2016年12月7日至8日，他在全国高校思想政治工作会议上指出："教师是人类灵魂的工程师，承担着神圣使命"[①]；2018年9月10日，他在全国教育大会上强调："人民教师无上光荣""教师是人类灵魂的工程师，是人类文明的传承者。"[②]在人类不断发展进步的过程中，高校师资队伍塑造着青年大学生的思想，帮助其树立正确的价值取向，引导其继承发扬中华文明，为整个人类的进步贡献中国力量。同时，对于青年大学生个人的前途命运，高校师资队伍也发挥着重要影响。2014年9月9日，他在同北京师范大学师生代表座谈时指出："一个人遇到好老师是人生的幸运。"[③]高校师资队伍能做青年大学生成长成才的人生导师和健康生活的知心朋友，帮助其追寻精彩人生。

---

① 习近平在全国高校思想政治工作会议上强调: 把思想政治工作贯穿教育教学全过程 开创我国高等教育事业发展新局面 [N].人民日报, 2016-12-09.
② 习近平在全国教育大会上强调: 坚持中国特色社会主义教育发展道路 培养德智体美劳全面发展的社会主义建设者和接班人[N].人民日报, 2018-09-11.
③ 习近平.做党和人民满意的好老师——同北京师范大学师生代表座谈时的讲话[M].北京:人民出版社, 2014: 4.

2. 高校师资队伍之于国家民族振兴

习近平从国家、民族振兴角度论述了高校师资队伍的地位。2014年9月9日，他在同北京师范大学师生代表座谈时提出："国家繁荣、民族振兴……需要涌现一大批好老师""一个民族源源不断涌现出一批又一批好老师是民族的希望"①；2019年3月，他在学校思想政治理论课教师座谈会上指出，在实现中华民族伟大复兴的奋斗之中，"思政课作用不可替代，思政课教师队伍责任重大。"②发展中国特色社会主义事业需要源源不断的人才资源，高校师资队伍的不断完善，能为民族复兴培养更多有担当、有作为的青年大学生，给复兴大业提供希望。2016年9月9日，他在北京八一学校考察时指出："党和国家事业发展需要一支宏大的师德高尚、业务精湛、结构合理、充满活力的高素质专业化教师队伍"③；2017年3月4日，他在看望参加政协会议的民进农工党九三学社委员时强调："我国广大知识分子是社会的精英、国家的栋梁、人民的骄傲，也是国家的宝贵财富。"④高校师资队伍作为知识分子中的重要组成，是国家的"智力担当""创新担当"，能够起到推动国家事业发展、推动经济社会前进的作用。

3. 高校师资队伍之于教育发展

习近平从教育发展角度论述了高校师资队伍的地位。2013年9月9日，他在致全国广大教师的慰问信中指出："教师是立教之本、兴教之源"⑤；2014年9月9日，他同北京师范大学师生代表座谈时强调："教育大计，教师为本""教育发展……需要涌现一大批好老师"⑥；2015年9月10日，他在给"国培计划（2014）"北师大贵州研修班参训教师的回信中指出：

---

① 习近平.做党和人民满意的好老师——同北京师范大学师生代表座谈时的讲话[M].北京:人民出版社,2014:4.
② 习近平主持召开学校思想政治理论课教师座谈会强调:用新时代中国特色社会主义思想铸魂育人贯彻党的教育方针落实立德树人根本任务[N].人民日报,2019-03-19.
③ 习近平.全面贯彻落实党的教育方针 努力把我国基础教育越办越好[N].人民日报,2016-09-10.
④ 习近平在看望参加政协会议的民进农工党九三学社委员时强调:我国广大知识分子要主动担当积极作为 为国家富强民族振兴人民幸福多作贡献[N].人民日报,2017-03-05.
⑤ 习近平向全国广大教师致慰问信[N].人民日报,2013-09-10.
⑥ 习近平.做党和人民满意的好老师——同北京师范大学师生代表座谈时的讲话[M].北京:人民出版社,2014:4.

"发展教育事业，广大教师责任重大、使命光荣。"①高校师资队伍在教育改革、教育扶贫等方面都大有可为，尤其在推动高等教育发展的进程中担任着不可或缺的重要角色。2018年5月2日，他在同北京大学师生座谈会上强调："人才培养，关键在教师""教师队伍素质直接决定着大学办学能力和水平"②；2019年3月18日，他在学校思想政治理论课教师座谈会上指出："办好思想政治理论课关键在教师。"③师者，人之模范也，只有建设高素质的高校师资队伍，才能提高大学的办学治学水平，才能推动高等教育内涵式发展。

（四）高校教师队伍的职责

职责，是从事某一职业的人为完成工作使命，所必须肩负起的一系列工作任务和工作责任。高校教师队伍主要完成三部分工作：人才培养、科学研究和社会服务，即培养各类人才、完成科研项目和进行社会服务。习近平曾多次详细深入论述过关于高校师资队伍的职责，旨在告诫广大教师挑起该挑的担子，负起该负的责任。

1. 忠于"教书育人"

习近平论述了高校师资队伍"教书育人"的职责。2014年5月4日，他在北京大学师生座谈会上强调："教师要时刻铭记教书育人的使命，甘当人梯，甘当铺路石，以人格魅力引导学生心灵，以学术造诣开启学术的智慧之门。"④高校师资队伍不仅要当"学问之师"，将渊博的专业知识、丰富的人生学问传授给青年大学生，为学生搭建通往真理殿堂的桥梁；还要做"品行之师"，以自身端正的言行举止给学生做好榜样，帮助学生在潜移默化中树立良好的品德。"教书育人"是高校师资队伍最基本的职责，只有忠于"教书育人"，教师才不会在个人发展道路上偏离方向，才能使教学工作保质保量地完成，才会让德育工作发挥应有的作用。

---

① 习近平给"国培计划（2014）"北京师范大学贵州研修班参训教师回信[N].人民日报，2015-09-10.
② 习近平.在北京大学师生座谈会上的讲话[M].北京：人民出版社，2018：7-8.
③ 习近平主持召开学校思想政治理论课教师座谈会强调：用新时代中国特色社会主义思想铸魂育人 贯彻党的教育方针落实立德树人根本任务[N].人民日报，2019-03-19.
④ 习近平.青年要自觉践行社会主义核心价值观——在北京大学师生座谈会上的讲话[M].北京：人民出版社，2014：13.

2. 当好"四个引路人"

习近平论述了高校师资队伍"四个引路人"的职责。2016年9月9日，他在北京市八一学校进行考察时强调："广大教师要做学生锤炼品格的引路人，做学生学习知识的引路人，做学生创新思维的引路人，做学生奉献祖国的引路人。"①在青年大学生追逐梦想的途中，高校师资队伍要教会他们以德正身、锤炼品格，做一个高尚的人；要教会他们学会学习、汲取知识，做一个有才智的人；要教会他们勇于尝试、敢于创新，做一个进取的人；要教会他们奉献青春、以己报国，做一个有用的人。高校师资队伍当好"四个引路人"，是青年大学生在成长过程中少走弯路、不走歪路的必要之策。

3. 努力成为"三者一人"

习近平论述了高校师资队伍"三者一人"的职责。2016年12月7日至8日，他在全国高校思想政治工作会议上强调：高校教师要"努力成为先进思想文化的传播者、党执政的坚定支持者，更好担起学生健康成长指导者和引路人的责任。"②高校思想政治工作事关重大，需要高校师资队伍善于辨明是非，分清社会中纷繁复杂的思想文化的好坏，大力弘扬中华优秀文化和社会主义核心价值观，坚决抵制不良思潮和西方意识形态的渗透；需要高校师资队伍坚定站在党的立场上，为党的伟大事业服务，向青年大学生宣传党的路线、方针、政策，凝聚更多优秀学生到党的旗帜下；需要高校师资队伍在充满诱惑和挑战的环境中，引领学生健康成长、实现价值。高校师资队伍努力成为"三者一人"，有利于推动高校思想政治工作取得良好的效果。

4. 牢记"三传播三塑造"

习近平论述了高校师资队伍"三传播三塑造"的职责。2018年9月10日，他在全国教育大会上指出："教师承载着传播知识、传播思想、传播真理，塑造灵魂、塑造生命、塑造新人的时代重任。"③高校师资队伍的教

---

① 习近平.全面贯彻落实党的教育方针 努力把我国基础教育越办越好[N].人民日报,2016-09-10.
② 习近平在全国高校思想政治工作会议上强调:把思想政治工作贯穿教育教学全过程 开创我国高等教育事业发展新局面 [N].人民日报,2016-12-09.
③ 习近平在全国教育大会上强调:坚持中国特色社会主义教育发展道路 培养德智体美劳全面发展的社会主义建设者和接班人[N].人民日报,2018-09-11.

育对象不是冰冷的机器，不是静止的书本，而是活生生的青年大学生，他们有着多变的思想、跳跃的思维，因而教育不光要提高学生的知识素质，使学生变得"有文化"，更要塑造学生的内在思想灵魂、规范学生的外在语言行为，以培养出德智体美各方面都优秀的人。在新时代条件下，高校师资队伍牢记"三传播三塑造"，才能培养出更多有能力担当大任的时代新人。

三、高校教师队伍建设管理的重要意义

意义，指某一事物存在的作用和价值。高校教师队伍建设管理的重要意义，即教师队伍建设这一工程的时代价值和社会影响，在助推大学建设、助力教育事业和传承人类文明方面重大而深远。

（一）助推大学建设

教育作为一国的根本大计，是国家创新发展的动力支持，有利于提高国家文化软实力，提升我国在国际上的地位，让中华民族永久屹立于世界文化之林。我国作为一个人口大国，只有通过教育来提高国民素质、培养国民的专业技能以满足社会的需要，推动我国从"人口大国"走向"人口强国"，真正发挥人口大国所具有的优势，在国际上取得战略主动地位。高校是人才培育的场所，为社会输送所需人才，直接推动着经济社会的发展。高校教师是一个富有高学历、高学识的群体，其教学能力的强弱直接决定着人才培养质量的高低，在高校建设中处于重中之重的地位，加强高校师资队伍的建设与管理有利于培育更多的优秀人才、产出更多的科研成果，从而推动高等教育的发展。正如2018年5月3日习近平在北京大学师生座谈上指出的："建设政治素质过硬、业务能力精湛、育人水平高超的高素质教师队伍是大学建设的基础性工作。"[①]

梅贻琦曾说过："大学之大，非谓有大楼之大也，有大师之谓也。"一所大学必须首先具备一流的师资，才能培养出一流的人才。打造举世闻名的一流大学是高等教育"双一流"建设的目标之一，一流大学不仅要有

---

① 习近平.在北京大学师生座谈会上的讲话 [M].北京: 人民出版社, 2018: 8.

现代化的教学设施、优良的科研设备、和谐的校园环境等硬件做基础，更要有高素质的教师队伍、专业化的科研团队等软件做支撑，"软""硬"结合，"大楼"加"大师"，才能建成有实力、有特色的高等学府。2015年10月，国务院印发了《统筹推进世界一流大学和一流学科建设总体方案》，提出了我国高等教育领域的一项重大发展战略，即建设世界一流大学和一流学科，意在将我国打造成高等教育强国。"双一流"建设的五项任务中，"建设一流师资队伍"居于首位，体现了高校师资队伍建设的重要性。因此，师资队伍建设对助推大学建设有重要意义。

（二）助力教育事业

我国目前大约有1732.03万专任教师[①]，因地区差异、办学条件差异等，导致教师管理、待遇等各方面情况参差不齐，再加上国内外变幻莫测的形势影响，使得必须重视和加强师资队伍建设与管理，进一步推进教育改革，才能让教育事业更上层楼。

大学之所以延续千年不衰的根本原因之一，在于不管社会如何变化，大学都始终是"学问之府"，是知识的"加工厂"，承担着保存知识和思想的责任。基于知识活动过程和活动结果的学术性是大学的本质所在。作为知识中心的大学已经成为知识经济发展的动力源，成为决定着一个国家发展的前途命运的重要因素。而大学教师既是知识的拥有者，也是知识的传播者和创造者。从某种意义上讲，一部大学发展史就是依靠教师为主的人才不断创造知识、传播知识、应用知识的历史。没有教师，大学这一组织的价值将不复存在；没有高水平的教师，大学的功能将无法得到充分发挥。

1. 知识创新的需要

在知识经济时代，创新是一个民族的灵魂，是一个国家兴旺发达的源动力。拥有知识、技术、信息和创造性思维及能力的人才将成为主宰经济增长和整个社会发展的一种战略资本。只有具有强大知识创新能力的国家才能在国际竞争中取得优势。如何才能增强知识创新能力，首先需要有量的保证，也就是有足够多的人才具备知识创新的基本素质。其次是质的

---

① 2019年全国教育事业发展统计公报_部门政务_中国政府网［EB/OL］.http://www.gov.cn/xinwen/2020-05/20/content_5513250.htm.

突破，部分人具备知识创新的能力。高等教育大众化的实现，从量的方面保证了国家知识创新能力的可能；国家制定的科教兴国战略和人才强国战略，可以从质的方面提高国家知识创新能力的整体水平。

国家的创新能力包括知识创新和技术创新能力。创新要靠人才，人才来源于良好的教育。高等教育担负着培养高级专门人才，进行知识创新、技术创新以及服务社会的重要任务。高等教育主要通过高等学校完成，高等学校储备了大量的知识和人才，具有多学科综合优势，是知识创新、技术创新的中心，科技成果产业化的重要基地，起到推动经济发展和社会进步的作用。传授知识、培养人才是高等学校传统的历史使命，高等学校更重要、更艰巨的使命是产生智力资本，不仅包括知识和智慧，而且包括实践能力、创新能力和创业精神。高校要从着重传授知识的模式转变成一种创新教育的模式，不仅要教学生"学会认知"，更要教学生"学会做事""学会共同生活""学会生存"。培养高层次、高素质的人才需要具有创新能力和创业精神的高素质的教师。

2. 知识共享的需要

知识经济时代最主要的财富是知识。国家综合竞争力的许多指标都与知识有关，掌握了知识，就掌握了生存和发展的本领。但是只有少数人拥有知识，大部分人处于无知状态，不能提高整个社会的竞争能力。只有绝大多数人都能掌握知识，这个社会才有活力，才能更快速地发展，中华民族才能长久屹立于世界民族之林而不败。如何共享知识，对于国家来讲，一个最传统的，也是最主要的方法就是通过高等教育，通过高校教师的知识活动实现知识共享。而传统的高等教育是精英教育，一般人接受不到。正是知识经济时代的到来，给全社会知识共享提供了可能性和有利条件，这就要求改革传统的精英化高等教育，实现高等教育大众化。

3. 高校师资队伍建设和管理的需要

知识经济时代的到来和高等教育大众化在中国的实现是21世纪中国高等教育面临的新形势，这一新形势对高校教师队伍建设提出了数量、质量、结构、水平、素质、能力等一系列新的要求。高校师资队伍管理是与高等教育同步发展的，当高等教育进入了知识经济时代和大众化发展阶段，高校教师队伍管理也应该进入一个新的阶段，传统的管理方式已经不适应新形势发展的需要，要求对高校教师队伍进行更有效的管理，要求寻找新的、更有效的方法。高校作为知识生产，知识传播和知识应用的综合载体，已成为知识社会的主要角色，也是培养高层次创新人才，进行科学知识创新的重要基地。因此，适应高校教师队伍建设和发展的需要，探索和研究一种适应知识经济时代和高等教育大众化发展要求的高校教师队伍管理新模式，对高等教育的发展和我国教育事业的发展有着重要的意义和意义。

（三）传承人类文明

2014年3月27日，习近平在联合国教科文组织总部发表演讲时指出："我们要积极发展教育事业……让教育为文明传承和创造服务。"[①]教师队伍建设管理作为教育事业发展中的关键环节，它的巩固和加强有利于培育一批又一批知识涵养高、文化修养高、能力水平高的优秀教师。广大教师在教书育人的过程中，一方面将灿烂的人类文明传授给学生，让学生学习文明、了解文明、尊重文明；一方面引导学生大力弘扬和传播文明，让人类文明顺利延续。同时，教师队伍在科学研究中对人类文明不懈探索，在新的历史条件下不断丰富人类文明，有利于文明创造，构建一个更加美好的人类社会。

四、高校教师队伍建设管理现状分析

随着高等教育改革的不断推进和深入，高校获得了越来越多的办学自主权，高校之间的竞争也日趋激烈。各高校为了顺应高校发展的趋势，借鉴西方发达国家成功的办学经验，分析自身管理过程中的问题，不断革新。其中对高校教师队伍建设管理的改革是重中之重，高校教师的质量决定了高校的办学质量，这就要求我们加强教师队伍建设，完善高校教师管理体制。不少高校初步建立了吸引人才、鼓励人才、发展人才的良好制度环境，也取得了一些可喜的成绩，但是，目前我国高校教师队伍建设管理的现状并不是很乐观，存在着诸如管理理念落后、结构不合理、专业水平

---

① 习近平在联合国教科文组织总部发表演讲强调：让中华文明同世界丰富多彩的文明一道为人类提供正确的精神指引和强大的精神动力[N].人民日报，2014-03-28.

参差不齐、管理不到位、人才流失严重等诸多问题，严重制约着高校教师队伍建设，影响高等教育事业的发展。归纳总结高校教师队伍建设管理中存在的问题，深入剖析高校教师队伍建设管理存在问题的原因，为创新高校教师队伍建设与管理模式提供科学客观的现实依据。

（一）高校教师队伍建设管理取得的显著成效

党的十八大以来，以习近平同志为核心的党中央始终将高校师资队伍建设置于突出地位，在战略部署上制定了一系列重大政策，推动高等教育事业的改革和前进。在各方力量全方位的努力下，高校教师队伍建设管理取得显著成效，主要体现在队伍数量逐渐增大，师德师风明显好转，业务能力得到提高，科学研究贡献突出，教育工作法制化程度进一步提高，教育体制改革和用人效益不断深化和提高等方面。

1. 队伍数量逐渐增大

不管是教育教学，还是科学研究，最基础的是队伍中有足够的教师，有了"做事"的人，才能进一步思考如何"做事"。自党的十八大以来，高校教师队伍规模不断扩大，呈逐年上升趋势。

（1）队伍数量的重要性

不积跬步，无以至千里；不积小流，无以成江海。这句话告诉了人们量变和质变的重要关系，"数量的变化和性质的变化是一切事物变化的两种基本形式，无论什么变化，都可以归入这两类中的一种。"[①]世间每一种事物都有一定的量，而这种量在达到一定程度后，必定会引发一个本质的变化，如新民主主义革命的成功、小康社会的全面建成。为了使事物达到质的飞跃，要求密切关注量的增长，在一点一滴的变化中积累转变的力量。教育从根本上说是做人的工作，是需要大量的人去做人的工作。在高校教师队伍建设中，充足数量的教师是高校教师队伍优化提高的前提，没有数量，就无所谓质量，没有足够的人才资源，实现目标就无从谈起。随着普通高等学校招生规模的日益扩大，对高校教师队伍数量的需求也越来越大，适度合理的数量增长显得尤为重要。为了打造一支更好的高校教师队伍，增加队伍数量是首要基础，提高队伍质量是必要保证。

---

① 艾思奇.大众哲学[M].北京：民主与建设出版社，2016：171.

（2）队伍数量的变化

根据2013年全国教育事业发展统计公报显示，普通高等学校有2491所，普通高等教育本专科在校生达2468.07万人，普通高等学校专任教师149.69万人，生师比为17.53：1。[①]此后几年，高校师资队伍数量一直保持匀速增长。2014年普通高等学校专任教师较上年增长3.76万人，达153.45万人[②]；2015年普通高等学校专任教师较上年增长3.81万人，达157.26万人[③]；2016年普通高等学校专任教师较上年增长2.94万人，达160.20万人[④]。据2017年全国教育事业发展统计公报，全国共有普通高等学校2631所，普通高等教育本专科在校生达2753.59万人，普通高等学校专任教师163.32万人，较上年增长3.13万人，生师比为17.52：1。[⑤]可以看出，随着高校教师队伍的大力建设，各高校不断引进优秀教师人才，扩大队伍规模，这在一定程度上缓解了高校教师缺口，相应减轻了一些教师的工作负担。同时，高校师资队伍也进一步年轻化，这在一定程度上带来积极影响，根据教育部发展规划司《专任教师年龄情况（普通高校）》统计的结果，我国高校青年教师占专任教师的65%以上[⑥]，青年教师为高校师资队伍注入了无尽活力。高校师资队伍发展潜力大、后劲足。

2. 师德师风明显好转

衡量一支教师队伍是否优秀，重要标准之一就是看教师是否具有良好的师德师风，没有师德师风，即使教师教学能力再高、科研水平再强，也不能成为一支优秀的队伍。党的十八大以来，高校师资队伍的师德师风有了明显好转。

---

① 2013年全国教育事业发展统计公报_中华人民共和国教育部政府门户网站［EB/OL］.http：//www.moe.gov.cn/srcsite/A03/s180/moe_633/201407/t20140704_171144.html.

② 2014年全国教育事业发展统计公报_中华人民共和国教育部政府门户网站［EB/OL］.http：//www.moe.gov.cn/srcsite/A03/s180/moe_633/201508/t20150811_199589.html.

③ 2015年全国教育事业发展统计公报_国务院部门政务联播_中国政府网［EB/OL］.http：//www.gov.cn/xinwen/2016-07/06/content_5088866.htm.

④ 2016年全国教育事业发展统计公报_中华人民共和国教育部政府门户网站［EB/OL］.http：//www.moe.gov.cn/jyb_sjzl/sjzl_fztjgb/201707/t20170710_309042.html.

⑤ 2017年全国教育事业发展统计公报_中华人民共和国教育部政府门户网站［EB/OL］.http：//www.moe.gov.cn/jyb_sjzl/sjzl_fztjgb/201807/t20180719_343508.html.

⑥ 专任教师年龄情况（普通高校）_中华人民共和国教育部政府门户网站［EB/OL］.http：//www.moe.gov.cn/s78/A03/moe_560/jytjsj_2018/qg/201908/t20190812_394267.html.

（1）师德师风的含义

师德，即教师的职业道德。《荀子·致士》中指出："师术有四，而博习不与焉：尊严而惮，可以为师；耆艾而信，可以为师；诵说而不陵不犯，可以为师；知微而乱，可以为师。"为师之道不仅在于有渊博的学问，也必须具备高尚的道德。师风，即教师的风度修养。《北齐书·元文遥传》中曾记载"文遥尝谓思道曰：'小儿比日微有所知，是大弟之力，然白掷剧饮，甚得师风'。"教师的风度对学生的影响是潜移默化、不可忽视的。教师在教育过程中扮演着很重要的典型示范形象，善良的教师才会培养出善良的学生，尊重学生的教师才会得到学生的尊重，因此，良好的师德师风是高校教师队伍所必备的。2014年教育部列出了包括"不得有损害国家利益、损害学生和学校合法权益的行为"等被称为"红七条"的师德禁行行为[①]。2018年教育部又颁布了《新时代高校教师职业行为十项准则》，强调"规范职业行为，明确师德底线"[②]。加强师德师风 建设，培养"有道德情操"的高校师资队伍[③]，是高校师资队伍建设的应有之义。

（2）师德师风的好转

党的十八大以来，高校教师队伍建设注重对党的教育方针的严格贯彻，对习近平总书记系列重要讲话精神的深入学习，在师德师风建设上常抓不懈，针对队伍中出现的道德滑坡、品质败坏等现象严惩不贷，使教师的思想政治素质得到了明显好转，"绝大多数老师都敬重学问、关爱学生、严于律己、为人师表，受到学生尊敬和爱戴。"[④]根据全国大学生思想政治教育发展研究中心在大学生中开展的调研显示，大学生对当前高校各项工作是持认可态度的，并有超过八成的学生满意高校的师德师风建设，

---

① 教育部关于建立健全高校师德建设长效机制的意见_中华人民共和国教育部政府门户网站［EB/OL］.http://www.moe.gov.cn/srcsite/A10/s7002/201409/t20140930_175746.html.

② 教育部关于印发《新时代高校教师职业行为十项准则》《新时代中小学教师职业行为十项准则》《新时代幼儿园教师职业行为十项准则》的通知_中华人民共和国教育部政府门户网站［EB/OL］.http://www.moe.gov.cn/srcsite/A10/s7002/201811/t20181115_354921.html.

③ 习近平.做党和人民满意的好老师——同北京师范大学师生代表座谈时的讲话［M］.北京：人民出版社，2014：6.

④ 习近平.在北京大学师生座谈会上的讲话［M］.北京：人民出版社，2018：9.

认为高校的改革是卓有成效的。①这说明高校教师队伍的师德师风状况在持之以恒的建设中有了显著改善，总体是不断趋好的。同时，从源源不断涌现出的高校教师榜样模范中也能看出，高校教师队伍以德正身、以德施教的意识在逐渐提高。例如"感动中国"2017年度人物、第六届全国道德模范——吉林大学地球探测科学与技术学院教授黄大年，他相信每个学生都有无限潜力，激励学生树立远大理想，关心学生的点点滴滴。黄大年用实际行动诠释了高尚的师德师风，是当之无愧的道德榜样。再比如2018年"时代楷模"——复旦大学生命科学学院教授钟扬，他胸怀科技报国远大理想，艰苦援藏16年；以德修身、以德立学，尽心尽力引导学生成长成才；为西部少数民族地区的科学研究和人才培养事业做出了突出贡献。还有教育部2018年度最美教师——六十余年矢志报国、精心育人的中国地质大学地球科学学院教授殷鸿福，2017年度全国教书育人楷模——从教57年一直坚持授课、编写教材的天津大学化工系教授王静康等，都为我们展现了高校教师的优良风貌，反映出师德师风建设的良好成效。

3. 业务能力得到提高

每个职业都有一定的业务范围，业务能力强的人在处理问题时自然得心应手，高校教师队伍需要的就是业务能力强的人才。党的十八大以来，高校教师队伍建设使教师在业务能力方面得到了显著的提高。

（1）业务能力的内涵

业务能力是指从业人员在完成业务活动中所具备的综合能力体现，业务能力的高低与工作业绩的好坏呈密切的正相关关系。"新问题每时每刻都在出现，而且多数又是我们过去不熟悉或者不太熟悉的。要认识好、解决好这些问题，唯一的途径就是增强我们自己的本领。"②高校教师作为一种特殊职业，有其特定的能力要求。合格的高校师资队伍必须具备的基本业务能力有：良好的教学能力，选取合理的教学内容、采用灵活的教学方法开展课堂教学，遵守教育教学规范，不断提高教学质量；突出的科研能

---

① 2016年大学生思想政治状况滚动调查表明大学生思想主流积极健康、向上向好_中华人民共和国教育部政府门户网站［EB/OL］.http://www.moe.gov.cn/jyb_xwfb/gzdt_gzdt/s5987/201605/t20160531_247095.html.

② 中共中央宣传部.习近平总书记系列重要讲话读本［M］.北京：人民出版社，2014：187.

力，积极从事理论与实践研究，能深入把握国内外教育教学、思想政治工作的前沿进展，不断探索真理；较强的社会服务能力，在做学问的同时关注社会发展，具有服务社会、奉献社会的意识，不断贡献个人力量。业务能力强的教师，才能更好地处理职业生涯中遇到的各种问题，才能更好地培养德智体美劳全方位发展的青年大学生，才能更好地参与国家、民族的改革复兴大业。

（2）业务能力的提高

在高校的培训和教师自我的努力下，高校教师队伍的业务能力得到了有效提高。"长期以来，广大教师为教育事业付出了辛劳、奉献了力量、贡献了才智。"[1]有学者对某省市高校教师教学能力现状调查后发现，大多数教师对课堂教学的时间都控制得"比较好"或"非常好"，97.94%的教师都可以较为灵活地调节课堂教学。[2]绝大部分高校教师能够将教学视为一个"双向互动"的过程，通过教学环节的精心设计，教学方法的优化改进，调动学生主动学习的积极性，并在教学完成后及时反思不足、总结经验。调研表明，在学生视域下高校教师在合作精神和科学研究等维度的能力较好，能够在完成教学的基础上积极进行科研。[3]作为高校科研的中坚力量，绝大多数教师能够明白自身担负的责任，并主动承担科研任务，具备敢闯敢干、刻苦钻研的精神，在合作交流中发现真知。通过高校教师队伍建设，绝大部分高校教师不再一心埋头教书、不问世事，而是能够依靠自己的学科知识为社会治理、国家改革建言献策，积极开展或参与社会调研，深入了解社会发展现状。如，教育部长江学者特聘教授、南京大学天文与空间科学学院教授李向东，他创造性地将天文知识与马克思主义理论融合，开创了"宇宙简史"课程，重新定义了"专业思政"，深入贯彻了"德、识、能"三位一体的人才培养方式。高校教师队伍业务能力的提高，为高校教师更好地教书育人创造了条件，使其能够称得上是合格、称职的人民教师。

---

① 习近平.全面贯彻落实党的教育方针　努力把我国基础教育越办越好[N].人民日报，2016-09-10.
② 参见刘盈盈.江西省高校青年教师教学能力现状研究和提升路径探析[D].江西农业大学，2017.
③ 参见姚玲等.学生视域下的高校教师能力现状调查研究——以西北民族大学为例[J].学理论，2018（05）：176-177.

4.科学研究贡献突出

科学研究为人类攻克了许多难关、创造了无数成果，没有科学研究，社会则无法向前发展。高校教师队伍是科学研究队伍中不可缺少的一员，党的十八大以来，高校教师队伍建设使教师越来越有创新意识，为科研贡献了巨大力量。

（1）科学研究的所指

科学研究是指为了获得更多关于人类社会的知识以及利用这些知识去进行技术创新的创造性活动。中国若要屹立于世界民族之林不倒，必须成为世界科技强国，而这样的建设必须依靠科学研究和科技创新，同时一切科学研究和科技创新活动都离不开人这个最重要的因素，因此"关键是要建设一支规模宏大、结构合理、素质优良的创新人才队伍，激发各类人才创新活力和潜力。"[①]高校教师队伍的科学研究主要是指教师撰写学术论文、承担科研课题、从事科研项目等活动，通过研究探索，为社会中的热点、难点问题提供理论上的指导，或为人类文明的进步提供创新性成果。高校教师队伍作为科研领域的生力军，承担着不容推卸的使命责任，提高高校教师的科研创新能力，有利于推进高等教育内涵式发展，加快"双一流"建设，为打造创新型国家添砖加瓦。

（2）科学研究的贡献

党的十八大以来，高校教师队伍建设都有意识地培养教师的创新思维和创新能力，从脱颖而出的优秀创新人才和优秀创新项目可见一斑，高校教师在科学研究领域有着突出贡献。国家科学技术奖旨在奖励个人或组织在科研领域的突出成绩，下设5个具体奖项，从2000年设立至今，已经有无数卓越的科学技术人员和组织获此殊荣。从获奖情况来看，主要完成人为高校教师的比例令人欣喜。以2017—2018年度国家科学技术奖励为例，2017年，含金量最重、等级最高的国家最高科学技术奖授予了南京理工大学化工学院教授王泽山，以表彰他在火炸药发展道路上做出的杰出贡献；同时，35项国家自然科学奖获奖项目中有24项的主要完成人为高校教师，49项国家技术发明奖获奖项目中超过七成都有高校教师参与，2项国家科学

① 习近平.习近平谈治国理政（第二卷）[M].北京:外文出版社,2017:275.

技术进步奖特等奖项目中均能看见高校教师的身影。2018年，国家最高科学技术奖分别授予了哈尔滨工业大学教授刘永坦和中国人民解放军陆军工程大学教授钱七虎，以表彰他们在电子工程领域和防护工程领域中的卓越成就。同时，38项国家自然科学奖获奖项目中超八成的主要完成人为高校教师，49项国家技术发明奖获奖项目中超七成都有高校教师参与。另外，2018年获得第三届未来科学大奖的7位学者中，张启发为华中农业大学生命科学技术学院教授，周其林为南开大学化学学院教授，冯小明为四川大学化学学院教授，他们都以自己的贡献在科学研究领域留下了浓墨重彩的一笔。由此可见，高校师资队伍在科学研究领域中取得了优异的成绩，能以己之长为国效力。

5. 教育工作法制化程度进一步提高

1990年以来，国家先后颁布了《教师法》《教育法》《教师资格条例》等一系列的法律法规，国务院也颁布了《〈中国教育改革和发展纲要〉实施意见》《中国教育改革和发展纲要》《教师资格条例》等行政法规。地方上有关教师问题的立法也如雨后春笋不断涌现。这些都为我国高校得教师队伍发展与建设提供了法律保障，为维护高校教师的权益提供了法律依据。改革开放至今，我国已经先后召开了三次全国教育工作会议，我国教育工作不同时期面临的重大问题都得到了妥善解决，同时也为我国高校教师队伍建设和发展树立了任务目标。第一次全国教育工作会议成功解决了教育体制改革问题；第二次全国教育工作会议明确提出"建设一支具有良好政治业务素质、结构合理、相对稳定的教师队伍"；第三次全国教育工作会议确立"优化结构，建设全面推进素质教育的高质量的教师队伍"。党的十八大以来，党中央出台了若干高校师资队伍建设相关政策，为高校教师队伍建设管理提供了方向与指引。这些无不表明我国教师队伍的管理与建设，正逐步迈向现代化。

6. 教育体制改革和用人效益不断深化和提高

20世纪90年代初，我国高校普遍掀起了以人事制度改革为核心的管理体制改革的浪潮。国家先后颁布了《深化干部人事制度改革纲要》《关于加快推进事业单位人事制度改革的意见》《关于深化高等学校人事制度改革的实施意见》《面向21世纪教育振兴行动计划》《关于深化高等教育改革的若干意见》《关于深化高等学校人事分配制度改革的若干意见》等文件。这些文件的颁布，标志着我国人事制度改革进入了新的历史时期，而高校的人事制度也在这一个时期得到了深入发展，特别是《关于深化高等学校人事制度改革的实施意见》，它提出了深化高等学校人事制度改革的指导思想和目标，也为高校教师管理的改革与发展提供了强有力的组织保障和政策支持。随着人事制度改革的深入推进，高校的管理工作也取得了许多成绩。1990年至今，专任教育者的总人数仅仅提高了2.5%，总量上得到了合理的控制，而全国高校的平均全日制在校生的规模却得到了一定的发展，教师与学生的比例由原来的1：6.6增长到1：17.95[①]，由此我们不难看出，每位教师平均每周的课时量增涨幅度不弱，用人效率也明显得到提升。

在党中央、国务院坚强领导下，教育系统坚持以习近平新时代中国特色社会主义思想为指导，深入贯彻党的十九大和十九届二中、三中、四中全会精神、全国教育大会精神以及党的教育方针，全面落实《中国教育现代化2035》和《加快推进教育现代化实施方案（2018—2022年）》，加快推进教育现代化，建设教育强国，办好人民满意的教育，各级各类教育事业发展取得了新进展。[②]高校的教育体制改革和用人效益也得到了不断深化和提高

（二）高校教师队伍建设管理存在的问题

1. 教师队伍的道德素养有待提高

高校教师不仅要有过硬的专业素质，更为关键的是要有较高的思想道德素养，因为教师的任务已经不仅仅简单地为学生授业解惑，更为重要的是还得对学生进行思想道德培育，使他们不仅在能力上而且在思想上能成为一名合格的人才。伴随着市场经济和社会多元化的发展，一些教师在市场经济的大潮中受到冲击，出现思想道德觉悟低、急功近利、学风浮躁的现象，再加上现阶段我国的福利政策尚不完善，在住房、医疗、保险等

---

① 2019年全国教育事业发展统计公报_部门政务_中国政府网［EB/OL］.http：//www.gov.cn/xinwen/2020-05/20/content_5513250.htm.

② 2019年全国教育事业发展统计公报_部门政务_中国政府网［EB/OL］.http：//www.gov.cn/xinwen/2020-05/20/content_5513250.htm.

方面的缺失使一些教师不专注于教学与科研工作，而是投入大部分的精力去为自己牟取私利，严重影响本职的教学工作。另外，全国范围内关于加强教师思想道德素质的培训并不多见，并且缺乏统一的道德评测体系，因此，怎样提高高校教师的道德素养也将是个难点，所以在以后相当长的时间内，我们必须在加强师德教育和监督体制上下功夫。只有德高望重的教师才能培养出德才兼备的学生。

2. 教师队伍结构尚不够合理

党的十八大以来，高校师资队伍整体结构依据现实情况不断调整，逐渐朝着更加稳固的方向迈进。但随着新形势新情况的出现，队伍整体结构也暴露出一些不尽合理的地方，需要有针对性地加以改善。就年龄结构来说，有学者依据2010年国家统计数据进行对比后发现，相对于美国的35%和日本的44%，我国高校师资队伍中低龄教师比例明显偏高。[①]经过长期建设，我国高校教师队伍中低龄教师的比例有所下降，但占比仍较高。2018年教育部发展规划司发布的普通高校《专任教师年龄情况》显示，45岁以下的教师约占整体的68%。[②]青年教师能给队伍带来活力，但同时青年教师中缺乏大批骨干，导致队伍中坚力量不足，使新老骨干教师的交替变得没有那么顺畅，一定程度降低了高校师资队伍的贡献值。就学历结构来说，2015年《中国教育年鉴》表明，全国高校专任教师学历为硕士、博士的占48%[③]，2016年《中国高等教育质量报告》显示占比增加到58%[④]。虽然高校教师学历层次逐年有所提高，但仍低于高校对高学历教师人才的需求值，这一现象在非重点院校中尤其明显，这些院校在招聘时甚至出现招不到博士的情况。就职称结构来说，有学者依据中国教育年鉴的统计数据对近几年全国高校专任教师的职称结构进行了比较，发现具备正高级职称的人才比例基本在40%左右，将近60%的教师都仍是初、中级职称，这说明高校教

---

① 参见李晓东，顾正娣.新时代高校师资队伍建设探索 [J].中国成人教育，2018（09）：140-143.

② 专任教师年龄情况（普通高校）_中华人民共和国教育部政府门户网站 [EB/OL].http://www.moe.gov.cn/s78/A03/moe_560/jytjsj_2017/qg/201808/t20180808_344755.html.

③ 2015年中国教育年鉴_中华人民共和国教育部政府门户网站 [EB/OL].http://www.moe.gov.cn/jyb_sjzl/moe_364/zgjyynj_2015/201711/t20171102_318252.html.

④ 参见中国高等教育质量怎么样? 这份权威报告告诉你_中国教育在线 [EB/OL].https://kaoyan.eol.cn/nnews/201710/t20171017_1560077.shtml.

师队伍的职称结构还有很大进步空间。[①]就学缘结构来说，由于历史和现实的种种因素，高校"近亲繁殖"现象较为普遍，许多高校中一定比例的专任教师或辅导员都来自本校毕业生，学缘类别单一。不尽合理的队伍整体结构，要求在新时代高校师资队伍建设中合理扩大规模，培养青年骨干，提升学历和职称层次，同时广纳优秀人才、优化学缘结构。

3. 高校教师队伍的专业水平参差不齐

近年来，伴随着高考人数的逐年增加，我国高校的招生人数也在不断地上涨，学生数量的激增，导致了高校教师人数的相对不足。为了化解这一难题，我国高校也不断地从不同的途径招收人才充实现有的教师队伍。新招收的教师，有的是刚走出校门的大学生，有的是任职其他院校的教师，有的是高薪引进的海归博士，有的是返聘德高望重的老教授。由于招收的来源不尽相同，他们的教学水平必定参差不齐：刚毕业的大学生教师，由于教学经验的缺乏，在实际的教学工作中肯定无法做到旁征博引，必然导致理论与实践的脱节；其他院校转聘的教师，具有丰富的教学实践经验，但是由于不同院校具备不同的专业特色，这也导致在任职初期，这些教师有可能无法把握专业教学的重点；海归人士眼界比较开阔，也能专注于此专业国内外研究的难点和热点，并且他们在双语教学中占据明显优势，但是他们也有自己的缺点，他们有可能按照海外的教学方法和教学理念去理解学生，这就有可能导致师生的沟通障碍。此外，在本学校原有的教师队伍中，也存在部分的教师知识结构单一、知识构成不完善的情况，并且明显缺乏进取意识，这一切无不表明我国高校教师队伍业务水平亟须提高。

4. 高校教师人才流失严重

高校教师的流失问题在发达地区和一些重点高校中有所缓解，但是就全国大部分地区而言，高校教师人才流失问题不仅没有得到妥善解决，而且有愈演愈烈的趋势。这种人才的流失表现在两个方面：一方面是显性的流失，由于高校的教师收入水平总体偏低，收入的反差使高校教师进退两难，经济层面的限制，更导致高校教师产生巨大的心理落差；另一方面是隐性的流失，一些经历旺盛，动手能力强，科研能力突出的高校教师，由

---

① 参见杨淑敏.教师队伍结构分析与优化策略研究［D］.华中师范大学，2017.

于教师待遇低，发展空间狭窄而把主要精力放在第二职业，从而间接影响了本职工作，这些显性和隐性的人才流失，都很大程度上影响了高校教师队伍的建设。此外，教学和科研的结合也存在很大问题，当今高校教师的任务与以往相比有了很大的改变，高校对教师的要求更加全面严格，高校教师在完成自己本职的教学任务同时还有一定指标的科研工作，这对很多的高校教师来说，是一个严峻的挑战，这就要求高校的教师不仅要有过硬的教学能力，还必须具备一定的科研能力。在我国的教师队伍中存在着这样一种"二律背反"：有的教师具备很强的专业知识，而且能够把自己的专业知识很好地传授给自己的学生，但是在科研方面就相对欠缺，而另外一部分人科研能力突出，但由于语言及沟通能力的不足，导致其无法准确及时把自己掌握的知识很好地传授给学生，这"两极"看起来无法兼容。当今的社会要求高校教师能很好地兼顾教学与科研工作，两个方面的发展缺一不可，因此，如何更好地实现高校教师教学与科研工作的有机结合，是我国高校师资建设面临的又一重大问题。

5. 师资管理不到位

（1）管理理念落后。目前，我国高校的人事制度虽然得到了一定程度的改革，但是高校教师队伍管理理念却并没有形成"以人为本，以教师为本"的现代高校人力资源管理理念。长久以来，我国高校教师队伍管理强调的是"进、管、出"，对高校教师的选拔、培训、考核制度尚不完善，在具体的管理过程中具有相当的主观随意性，严重打击了高校教师的积极性、创造性和主动性。

（2）教师岗位职责设置不合理

教师不仅是高校的必要资源，而且是最重要的资源。相对于其他资源而言，它之所以最重要，是因为教师是活的资源，是生产力中最活跃的因素。而学生的成长并不是靠某一个或几个教师，而是由具有一定内在结构的教师群体共同施教的结果。一定内在结构的教师群体的存在只是高校人力资源的客观组成，其群体能量的发挥还需要相应的运行机制。

如果说岗位是一种存在的话，岗位职责就是这种存在的表现形式。一个组织或系统内的所有岗位的岗位职责相加，就构成了该组织或系统的发展目标。组织的目标是不同部门不同岗位的工作任务和目标的协调和统一。岗位职责是不同岗位所要完成的工作任务或工作目标，也是对不同岗位进行考核的依据。

①教师岗位基本履职和责任不明确、不够细化

第一，岗位说明书和岗位任务书中对教师岗位职责的规定不够细化，各级岗位职责过于宽泛形同虚设，对不同岗位的职责细化分解不够科学合理，从而导致岗位职责不清，在这个岗位上的工作人员不知该干什么或什么都不干。第二，存在岗位职责设置不合理的现象，不同岗位的岗位职责的设置应该根据学校或学院的总体目标进行具体的细化分解，从而科学合理地制定出各级岗位的岗位职责，这样设置的各级岗位的职责既能明确各级岗位的职责与目标又能保证学校或学院整体目标的实现，从而保证学校的各项工作朝着既定的目标前进。教师对于自身在学科发展与团队建设中要完成的任务也就更加明确。

②教师职责缺失

人才培养、科学研究和社会服务是高校的三大职能。科学研究作为高校的一项职能是 19 世纪的洪堡大学所倡导的，社会服务作为高校职能是威斯康星大学校长范海思（C.R.Van Hise）于 1904 年首先提出。因此教师的职责应根据高校职能进行细化，这样才能使教师的发展与高校的发展协调统一。虽然一直倡导教师具有教学、科研和社会服务三大职责，但是现实中却只看重教学和科研，尤其是科研。这一方面是因为教师没有充分认识到自身的主要职责，另一方面是因为现有的高校教师考核评价制度片面强调对科研的评价，在一定程度上起着误导作用。不管是教师职称的评审还是岗位的竞聘主要看教师的科研成果（学术论文的发表、学术著作的出版、国家课题的获得等）。对社会服务几乎没有要求，使得许多教师对院系的管理工作、学科建设等漠不关心。有的教师甚至不想代课，认为从事教学会影响科研，而教学在职称评审和岗位竞聘中占的比重并不大，从而忽视了教师最根本的职责。教学、科研、社会服务三大职能相辅相成，其中科研是三者的中心，要用科研来带动教学和实现社会服务，不能将三者割裂。这种一味地看重科研、轻视教学、忽视社会服务的现象是畸形的、不正常的，必须采取具体可行的措施进行改革。

（3）高校教师评价机制不科学

评价是评定价值的简称。评价是一种价值判断的过程，是对客体满足主体需要程度的判断。[①]美国学者格朗兰德（N.E.Gronland）认为，评价可以简单地表述为：评价=测量（量的记述）或非测量（质的记述）+价值判断，[②]即评价是对客体进行量或质的评价的基础上进行价值判断的活动。所以对客观事物做出的评价是受评价者的主观价值观念的影响的，客观事物只有满足评价者的主观愿望或需要才能得到较高的评价。在教育活动中，教师评价是对教师的工作满足社会与个体需要的程度做出判断的活动。

①重科研评价，轻教学质量的评价，而忽视社会服务的评价

全面考核评价体系并未形成，现在对教师的考核评价主要集中在两个方面：一看他的科研成果，二看教学质量，而对教师是否参与社会服务并不看重，只作基本要求。在这三者中，很多高校最看重的是教师的科研能力和科研成果，因为在教学上付出再多的劳动，其效益是无形的，很难具体衡量，而科学研究的成果和收益则是非常具体的，容易衡量。对于教师的教学质量并没有硬性的要求，只要教师能完成这一学期学校规定的教学任务，就可以很轻松地通过考核，至于上课的质量、敬业精神、奉献精神、工作的创造性，并没有明确的要求。

各高校在人力的投入，经费、设备的安排，劳动报酬和收益的分配上倾向于科研，完全忘记了教书育人才是教师工作中的核心内容。因此，对科研成果的考核便成了对教师考核的重中之重，这间接反映出我国高校的考核指标主要针对科研水平。由于评价的结果直接和教师职位的晋升和福利的发放相挂钩，这样就使教师工作的重点转移到了课题的申报、论文的撰写上，教学只要完成学校规定的任务就行了，不用考虑教学内容的创新、教学手法的改进等问题。因为如果将大量的时间投入到教学上，那么用于科研的时间就会减少，这很可能意味着失去职称晋升的机会。这样一些深受学生喜爱、教学成绩突出的教师常常由于发表的论文数量没有达到考核标准而落聘。如果不能合理安排、科学组织、正确引导，在政策导向上继续这种偏差，就极易导致科学研究冲击教学工作、影响教学质量，出

---

① 刘诚芳编.现代高校教师人力资源管理［M］.北京：民族出版社，2007: 151.

② 陈玉琨.教育评价学［M］.北京：人民教育出版社，1999: 8.

现重科研轻教学的现象。

②考核指标过分量化，重数量而轻质量

现在许多学校的绩效考核都是通过量化的考核指标体系来考核的，存在着过分量化、标准化的倾向，片面强化评价指标的量化作用。量化评价虽有客观、精确、易于操作等优点，但这样的考核方式存在不足。第一，只侧重教师共性的东西，不能兼顾教师的个性。第二，只强调科研成果的数量，科研成果的水平难以量化。第三，教师的事业心、责任感、学术思想、治学态度以及教学风格等无法量化。这些不足使教师们一味地追求科研的数量，从而忽视了质量要求，重科研而轻教学。很多高校明确要求教师根据其所在岗位每年必须发表一定数量的论文，或者申请到一定课题或项目，如果没有发表相应数量的论文或申请课题或项目，就通不过考核。而对于论文是否有创新之处，文章的实际意义有多大并不看重，对教学也只是规定了要完成的课时数。这种考核指标对督促教师的科研行为有一定的作用，但另一方面导致了教师为了评职称，将本该用于教学的时间用于科研，放弃那些周期长、工作量大、有意义的科研，而选择周期短、相对容易的科研。这样的结果必然是教学质量下降，科研水平低下。

③考核体系不够科学

第一，考核内容不科学，过分重视科研成果。目前高校教师评价的主要指标是教师在规定的时间内发表的论文或著作的数量以及在一个学期内要完成的课时数，而对社会服务的考核几乎没有涉及。这就导致高校教师将主要精力用在科研上，而不是想着如何把学生教好。片面强调科研的评价方式，使高校教师忽视了教书育人才是一个教师应该履行的基本职责。第二，考核内容很笼统不够细化。以往的评价在追求所谓的"科学""客观""一致"的过程中忽视了教师的个体差异，对所有教师使用统一的、唯一的考核指标，没有考虑不同类别的教师的不同要求，以及他们自身的专业特长，这样就挫伤了一部分教师的积极性，严重损害了他们自我潜能的发挥。对所有的科目也使用相同的考核指标，没有考虑不同学科的学科特点，以及不同科研条件导致的科研成果、教学效果的不同，都是用相同的考核指标，这样无疑打击了处于不利条件的教师的积极性。第三，缺乏分级分类管理。由于我国高校规模大，教师人数众多，许多高校就采用一套考核标准对所有教师进行考核，没有重点，不分对象。这样的考核评价制度不但加重了考核的工作量，使考核流于形式，还打击了一些教师的积极性。有些高校虽然对教师分了层次，但往往只重视高层次人才，对于新进的年轻教师漠不关心，导致学校发展后劲不足。因此必须对高校教师进行分级分类管理，对院士、正教授、副教授、助教以及兼职教师进行分类考核，充分激发他们的积极性。

④"人情"因素对考核的影响

在对教师绩效考核过程中"人情"因素有着巨大的潜在作用。中华民族是一个情感特别充沛的民族，这受中国几千年的传统文化的影响，中国古代的诗、词、歌、赋，就证明了这一点。但当这种情感过度运用到管理当中的时候，就变成了一种情感泛滥。在考核、管理中，人情味太重，人们考核和管理的时候，是以情、理、法的顺序来考量，而不是以法、理、情的顺序来对待。而所谓讲人情，就是要让规则退后，使其让位于人情。久而久之，一些管理规则和考核标准就形同虚设，结果是一个个细微的错误逐渐积累，其破坏作用也逐渐积累，最终导致组织系统的毁灭。因此制定严格的高校教师考核评价程序，尽可能地排除"人情"因素的影响，尽量做到客观公正。

（4）高校教师激励机制不完善

薪酬是指职工因完成工作而得到的内在和外在的奖励。内在薪酬是职工由于完成工作而形成的心理思维形式。外在薪酬包括货币奖励和非货币奖励。

①薪酬设计不科学，不够细化

我国高校近几年一直扩招，学生的人数和学校的规模不断扩大，今后相当长的时期内，教学仍将是学校工作的重心。而科研成了目前各高校竞争的关键，很多高校在处理教学和科研之间的关系时，无法实现两者的平衡，往往顾此失彼。因此，高校在考核评价、职位晋升、奖励时，往往以科研成就为主要考核对象，而教学往往不被重视，对于社会服务就更不在考核之列了，由此形成了"重科研轻教学"的现象。一位教师如果在核心期刊上发表一篇文章所得到的奖金比上一年课的课酬还多，而且在教师职称评定上也有关键性的作用，因此，许多教师寻找各种理由来逃避上课，许多优秀教师都放弃教学去从事科研，教学质量严重下滑是必然的。在我国，大多数高校的校内津贴主要是教师上课的课酬，而课酬在各高校普遍偏低，大多数教师除了基本工资以外，课酬是其主要收入来源，最终导致教师收入普遍偏低，严重打击了他们教学的积极性。由于社会服务与教师的工资和奖励没有关系，学校组织的各种活动以及学校公共事务无人问津，教师往往都摆出事不关己的态度，使学校许多工作无法有效开展。

②薪酬设计缺乏公平性

高校内部工作人员从身份可以分为行政人员、教师和后勤人员等。一项关于湖南省某高校的调查结果表明，教师的平均绩效工资水平高于学校行政人员的岗位津贴，然而，60%的教师人均绩效工资水平低于学校行政人员的平均岗位津贴，这充分说明教师的绩效薪酬严重不平衡，存在严重的两极分化现象，从而导致薪酬激励缺乏公平性。一个学校特聘教授的名额是有限的，特聘教授的名额总数仅仅占教师总数的6%左右，被选为特聘教授的教师就可以享受学校提供的岗位津贴，同时他们又获得了带研究生的资格，这样他们可以就会获得较高的课酬和指导薪酬等。而大多数教师从事本科教学，课酬往往比较低。这样就形成了极少数教师拿很高的薪酬，而大多数教师工资水平较低的两极分化的局面，严重挫伤了大多数在一线教学的教师的积极性。

③薪酬结构不合理

教师的薪酬主要包括国家规定的基本薪酬和绩效薪酬，绩效薪酬就成了教师之间差异的关键，所以绩效薪酬对激励教师有关键性作用。如果教师在工作中的付出以及取得的成就获得客观公正的评价，并且获得应有的报酬，那么教师就会更加努力，把更多的时间和精力投入到工作中。然而，在现实的高校中绩效薪酬所占的比例非常小，不同岗位、不同职称、不同专业教师的绩效薪酬没有拉开差距，这就严重削弱了绩效薪酬的激励作用。教师的课酬比较低，每个教师每个学期的课时安排也相差不大。同时，学校也没有根据市场的供需关系对不同专业的薪酬做出相应的调整。因此，教师只要完成学校规定的上课时数，不管上课的质量高低都获得同样的绩效薪酬，这也就产生了"干好干坏一个样"的现象。

④激励方式单一，缺乏科学性

美国心理学家赫兹伯格（F.Hevzberg）研究认为，工资、福利、工作条件、工作安全感、政策和管理等都属于外部激励，认可、提升、责任感、成就感以及工作本身才是内部激励。[①]当前我国高校在激励教师方面主要通过物质激励，大都与增加个人收入和提高个人待遇有关，认为高校教师的激励就是靠物质投入，而忽视外部激励方式。近年来，为了引进更高层次的人才，各高校纷纷开出了优厚的待遇，对做出重大贡献的教师给予重奖。虽然物质激励在教师激励方式中占有重要地位，但是仅仅依靠物质激励这种单一的方式，其效用是极其有限的，不可能达到预期应有的效果。根据马斯洛（A.H.Maslow）的需要层次理论，生存的需要是最基本的也是最低层次的需要，物质激励只能满足教师低层次的生存需要，他们更高层次的需要以及自我实现的需要无法得到满足，无法激发教师的工作热情，高校的激励目标也无法实现。因此，高校教师作为高级知识分子，物质激励对他们而言是远远不够的，良好的生活与工作环境，先进的科研条件和发展平台是众多教师注重的条件。但是目前我国高校民主管理不健全，管理人员与教师缺乏沟通，这都不利于激发教师工作的积极性。

④层次不清，标准单一

随着中国高校的快速发展，高校教师队伍呈现多层次化，不同岗位、不同职位、不同级别的教师差别比较显著，不能采取统一的模式进行激励与管理。[②]随着高校的快速发展，高校对师资的引进更加多样化，师资结构呈现多层次化趋势。但目前我国大多数高校仍然采取"一刀切"的激励管理方式，对各年龄、各职务、各学历层次教师的需要认识不足。而不同的教师的工作态度和工作成绩是不一样的，如果工作成绩突出的和工作成绩差的教师被评为同一等级，必定会打击那些工作成绩突出的教师的积极性。在教师管理上，不分教师的岗位、职位、级别采用一套考核标准来评价所有教师。有的即使分了层次，在实际操作中仍然偏重高层次人才，或只抓两头，忽视中间层次的考核激励。许多高校为了追求声誉，仅仅在高层次人才的引进和管理上下功夫，重金聘请著名学者，但应该认识到，作

---

① 转引自黄威.教育管理学［M］.广州；广东高等教育出版社,2002.

② 参见王君.西方现代激励理论视角下的高校教师管理研究［D］.山东大学,2008.

为一种激励制度，应是面向所有人的、普遍适用的制度，从而使人人受激励、个个充满干劲。因此，应将考核结果尽量细化。科学高效的激励管理机制应该能平衡各方面利益关系，激励对象不同采取的激励方式也各异，相互协调配合，从而实现全方位、多层次的高校教师激励管理机制。

（三）制约高校教师队伍建设管理的主要因素

制约高校教师队伍建设管理的因素是多方面的，既有社会环境因素，又有国家主导因素，既在学校管理因素，也有教师自身因素，主要包括高校师资人才面临社会的巨大竞争、师资队伍建设投入的相对不足、传统的人事管理理念与模式仍占主导地位、教师管理法律制度供给不足、对教师专业自主发展不够重视、管理者忽视了教师所承受的巨大压力、缺乏人文关怀的校园环境等。

1. 社会环境因素

我国的人力资源虽然在总量上在国际很有竞争力，但是由于有限的财力和教育力量，促使我国在人力资源上面临这样一个问题：人力资源丰富但是具备高素质的人才却很缺乏，所以，我国现在亟须解决把丰富的人力资源转化为高素质的人才，建设真正的人力资源强国。目前，在我国，高水平的人才紧缺，而低水平的劳动者却是供大于求，而且，越是高素质的人才，我国与发达国家的差距越来越大。目前，发达国家经济的科技贡献力达到 75%左右，而在我国只有 30%；我国每十万名劳动力中从事科研的工作者只有 84 人；每十万人被刊物收录的论文，发达国国家是 100 篇左右，而我国只有区区的3篇；而十万人中申请的专利，发达国家是 100 件，我国不到10件；我国专业技术人员的总量，只有不到发达国家的 1/3；在企业中从事开发研究的工程师在发达国家达到 80%，而我国不到 40%。

"科教兴国"提出至今，"尊重知识，尊重人才"成为人才培养的重要口号，我国高校教师的社会地位和实际收入有了极大提高，但是由于我国经济发展区域间的不平衡以及不同的职业间收入的差距，高校教师自主向高薪行业和外资企业流动，造成了大量的人才流失。另外，新形势下高校人才竞争的无序化状态，严重影响了我国高校教师队伍的发展，在全球化的趋势下，我国一方面出现人才严重匮乏的状况，另一方面，人才竞争的保障机制缺乏。一方面人才竞争往往以高物质回报承诺为前提，这种承诺加剧了人才受利益驱动，追求更高的收入、更好的生活条件，这种无序的状态无疑导致了人才竞争的恶性化循环，高校的师资队伍建设需要的人才也就更加缺乏。另一方面，受我国经济等客观因素和现有收入分配机制的制约，引进拔尖人才所需的薪酬，相对于高薪企业提升缓慢，个体相对于群体的优势不能充分发挥，造成人才相对集中的地方对人才匮乏地方的吸引力进一步加强，大量的人才从人才贫瘠的地区向人才集中的地区涌入，所以，面对人才竞争的国际化趋势，我国亟须通过制度创新，建立规范有序的人才交流制度，有序良好的工作环境。

2. 政府主导因素

①师资队伍建设投入的相对不足

高校的建设各个方面必须协调发展，师资队伍建设的投入必须跟上步伐。著名教育家梅贻琦曾提出"师资是大学第一要素"的观点，没有一流的教师队伍，再高的大楼也造就不了一流的大学，因此，国家应该把师资队伍建设投入放在重要地位，加大对人才培养、师资的培养，使我国的教师队伍不仅具备高精尖的专业知识，还具有十分深厚的文化底蕴。改革开放以来，我国已经加大了对教师队伍建设的投入，但是相对于其他投入，还是略显力度不够，这些投入的不足，直接造成我国高校师资建设水平提高缓慢。此外，高校教师的工作条件相对较差，很多高校缺乏教师交流、备课的地方，不利于教师的取长补短；有的没有实验室，或者实验室设备不足，不利于科研工作的进行，这些都在一定程度上制约了高校教师积极性的发挥。

教师队伍建设的投入不足，不仅表现在国家要加大高校教师队伍投入，还应该包括社会的投入，社会的投入在高校教师建设中理应发挥着更为重要的作用，全社会应该树立"尊师重道"的风气，整合社会资源源源不断地为教师队伍建设提供动力，才能真正实现教师队伍建设的跨越式发展。只要国家真正重视高校教师队伍的建设，相信不久的将来，我国必将建设一支具备高水平的专业技能、又具备高尚师德风尚的高校师资队伍。

②教师管理法律制度供给不足

教师管理法律制度供给不足可以分为形式性供给不足和实质性供给不足。前者是指由于没有制定相应文本形式的管理制度或规范而形成的制度供给不足。1990 年以来，国家先后制定了《高等教育法》《教师法》等基本法律，但与其配套的法规尚不完善，如教师聘用、编制管理、教师考核、教师申诉等尚无具体法规可循。后者是指在高校教师管理过程中，虽然制定了某些管理制度或规范，但是在管理实践中，并没有严格操作，致使这些管理制度或规范的功能部分或全部丧失。这主要是因为管理层法制观念淡薄，管理过程有法不依、有规不依，致使管理制度形同虚设。

法律制度供给不足不仅体现在高校教师管理制度不健全方面。实际上，我国高校教师管理虽然建立了一些管理制度，但是总体上看还不够健全。这主要表现为：首先，教师的招聘录用缺乏严格的资格审查和考试考核制度；其次，岗位责任制和福利制度不够普遍；最后，教师培训教育制度没有完全建立起来。法律制度供给不足还体现在教师基本权利的保护不充分。根据法律规定，高校教师依法享有财产权、劳动权、人格权、知情权等基本权利。然而，由于高校教师管理过程中存在着一些人治化的行为，这些行为会对高校教师的合法权益造成伤害。比如说有些高校随意停发、扣缴或者冻结教师的工资，随意降低教师的福利待遇和劳动保障，这些都属于侵犯教师财产权、知情权。再如，少数高校的管理部门随意拒绝或不礼貌地对待前来办事的教师，更严重的是，有些管理者随意将教师的信息、资料甚至个人隐私随意泄露、公开和传播，构成对教师人格权的侵害。

《高等教育法》第四章第三十条明确规定：高等学校自批准设立之日起取得法人资格。高等学校的校长为高等学校的法定代表人。高等学校在民事活动中依法享有民事权利，承担民事责任。这意味着高校作为独立的教育公法人享有自主管理的权利。既然这是由法律授予的权利，高校管理层就要针对高校教师管理过程中存在的有法不依、执法不严、违法难究等现象，加强对教师管理法律制度的建设和完善，降低高校教师管理中人本化缺失的程度。

3.学校管理因素

①传统人事管理理念与模式仍占主导地位

目前的很多高校都是在计划经济时期建立和发展起来的。当时的学校基本上都是采用行政命令式的管理模式，学校根本无法实现自身的自治，教师管理更是如此。随着时代的发展与人本化、柔性化管理思想不断传入，教育管理者逐渐开始关注人本化管理，希望能为教师提供更多更广泛的权利和发展空间，为教师创造更多参与管理的条件。然而实际情况并不理想，传统人事管理理念仍占主导地位，传统的经验模式和量化模式也依然存在着。

在传统人事管理理念的主导下，管理者在管理过程中坚持以事为中心，甚至一些人事管理人员只重视传统的人事工作。他们认为高校发展的"瓶颈"是资金短缺，没有意识到真正的"瓶颈"是缺乏高素质的教师队伍，也就没有把教师管理与教师队伍建设放在战略性位置。受传统人事管理理念的影响，管理者在实际工作中习惯于做管理性工作，缺乏服务意识，常常采用的是等人上门的被动工作方法，忽略了主动参与式的工作方法。管理者满足于做好静态管理，缺乏主动研究精神。在经验管理模式下，管理者常常凭借着自己的经验来管理教师，教师管理的组织结构也不是很规范，部分职能部门的工作比较被动，它们仅仅充当着上传下达的角色而没有根据实际情况创造性地开展工作。这种经验管理模式给我国教育管理造成的最大弊端就是决策的随意性大，学校管理者凭主观意愿所做出的某些决策往往会造成教师工作积极性不高。而量化模式强调的是管理过程标准化。虽然量化模式能够实现从经验向规范化、制度化的转变，但是它过分强调标准化和统一化，容易导致教师工作变成以分数定量的机械划分，缺乏创造性，从而阻碍了教师的个性发展，淡化了管理的培养人才功能。在传统的管理模式中，还缺乏灵活的人才管理机制。管理者习惯于用行政方式来管理高校，忽视了对高校的文化功能和学术功能建设。这使得高校教师的学术权力得不到应有的尊重，也严重削弱了教师参与意识，还阻碍了教师的主观能动性的发挥。

实际上，我们必须承认高等教育自身的发展规律，并按照这一规律办事，必须承认高等教育自身的价值标准，这一价值标准是学术价值、知识价值、人才价值、社会价值的综合体。我们应该凭借这一价值标准使行政权力与学术权力相脱离，使其主要从事信息指导与法律监督方面的宏观调控，从而调动教师的自主性和创造性。

②对教师专业自主发展不够重视

所谓教师专业自主发展，是指在教师专业发展过程中，要突出教师本人的自主意识与主动性，实现教师专业发展的多元性、差异性及创造性。也就是说，要让教师自觉主动地参与到其专业发展过程中来，充分发挥其自身的积极性，提高教师自我专业发展的意识，增强教师自我生命活力，最后产生对教师专业的满足感和自豪感。而在现实生活中，教师专业自主发展的重视程度不足够，这主要体现在三个方面。

首先，教师专业自主发展的观念还没有普遍采用。目前我国高校看待教师专业发展的主要观念是外在调控式的发展观，即行政管理机构对教师的发展进行整体的规划，并对其进行强制性培训。这种教师发展观念只是教师参加培训的目的不明确，甚至一些教师将培训视为上级主管部门安排的任务。这样就不能使教师专业发展进入歧途，这种发展观念根本谈不上自主发展。近年来，随着教育改革的不断深入，校本发展观念已经逐渐发展起来。但是由于各地教育水平和教育条件的差异，校本发展难以全面推广，教师专业自主发展的观念仍需广泛宣传。

其次，政策倾向性不强。多年来，教育改革的重点始终是提高教学质量。教师管理行政机构并没有对教师专业发展给予足够的重视，教师管理行政机构没有制定出更多激励教师开展自主发展的相关政策，包括教师专业自主发展的方向、进程以及教师职位、职称等方面的对应措施。再加上专业发展的理论研究不够深入。这就容易造成教师专业发展的具体措施和制度缺乏实用性，实践措施和效果不突出。

③缺乏人文关怀的校园环境

在高校教师管理过程中，行政管理机构与管理者应该为高校教师营造良好的人文关怀校园环境。人文关怀的校园环境不仅能使教师陶冶情操、寓教于乐、增进教师之间的理解和友谊，而且还能帮助教师培养以校为家的思想理念。但在当前的教师管理中，忽视了这一点。管理者总是以经费不足、没时间、影响教学等各种理由，把应有的文化活动置于事外。于是，校园的文化生活变得冷冷清清，甚至不少教师把业余时间消耗在扑克、麻将等娱乐活动上。由于缺乏人文关怀的校园环境，教师之间变得陌生，人情淡如水，久而久之，互相产生隔阂，工作热情、工作效率就会受到影响，教师的能动性、创造性也就随之衰退。这种人文关怀校园环境的缺失致使高校教师管理的人本理念难以深入管理者的思想意识。

4. 教师自身因素

①教师本身没有重视教师专业自主发展。在教师专业发展过程中，教师的主动性、能动性决定了教师专业发展的程度和方向。然而很多高校教师还没有引起重视。一方面教师对自主发展的要求不高。部分教师对专业发展的态度不够积极，没有意识到自主发展是人的本质力量的集中体现，没有致力于专业发展的创新性和独特性。这就严重影响了教师的发展积极性。另一方面，教师缺乏自主发展的信心。部分教师对专业自主发展前景没有持乐观的态度，他们满足于现状，对自身的专业发展没有积极的要求和想法，这主要是因为教师的自主意识和自我调控能力还没有形成。正是因为对教师专业自主发展重视程度不够，才会影响教师的积极性，进而使其产生职业倦怠，也不会重视教师的培养，难以发展教师的个体差异性。

②教师队伍收入水平不高

高校教师从事着世界上最高级的脑力劳动，他们承担着教育育人的使命，科技的发展，知识的更新首先反映到教师队伍的身上，相对于他们的工作，理论上他们应该获得更高的收入回报，但是实际的情况却相反，高校教师收入水平相对于其他行业，并不是很高，由于经济发展的不平衡和其他一些现实的因素，高校教师的收入水平还呈现分布不均的状况，差距明显，教师的收入水平不仅影响教师的生活水平，也是影响教师队伍素质提高的重要因素，因此，国家理应重视教师队伍收入的提升。

③高校教师承受着巨大压力

在高校教师管理过程中，高校教师承受着巨大的压力。这些压力主要包括以下几个方面。第一是教学压力。高校扩招以后，学生人数不断增加，学生素质也有较大差异，教师在大课堂上很难兼顾每一个学生的需求，在教学过程无法与学生之间做必要的沟通和交流，也难以获得及时的信息反馈。这种情况下高质量的教学效果也就很难保证。长此以往，教师一般会将教学效果差归因于自身能力低，这样就容易产生失败感、挫折感，也会对自己的工作产生厌倦情绪。同时，教学课时量与教师收入挂钩，也成为教师的教学压力之一。这导致有些教师为了挣钱而忽略教学效果、忽略个人专业素质的提高。在现有状态下高校教师疲于应付，被功利和浮躁困扰着，进而疲惫不堪，失去进取心和求知欲。第二是科研压力。

高校教师比一般教师的科研压力大很多。在高校，职称评定与专业技术考核都离不开科研成果。为了职称与考核，高校教师在完成相当教学工作量的同时，还要付出更多的精力与时间进行课题项目的科学研究、撰写论文。而发表论文的等级、课题项目的级别、出版社的知名度等都是很重要的，都直接关系着教师的晋升和经济利益。这就会使教师心理及精神产生双重压力。如果在年末考核述职时科研成果不如别人，教师也会在相互比较时略显难堪，甚至会产生自卑感。第三是教学评价带来的压力。不完善的评价体系往往会给教师带来巨大的压力。评价体系中，学生对教师的评价是决定高校教师教学水平的主要指标。虽然有参考标准，但是大多数学生是凭着自己的主观情感来作评价的。他们很少考虑教师的工作态度、知识的严密性与系统性、学科的差异性等，反而更加关注课堂形式。因此，学生的评价有的时候缺少公正性。评价指标大多数是量化、单一的，很难全面地反映教师的实际情况，容易忽视教师的个体差异性。在学生评价以后，学校管理层会采取一系列诸如排名、奖励与批评、末位淘汰制等措施来公布评价结果。这些措施很有可能扼杀部分教师的主观能动性和创造性。第四是教育改革引起的压力。随着社会的发展，教育也进行相应的改革。在教学改革过程中，教师需要协调现有的教学程序与实践和改革内容之间的关系，还要协调现有的期望、要求与改革目标之间的关系，必须重新分配工作时间以满足现有的要求和革新的要求。废除职务职称终身制滞后，竞争上岗给教师增加动力的同时也带来了压力。最后是社会认识与期望导致的压力。在社会公众的心里，教师应该具有蜡烛精神、春蚕精神，他们应该为了学生和工作牺牲自己的生活。这样的传统观念只会给高校教师带来消极的暗示。社会认为教师为人师表，应该具有完美的人格。为此，高校教师常常无意或有意地压抑和否定自身的正常需求，也会产生对自己不切实际的过高期望。

由此可见，高校教师所承受的压力是多方面的。这些过大的压力都是不利于高校教师身心健康，不利于教师的个性化发展。如果管理者忽视了教师本身承受的过多压力，就会引发高校教师管理中的各种问题，进而导致管理过程中人本化的缺失。

第二章 高校教师队伍建设的理论基础与实践依据

　　选择理论和实践依据的目的是借用其独特的思想和思维模式。恩格斯指出："一个民族要想登上科学的高峰，究竟是不能离开理论思维的。"[①]理论是行动的先导。在经济全球化、思想多元化、网络信息化和人际关系功利化这样一个大变革大变迁的时代，高校教师队伍的建设、管理、发展，主要依据马克思主义理论中人的全面发展理论、战略人力资源管理理论、教育人才学理论、教师生涯发展理论、组织变革的阻力理论、三阶段变革过程理论、人本管理理论、激励理论等理论基础和中国特色社会主义理论、改革开放以来中国共产党关于教育的理论、党的十八大以来出台的关于高校师资队伍建设的相关政策等实践依据。

一、理论基础

（一）马克思主义关于人的全面发展的理论

　　人的全面发展理论是关于个体社会关系全面丰富的发展、全面提高个人能力和素质的发展和全面符合人的个性的发展的理论。人的全面发展理论贯穿于马克思主义理论的各个阶段和各个部分。实现每个人的自由全面发展是马克思主义的最高价值目标。有学者认为："人的全面发展学说是马克思主义的最高命题和根本价值"，并"为人类社会的发展描绘了终极的景象。"[②]马克思认为："任何人如果不同时为了自己的某种需要和为了需要的器官而做事，他就什么也不能做。"[③]马克思恩格斯认为"每个人全

---

① 马克思恩格斯选集（第4卷）[M].北京：人民出版社，1995：285.

② 俞可平.人的全面发展：马克思主义的最高命题和根本价值 [J].马克思主义与现实，2001（05）：28.

③ 马克思恩格斯选集（第3卷）[M].北京：人民出版社，1995：286.

面而自由的发展"是社会主义和共产主义的基本原则，这也是教育的理论溯源。马克思主义关于人的全面发展理论为高校教师队伍建设管理工作规定了发展要求与目标取向，成为该领域重要的理论依据。

1. 从人的需要和劳动能力的发展来看

恩格斯曾把人的需要划分为三种：生的需要、享受的需要和发展的需要。"他们的需要即他们的本性。"①人类活动围绕着人类的需要而产生和开展。人的生存需要是人的发展需要的前提和基础。劳动是人类的本质，且人的需要是随着社会历史的发展而不断提高。在资本主义私有制条件下劳动可能会发生某种异化，使劳动仅是维持自身生存的手段。人的发展需要是人的生存需要的发展和升华。在人的活动的发展过程中，实现从异化劳动到自由劳动的转变的条件，是建立在共产主义社会基础上的，"劳动已经不仅仅是谋生的手段，而且本身成了生活的第一需要之后……而集体财富的一切源泉都充分涌流之后……社会才能在自己的旗帜上写上：各尽所能，按需分配！"②新的观念和交往方式，使劳动者改变着，产生新的品质。劳动会成为"人的本质力量的充分展示"③。由此可见，随着社会历史的不断发展，实现了人自身能力的多方面进步。

2. 从人的个性发展和社会关系发展关系来看

马克思强调"每个人的全面而自由的发展"。在日常的活动中，全面而自由发展的人能感受到自己对活动的支配。这种主人翁的感受会让人在劳动中产生的热情，充分调动内驱力和创造力，完成活动。这一系列的活动过程会促进人更加自由而全面的发展。人是社会的人，人的需要、能力、个性的发展总是在一定的社会关系中存在、活动和发展。马克思说："人的本质，并不是单个人所固有的抽象物，在其现实性上，它是一切社会关系的总和。"④人的全面发展、人的自由个性只有到了"外部世界对个人才能的实际发展所起的推动作用为个人本身所驾驭"时，才能真正实现。

---

① 马克思恩格斯选集（第1卷）[M].北京：人民出版社，1995：243.
② 马克思恩格斯选集（第3卷）[M].北京：人民出版社，1995：305.
③ 马克思恩格斯选集（第42卷）[M].北京：人民出版社，1979：125.
④ 马克思恩格斯选集（第1卷）[M].北京：人民出版社，2012：135.

用社会关系的发展作为纬度，马克思把人的发展分为三个阶段：人的依赖关系、物的依赖关系、能力的依赖关系。通过这三个阶段，可以看出人类社会关系的发展变化。人类社会发展的初期，没有丰富的社会关系，自然也不会有人的全面发展；虽然在资本主义社会，各种关系比较丰富，但是其异化、片面的社会关系会成为人全面发展的束缚；共产主义社会中，劳动不再是一种负担，而是需要。这种以需要为前提的劳动会极大地丰富社会关系，从而实现人的全面而自由的发展。只有在共产主义社会中，才能实现社会全体成员的共同全面发展，而不是少数人或者全体、阶层的片面发展。在《共产党宣言中》，马克思恩格斯明确提出："代替那存在着阶级和阶级对立的资产阶级旧社会的，将是这样一个联合体，在那里，每个人的自由发展是一切人的自由发展的条件。"①

人的全面发展理论为高校师队伍建设价值追求的确立以及以人为本和系统思考理念的形成提供了理论依据。"如果只讲牺牲精神，不讲物质利益，那就是唯心论。"②高校教师队伍建设的终极目标和实现人的全面发展在实质上是一致的——在教师培育、选拔、使用等各环节各方面做好做实教师队伍建设工作，通过发挥教师的积极性、主动性、创造性，建设政治素质过硬、业务能力精湛、育人水平高超的高素质教师队伍。

高校一定要坚持以马克思人的全面发展理论为指导，立足于促进教师的全面发展，加强和改善高校教师队伍建设管理工作。人的能力和素质是多方面的，人的能力和素质的全面发展主要是"人的才能的全面发展，包括了人的体力、智力、自然力和社会力等最大限度的发挥。"③教师的能力和素质，关系到学生能力和素质的培养。加强高校教师队伍建设的各项措施落实，就是教师的能力和素质提升的一项大工程。

（二）战略人力资源管理理论

1981年德瓦纳（Devanna）、丰布兰（Fombrum）和蒂奇（Tichy）的《人力资源管理：一种战略观点》一文的发表是战略人力资源管理（Strategic Human Resource Management，简称SHRM）产生的标志。Wright

---

① 马克思恩格斯选集（第1卷）[M].北京：人民出版社，1995：295.
② 邓小平文选（第2卷）[M].北京：人民出版社，1994：146.
③ 马克思恩格斯选集（第3卷）[M].北京：人民出版社，1995：330.

和MeMahan在1992年将"战略人力资源管理"定义为：企业为实现目标所进行和采取的一系列有计划、具有战略性意义的人力资源部属和管理行为。[①]这一定义包含了四个层面的含义；一是人力资源的战略性。所谓战略人力资源，是指具有某些或某种特别知识（能力和技能），或者拥有某些核心知识或关键技能，处于企业经营管理系统的重要或关键岗位上的人力资源。二是人力资源管理的系统性。企业为了获得可持续竞争优势而部署的人力资源管理政策、实践以及方法、手段等构成一种战略系统。三是人力资源管理的战略性。它指纵向契合，即人力资源管理要与企业的战略相契合，以及横向契合，即人力资源管理系统各组成部分成要素相互之同的契合。四是人力资源管理的目标导向性.战略人力资源管理通过组织建构将人力资源管理置于组织经营系统，促进组织绩效最大化。[②]

1.战略人力资源管理的主要特点[③]

（1）战略人力资源管理以"人"为核心，视人为"资本"，强调一种动态的、心理的调节和开发，属"服务中心"，出发点是着眼于人，达到人与事的系统优化、使企业取得最大的经济和社会效益之目的。非战略人力资源管理以"事"为中心，将人视为一种成本，把人当作一种"工具"，强调"事"的单一方面的静态控制和管理，属"权力中心"，其管理的形式和目的是"控制人"。

（2）战略人力资源管理作为企业的核心部门，是企业经营战略的重要组成部分，主要通过促进企业长期可持续发展来实现对经营战略的贡献；涵盖组织建设、文化建设与系统建设各个方面，通过企业文化整合战略、组织和系统，保证企业战略的执行和实现、推动企业长期稳定地增长。

（3）战略人力资源管理可以灵活地按照国家及地方人事规定、制度，结合企业的实际情况制定符合企业需求的各种人力资源政策，从而建构起系统的人力资源管理体系，确保企业实现经营战略目标。非战略人力资源管理则主要是制度的执行，即按照国家劳动人事政策和上级主管部门发布

---

① 参见Wright P.M., Snell S.A.. Toward a Unifying Theory for Exploring Fit and Flexibility in Strategic Human Resource Management ［J］.Academy of Management Review, 1998（23）：756–772.

② 参见叶龙等主编.人力资源开发与管理（第二版）［M］.北京：北京交通大学出版社, 2014: 36–46.

③ 参见叶龙等主编.人力资源开发与管理（第二版）［M］.北京：北京交通大学出版社, 2014: 36–46.

的劳动人事管理规定、制度对员工进行管理。人事部门基本上没有制度的制定和调整权，最多只能"头痛医头、脚病医脚"，难以根据实际情况对管理政策和制度进行及时调整。

（4）战略人力资源管理要求人力资源管理者从企业战略的高度，主动分析和诊断人力资源现状，为决策者准确、及时地提供各种有价值的人力资源相关数据，协助决策者制定具体的人力资源行动计划，支持企业战略目标执行和实现。非战略人力资源管理则只能站在部门的角度，考虑人事事务等相关工作的规范性，充其量只能传达决策者所制定的战略目标等信息。

2.战略人力资源管理模型

战略人力资源管理模型是按照四个层次来进行划分的，其整体像一个自行车轮，轴心是企业目标，最外层是开放的企业外部环境，外部环境既影响企业战略的制定，也决定企业人力资源环境。第二层是公司战略层面，它决定了企业的目标，也是决定企业直接参与市场竞争方式的层次。第三层是影响公司战略能否成功的关键部分，对战略实施起支持作用，如人、文化、领导和结构。第四层次是具体的人力资源战略，也可以说是传统人力资源管理工作的重点区域，这是体现企业内部人力资源系统的层面，既要对公司战略提供支撑，彼此间也要互相配合。无论哪根辐条发生断裂都会影响车轮前进，久而久之会缠住轴心，导致企业目标无法实现或受到损害。战略人力资源管理就是在这样四个层次之间发挥作用，归根结底，战略人力资源管理的目的是实现企业目标。从战略人力资源模型可以看出，战略人力资源管理理论基于企业管理的具体特点，认为在战略人力资源管理的第四层次主要涵盖了招聘、薪酬、开发、考核等四个方面的内容。笔者根据高校教师队伍分类管理的实际情况和教育活动的具体特点，对这一层次四个方面的内容进行了进一步的解构和重构，将高校教师队伍分类管理具体解构为高校教师分类聘任、分类调配、分类培训、分类薪酬、分类考核和分类退出等六个方面的核心内容展开分析。

（三）教育人才学理论

1989年纪大海等学者撰写的《教育人才学》的出版，标志着教育人才学理论的初步形成，该理论以教育与人才的关系为主要研究对象。教育人才学相关理论的建立和完善，得益于诸多学者对教育人才相关内容的关注和探索。教育人才学理论的发展，主要经历了初步探索阶段（1985—1992年）、中期系统探究阶段（1993—2000年）和深入发展阶段（2001年至今）等三个阶段。初步探索阶段（1985—1992年）以纪大海等学者的相关研究为代表，相关理论以描述教育人才素质结构和内容为主；中期系统探究阶段（1993—2000年）以叶忠海等学者的相关研究为代表，主要形成了一系列的教育人才分层分类与识别的原则、方法；深入发展阶段（2001年至今）以孙孔懿等学者的相关研究为代表，该阶段主要探索了评价教育人才的指标和标准。教育人才学理论虽然是在教育学和人才学这两个学科理论的基础上发展起来的，但并不是两个学科的简单叠加，而是教育学和人才学相关理论的有机融合。

1. 教育人才学理论主张对人才分层分类

人才学理论把"有才识学问的人""德才兼备的人"或者"有某种特长的人"叫作人才。[①]人才具有继承性、创造性、社会性、进步性、相对性和可变性，这是人才的基本特征。社会要认识、培养、使用和管理人才便需要对人才进行层次和类型的划分。人才层次即人才职能量的差别，也可以认为是人才水平的排列次序。早在《诗经》中人才便被划分为：圣人、哲人、成人、良人、吉人、君子等层次；东汉史学家班固在《九品量表》中将人才分为上上、上中、上下，中上、中中、中下，下上、下中、下下等九个层次。人才是多层次、多序列的，人才层次的划分也是复杂和多变的。大致而言，人才可以分为初、中、高级三个层次。而对于人才的类型，可以从不同的视角来划分：从行业上，可以划分为科技教育、文艺、体育、外语、工业、农业、商业等人才；从知识面的宽窄上来看，可以划分为通才型和专才型人才：从智力类型上来看，可以划分为古典型、浪漫型、再现型、发现型和创造型等人才；从学科来看，可分为自然科技人才和社会科技人才两大类；从人才的个性特征上来看，可以分为斗士型人才、竞赛型人才、工匠型人才和企业型人才，[②]等等。然而，以上对于人才的分类并不是绝对和固定的，分类中可能出现交叉和重复。

① 王通讯.人才学通论［M］.天津：天津人民出版社，1985：1.
② 参见孙密文.人才学［M］.长春：吉林教育出版社，1990：28-33.

教育人才学理论从为，教育人才是用创造性劳动向受教育者传递人类积累的文化科学知识技能，发展智能并影响其品行的职业人员。从广义上讲，凡是能给人传授一定社会经验和知识技能，利用自己的思想行为影响别人的个体，都可称为教育人才。①美国教育家西尔·伯曼（S.Burman）认为，教育人才"不仅包括中小学、学院和大学的教师，而且包括家长、社会领导人，沟通媒介手段主持人和新闻界人士、各社会组织的发起人和组织者、宗教教育家、律师医生、商人、社会董事和训练人、教科书编写人和出版者、军队领导人和教官，以及其他有意识地作为他的任务和职业的一部分而教别人的人们，"②这也是广义上的界定。而从狭义上看，教育人才专指教师。本书探讨的高校教师属于狭义上的教育人才范畴内的一类人才。

教育人才与其他各行各业的人才相同，皆有层次和类别之分。按照层次来看，教育人才可以分为高级教育人才、中级教育人才和初级教育人才。高级教育人才是掌握高深的教育理论或熟练的教育技能技巧，在教育理论或实践领域中作出很大贡献的人；中级教育人才是有较高的理论素养和教育实践技能，能比较出色地完成自己领域里的教育教学任务；初级教育人才具有初步的教育理论水平和教育实践技能，在科学教育活动中表现出正常的智力水平，成绩一般。当然，教育人才层次结构并不是固定的，而是动态和变化的，不同级别的人才之间可能会相互转化，也不是所有的教育人才都被分为初、中、高三个级别。我们对教育人才层次的划分并不是以资历、年龄以及所在单位的类别（大学、中学、小学、幼儿园）为既定的依据，而是根据实际所表现出的水平和能力，以及客观的社会效果来评定。同时，教育人才可以分为政治、法律、文学、艺术、体育、军事等方面人才类型，可以说有多少个学科和实践领域，就有多少种教育人才。③根据教育人才学理论对教育人才层次划分的原理，我们可以将本书所指的教育人才（也即高校教师）的层次用一个金字塔来表示，共分为A、B、

---

① 毛继东.教育人才学[M].呼和浩特：内蒙古大学出版社，1991：2.
② 转引自[美]范斯科德.美国教育基础——社会展望[M].北京师范大学外国教育研究所译.北京：教育科学出版社，1984：150.
③ 毛继东.教育人才学[M].呼和浩特：内蒙古大学出版社，1991：6.

C、D四层。

D所表示的区域代表金字塔的底部，相当于高校的助教，是教育人才的基础；C所表示的区域是金字塔的第二层，代表高校的讲师；B所示的区域是金字塔的第三层，代表高校的副教授；而A所示的区域是金字塔的顶端，也是最难达到的教育人才，相当于高校的教授。然而，每一级别的教育人才又可能分为若干级，如高校的教授分为教授和副教授，教授又可分为一级、二级、三级、四级教授。总而言之，从教育人才层次的角度来看，高校教师可以从高至低分为：教授、副教授、讲师和助教。

2. 教育人才学理论强调教育人才的和谐发展

教育人才学理论强调教育人才的和谐发展。教育人才学理论强调人的和谐发展并不是人的个性在封闭状态下的自我完善，也不是外界机械影响的结果，而是个体在生长过程中，自身需要与社会需要相互作用的结果。[①]正是基于这样一种认识，该理论认为教育人才的发展既需要客观的、社会的各因素的和谐，也需要人自身基本需要相互结合的和谐，还需要人自身需要与社会需要的和谐。这样一种认识就明确了高校教师作为一种教育人才，其专业发展和成长既要关注外部环境的变化，也要关注自身条件与外部要素的有效结合。这就要求：高校教师分类管理对于高校教师的分类既要基于岗位类型进行划分，也要关注高校教师自身生理和心理特征，实现自身需要与社会需要的有效融合，以实现高校教师的和谐发展。

根据教育人才学理论针对教育人才分类的原则和方法，及本书所倡导的"人性关怀"，我们对高校教师的分类不仅仅涉及工具理性维度的岗位类型划分，也会针对不同年龄阶段、不同学科、不同性别、不同生理、心理状况的高校教师进行人性化的分类，只有在高校教师分类管理中给予不同岗位类型高校教师和不同年龄阶段、不同学科、不同生理、心理状况的高校教师同样的关注，才能真正将高校教师分类管理落到实处。具体而言，本书将高校教师主要分为以下几类：从高校办学的主要目标和职能来讲，高校教师可分为教学型、研究型（又可细分为基础研究型、应用开发型）、教学研究并重型；从职称梯度的角度来看，一般分为助教、讲师、

---

① 纪大海.教育人才学［M］.成都：四川教育科学出版社，1989：81.

副教授（副研究员）、教授（研究员）等四个梯度，这与我们对高校教师的层次划分相吻合；从年龄层面看，本书将不同年龄阶段的高校教师划分为青年教师（25—38岁）、中年教师（39—55岁）和老年教师（56—65岁）三个阶段；从性别层面看，分为男性高校教师和女性高校教师；从学科层面看，可以划分为理工学科高校教师、医学类学科高校教师和人文社科类学科高校教师。

在高校教师分类的基础上，针对不同类型的高校教师采取差异化的管理策略就成为理所当然的管理策略。本书所要探讨的高校教师分类管理，就是在教育人才学理论对高校教师的分层、分类的基础上对高校教师的分类聘任、分类调配、分类培训、分类薪酬、分类考核和分类退出等管理实践活动。本书通过引入教育人才学理论，一方面，可更好地对针对不同类型的高校教师差异化管理进行考察和分析，在研究过程中实现高校教师工具性和人性的统一，追求高校教师的和谐发展；另一方面，也可以实现高校教师分类管理的优化，更好地指导当前我国高校教师分类管理实践，提升高校教师分类管理水平。

（四）教师生涯发展理论

教师生涯发展是从纵向对教师专业发展进行解读，是指教师的职业素质、能力、成就和职称等随着时间轨迹而发生的变化过程及其相应的心理体验与心理发展历程。[1]教师生涯发展理论共发展出教师生涯发展周期理论、教师生涯阶段理论、教师生涯循环论和教师生涯实现论等四种理论派别。[2]

1. 教师生涯发展周期理论。该理论从年龄和教龄两个维度对教师生涯发展进行了划分。就按照年龄对教师生涯发展进行划分的理论来看，彼得森（G.Peterson）按照年龄将教师生涯发展划分为第一阶段（20—40岁）职业发展期；第二阶段（41—55岁）最理想的职业绩效期；第三阶段（56岁至退休）职业维持期等三个阶段。有学者在彼得森的划分基础上又进行了进一步细化，将教师生涯阶段划分为第一阶段（进入成人世界），21—28岁；第二阶段（30岁的变迁），29—33岁；第三阶段（定位）34—40岁；

---

① 参见申继亮.教师人力资源开发与管理[M].北京：北京师范大学出版社，2006.
② 朱旭东主编.教师专业发展理论研究[M].长春：东北师范大学出版社，2011：299.

第四阶段40—50岁；第五阶段51—55岁等五个阶段。就按照教龄对教师生涯发展进行划分的理论来看，恩瑞与特纳按照教龄将教师生涯发展划分为初始教学期（教龄1—6年）；建构安全期（教龄7—15年）；成熟期（教龄15年以上）等三个阶段。纽曼按照10年教龄的平均跨度将教师生涯发展划分为任教第一个10年（教龄1—10年）；任教第二个10年（教龄11—20年）；任教第三个10年（教龄20年以上）三个阶段。按照年龄或教龄对教师生涯进行划分的理论是以时间为线索，探讨教师一生的专业发展中各个阶段的特征，为教师的培养和培训等相关研究做了铺垫。[①]

2. 教师生涯阶段理论。该理论基于不同的关注点，产生了多种教师生涯发展划分形式。富勒的关注水平阶段理论从教师的关注方向出发，将教师生涯阶段划分为教学前关注阶段、关注生存阶段、关注教学情景阶段、关注学生阶段等四个阶段。高瑞克从教室专业成熟的视角出发，将教师生涯发展划分为形成期、成长期、成熟期和专业全能期等四个阶段。麦克唐纳从教学效能的视角出发将教师生涯划分为转换阶段、探索阶段、发明试验阶段、专业的教学阶段等四个阶段。冯克将教师生涯发展划分为前专业阶段、起步阶段、成长为专业工作者阶段、最佳专业水准阶段、自我和专业的再定向阶段、专业再发展阶段、退休前阶段。休伯曼将教师生涯发展划分为生涯进入期（从教1—3年）、稳定期（从教4—6年）、实验与再评估期（从教7—18年）、平淡和保守主意期（从教19—30年）、清闲期（从教31—40年）等五个阶段。

3. 教师生涯循环论。该理论认为教师生涯是一个动态的、复杂多变的过程，将教师生涯发展划分为职前期、职初期、能力建构期、热情与成长期、职业挫折期、职业稳定期、职业消退期和职业离岗期等八个阶段，每一个阶段都有特定的成长需求，并针对这一需求制定了相应的激励措施和不同的支持系统，以促进教师生涯发展。

教师生涯循环论较为关注组织环境和个人环境对教师生涯发展的影响，但是其落脚点更多体现在突发、后发时间或因素层面，对于具有稳定性、长期性的影响教师生涯发展的因素关注不够。

---

① 朱旭东主编.教师专业发展理论研究［M］.长春：东北师范大学出版社，2011：302.

4.教师生涯实现理论。斯蒂菲从教师的自我作用和外显行为层面出发，将教师生涯发展划分为预备生涯阶段、专家生涯阶段、退缩生涯阶段、更新生涯阶段、退出生涯阶段等五个阶段。白益民从教师自我的批评反思所起到的作用出发将教师的生涯发展划分为"非关注"阶段、"虚拟关注"阶段、"生存关注"阶段、"任务关注"阶段、"自我更新关注"阶段等五个阶段。①申继亮从教师自我反思层面出发，将教师生涯发展划分为学徒或熟悉教学阶段（从教3—5年）、成长或个体经验积累阶段（从教6—7年）、反思和理论认识期（持续时间不等）、学者期（持续时间不等）等四个阶段。②

通过对上述理论的考察与分析，可以看出，教师生涯实现理论的诸多观点和对教师生涯发展的划分更多地强调了教师个体的能动性，将教师生涯发展视作一个教师主动的、动态的发展过程。

本书通过将教师生涯发展理论引入到高校教师分类管理研究当中，可以从教师专业发展的视角出发，进一步丰富研究的理论框架。当前，管理科学主义在教育领域盛行，教育的本质属性在很大程度上被遮蔽而得不到彰显，各级教育管理者也在管理实践中将侧重点放在了学校的目标、绩效和政府评价等方面，却相对忽视了组织成员的生活世界状况这一组织中最为关键的因素。本书力图通过教师生涯发展相关理论，进一步加强在高校教师分类管理研究中对教师年龄、教龄等生理、心理特点的关注，着力分析随着高校教师年龄、教龄的不断变化，高校教师生理、心理呈现出一种怎样的动态变化趋势和过程，并将这种动态化的高校教师生涯发展趋势同高校教师分类聘任、分类调配、分类培训、分类薪酬、分类考核和分类退出等高校教师分类管理相关环节紧密结合，探寻基于高校教师生涯发展特征的高校教师分类管理模式。

（五）组织变革的阻力理论

美国著名的管理学家斯蒂芬·P.罗宾斯（S.P.Robbins）在对组织变革产生阻力的原因进行了深入的分析和研究后提出了组织变革的阻力理论。斯

① 参见叶澜,白益民,王丹,陶志琼.教师角色与教师发展新探[M].北京:教育科学出版社,2001.
② 参见申继亮,费广洪,李黎.关于中学教师成长阶段的研究[J].天津师范大学学报（基础教育版）,2002（03）:1-4.

蒂芬认为：个体和组织对于组织变革都会产生阻力。其中个体对变革的抵制是由于人类本性产生的，主要是由于习惯需要、安全需要、经济因素、对未知的恐惧、组织中员工不欢迎不确定性、选择性信息加工等。①组织对变革的抵制是由其本质决定的，因为组织从本质来说是保守的，所以组织会自觉主动地抵制变革。

关于组织对变革的阻力，斯蒂芬认为第一个原因是结构惯性。例如单位在选聘员工时，一般都是选拔符合组织需求的员工，入职后管理者会继续通过培训、指导使员工的行为得到进一步塑造，直到达到组织要求。员工也逐渐适应了这种组织模式，组织也形成了固有的机制，而当组织一旦出现新的变革时，结构惯性会力图回到原有状态而进行反向平衡。第二个原因是有限的变革范围。组织由众多互相依赖的子系统构成，当子系统中进行有限的变革，而其他子系统没有随之变革，那么这个进行变革的子系统可能会因更大系统的问题而趋于失效。因此，高校教师队伍管理一定要对教师队伍的组织结构和配套体系进行变革，从而有效支持转型变革。第三个原因是群体惯性。群体现有的规则和文化会对支持变革的个体进行约束。例如，教师队伍中的部分教师可能乐于接受学校提出的转型变革建议，但是如果其他教师集体抵制转型变革，这部分乐于接受变革的教师有可能也作出抵制。第四个原因是对利益关系的威胁，新的变革会让之前的权力群体认为自身利益会因组织转型受到新的挑战。第五个原因是对已有的权力关系的威胁，组织转型变革可能会对已经控制了众多资源的群体产生权力分配的威胁，因此这部分群体会自发产生阻力。例如，已经拥有相当话语权和资源的资深教师在面对整个教师队伍转型时，由于他们已经满足于事情的原有状态，因此他们认为转型变革会对未来的权力分配带来威胁和挑战，从而抵制转型变革。

组织变革的阻力理论对抵制组织变革所产生的利弊进行了总结。阻力理论认为组织及其成员出于本能会抵制变革，对变革的抵制能成为具有功

①　参见Stephen P.Robbins, Timothy A. Judge.Organizational Behavior［M］.Upper Saddle River：Prentice Hall, 2012：1-8.

能方面意义的冲突起源。①例如，组织成员对组织变革方案的抵制会引发对变革方案优缺点的有益讨论，使方案得到更充分的讨论，从而作出更科学合理的决策。同时，对变革的抵制也存在阻碍组织进程和适应性的负面效应。

组织变革的阻力理论将变革的阻力从表现形式的角度划分为公开的或者隐蔽的，从表现时间的角度划分为即刻的或者滞后的。一般而言，最容易应对的是公开和即刻的阻力，如学校刚开始实施教师队伍转型变革时，教师会立即对转型作出反应，有的是积极拥护，但也存在牢骚满腹、消极怠工等举动。相对而言，隐蔽或滞后的阻力往往更能产生深远的影响力，如教师因为抵制转型，对组织忠诚度降低，试图跳槽到不实施转型的学校或者转型要求不严格的学校去；或者工作积极性减少，频繁出现教学错误等，这些都是隐秘而微妙的，因此难以识别。而滞后的反应，尤其是从实施变革几个月或一年产生的阻力反应会让管理者意识不到这些反应是由于组织变革引起的。总之，运用组织变革的阻力理论来分析、研究教师队伍转型发展实践中的阻力将能敏锐地洞悉产生阻力的深层次原因。

（六）三阶段变革过程理论

管理组织变革的理论和方法中，最为著名的是库尔特·卢因（K.Lewin）的三阶段变革过程理论。三阶段变革过程理论指出：当一个组织进行变革时需要经历解冻、变革和再冻结三个过程。②

卢因认为组织既可以是稳定状态，也可以是一种由状态力量相等的反向力量组成的平衡体；他认为推动组织实施的变革的动因在于"驱动力量"（如竞争压力、组织内部的创造性以及商业运作方面的新立法等）和"抵制力量"（如惯例、贸易联盟的协定及思想观念等）之间的相互作用力；这些存在于组织中的力量都力图抵消其他力量，在力量的博弈中各种力量会随着环境的变化而此消彼长，互为胜负；组织就是在这些力量中寻求平衡，每当组织达到新的平衡状态时，组织即发生激烈的变革。③卢因认为，可以把任何组织的变革过程想象成为推动目前的平衡状态向人们渴望

---

① 参见 Stephen P.Robbins, Timothy A.Judge.Organizational Behavior [M].Upper Saddle River: Prentice Hall, 2012: 1-3.

② Kurt Lewin. Field Theory in Social Science [M].New York: Harper &Brothers, 1951: 3.

③ 转引自孟领.西方组织变革模型综述 [J].首都经济贸易大学学报, 2005（01）: 90-92.

的状态、或者说建立新的平衡状态的转变，并由此提出了"三阶段组织变革模型"理论，用以解释和指导如何发动、管理和稳定组织变革过程。①

卢因认为，任何组织的变革都要经历三步过程。

第一步："解冻"。解冻阶段的任务是发现组织变革的阻力，在克服变革阻力的同时明确组织变革的目标和方向，从而构建组织变革方案。卢因认为，实现组织变革首先就要打破处于均衡状态的现状，这种均衡的打破要通过"解冻"来解除群体和个体的阻力。"解冻"可以通过增加推动力（driving forces）、减少抑制力（restraining forces）和两种方法合并使用来实施。

第二步，变革。变革是根据变革方案实施具体的组织变革行动，从而让组织从现有结构模式向目标模式转变。变革阶段可以运用专家指导、树立典型、团体培训等方法让组织成员获得新的概念和信息从而完成变革。在此阶段树立榜样尤为重要。在变革过程中，要注意沟通方式及协作方式。同时，研究表明，逐步实施变革的组织不如立即行动并快速通过变革阶段的组织变革效果好。

第三步，再冻结。个人和组织在组织变革行动发生之后，会基于习惯和惯性力图退回到原有习惯。因此，组织变革后管理者就必须采取措施来强化和巩固新的行为方式和组织形态。在再冻结阶段，要采取强化手段使新的态度与行为固定下来，如制度、政策及流程的方法使组织变革处于稳定状态。②一旦变革付诸实施，要想取得成功，就需要重新冻结新形势以使它长久保持下去。否则变革的成果就有可能退化消失，而员工也会设法回到以前的均衡状态，那么变革对于组织及其成员的影响将极其短暂。③因此，重新冻结的目标就是通过对推动力和抑制力两者进行平衡，使新状况更为稳定，最终实现组织变革的目标

（七）人本管理理论

随着社会经济发展和人们对人性的关注同益增强，人本管理理论从最初的形成到发展进而成为现代组织管理的热潮。人本管理概念的明确提出

---

① 参见［美］库尔特·卢因.社会科学中的场论［M］.北京: 中国传媒大学出版社，2016: 1-16.

② 参见苟坪.电子 DK 所面向组织变革的三级培训体系构建［D］.成都: 电子科技大学，2005.

③ 参见Kurt Lewin. Field Theory in Social Science［M］. New York: Harper&Brothers，1951: 3-15.

是在20世纪60年代，而国内外企业开始重视人本管理理念已经到了20世纪80年代。

现代管理学中的人本管理理念来源于以人为本的思想，而以人为本的思想在不同时代具有不同的内涵。以人为本的思想起源于费尔巴哈关于人的哲学学说。其人本观的具体体现为：自然只在时间上是第一性的实体，而在地位上并不是第一性的；人在时间上是第二性的感性实体，在地位上则是第一性。①而"以人为本"作为口号被明确提出来则是在西方文艺复兴时期，它是相对于"神本"而言的，主要是要使人从神学思想中解放出来，充分发挥人的才能。

人本管理理论的产生和发展是建立在人性假设理论基础之上的。西方管理学界存在着四种代表性的假说，即泰罗的经济人假说、梅奥（G.E.Mayo）等人的社会人假说、马斯洛（A.H.Maslow）等人的自我实现人假说以及史克思等人的复杂人假说。具体来说，经济人假说将重点放在生产管理；社会人假说注重满足人的社会和心理需求；自我实现人假说则将重点放在营造舒适的环境以充分激发员工的工作热情；而复杂人假说则主张采用灵活的管理方式，重视个体的差异性。

人本管理理论的产生和发展还与人们对需要理论的研究密切相关。人本管理理论涉及的需要理论主要是马斯洛的需要层次论和赫茨伯格（F.Herzbeg）的双因素理论。马斯洛的需要层次理论认为人的需要是有等级差别的，由低到高主要涉及生理、安全、爱、尊重、自我实现等五个层次的需要。他还认为前四种需要是人类的基本需要，这些是人类参与社会活动的前提，也只有在基本需要得到满足之后，人类才会追逐更高层次的需要——自我实现的需要，进而使自身价值得到彰显。赫茨伯格的双因素理论将激励的因素分为两种：一是保健因素，这是维持一个合理的满意水平所需的；二是激励因素。事实上，这两种需要理论是相似的。赫茨伯格的保健因素相当于马斯洛的生理需要、安全需要、爱的需要等较低层次的需要，而激励因素则相当于尊重的需要、自我实现的需要等较高层次的需要。②

---

① 参见顾燕.教师人本管理的理论与实践研究——以上海市西林中学的实践探索为例：[D]上海师范大学, 2008.
② 参见马茂松.人本管理视域中的高校人力资源管理研究[D].中国石油大学（华东）, 2008.

人本管理理论在理论发展历程上，经历了以泰勒（F.W.Taylor）为代表的古典科学管理阶段、以梅奥等为代表的行为科学管理学派以及现代管理科学理论阶段的发展演变。而在实践运用过程中，经历了早期工厂的经验管理、泰勒的科学管理、梅奥的霍桑实验、人际关系学派的职工满意度管理、西蒙（H.A.Simon）的"决策人"假设等过程。

随着生产社会化的不断提高，环境影响的重要性越来越受重视，人本管理理论也逐渐成为20世纪末管理理论发展的主流。管理学界的学者们在研究企业如何适应复杂多变的环境的基础上，形成了一系列理论观点和学派，其中具有影响的学派有系统管理学派、社会系统学派、经验主义学派、决策理论学派、权变理论学派、管理科学学派、企业文化学派等，每一个学派都在一定程度上涉及了"人"管理方面的内容。

（八）激励理论

激励是激发人的行为动机的心理过程。[1]激励的词义为激发、鼓励的意思，通过内部或外部的刺激来激发人的心理动机并使之朝着既定目标前进。激励的概念主要包括四个特点：一是被激励的对象，激励是对人的内部动机的激发，所以必须要有被激励的对象；二是动机产生的原因（即需要），必须充分了解被激励对象内心的需要，然后激发其内在的动机和愿望；三是激励是动态的逻辑过程，它是刺激、需要、动机、行为之间的动态过程；四是目的性，激励是激发人的内部动机并使之朝着既定目标前进，这个既定目标和组织目标是一致的，是为组织目标服务的。

西方现代主要激励理论包括以下几个方面。一是马斯洛的需要层次理论。马斯洛将人类的基本需要从低级到高级分成五个层次：生理需要、安全需要、归属和爱的需要、尊重的需要、自我实现的需要。越高层次需要的满足，给人带来的安全感、幸福感和成就感就越强烈，只有未满足的需要才能起到激励作用，已经得到满足的需要就不再起激励作用。二是亚当斯（J.S.Adams）的公平理论。该理论认为人们工作的积极性和主动性不仅受到他们所得的绝对值的影响，还受到所得的相对值的影响。这里的相对值指的是个人将自己的付出与所得与他人的付出与所得进行比较，或将自

---

① 董泽芳主编.人力资源开发与管理［M］.武汉：华中师范大学出版社，2000：354.

己现在的付出与所得和过去的付出与所得进行比较时的比值。通过这种比较，由此产生了公平或不公平感。三是弗鲁姆（V.H.Vroom）的期望理论。这一理论认为个体从事某一活动的激励力取决于他对这次活动全部结果的期望值乘以他预期这种结果将会达到所期望目标的程度，即M（激励力）=V（目标效价）x E（期望值）。①

二、实践依据

（一）中国特色社会主义理论

党的十一届三中全会以来，中国共产党在推进我国社会主义现代化的历史进程中，把马克思主义的基本原理同中国改革和建设的实际相结合，逐步形成了中国特色社会主义理论，成为我国改革开放和社会主义现代化建设的行动指南。党的十七大整合改革开放以来我们党理论创新的主要成果，提出了"中国特色社会主义理论体系"的科学命题，明确指出：中国特色社会主义理论体系，就是包括邓小平理论、'三个代表'重要思想以及科学发展观等重大战略思想在内的科学理论体系。党的十八大对这一命题作出新的表述："中国特色社会主义理论体系，就是包括邓小平理论、'三个代表'重要思想以及科学发展观在内的科学理论体系，是对马克思列宁主义、毛泽东思想的坚持和发展"。党的十九大报告及经十九大修正后的《党章》均强调，习近平新时代中国特色社会主义思想是中国特色社会主义理论体系的重要组成部分。

理论创新要做到两个"坚定不移，不能含糊"。中国特色社会主义理论体系是既一脉相承又与时俱进的理论体系。"一脉相承"是指各理论都以马克思列宁主义、毛泽东思想为指导。"与时俱进"是指各理论侧重探索和解答在改革和建设的不同阶段的重大问题：邓小平理论提出并初步回答了"什么是社会主义、怎样建设社会主义"；"三个代表"重要思想进一步回答了"什么是社会主义、怎样建设社会主义"，创造性地回答了"建设什么样的党、怎样建设党"；科学发展观正确回答了"实现什么样

---

① 殷智红，叶敏，编.管理心理学（第2版）[M].北京：北京邮电大学出版社，2007：93.

的发展、怎样发展"这一关系到中国未来前途和命运的重大问题；习近平新时代中国特色社会主义思想，形成了对于"新时代坚持和发展什么样的中国特色社会主义、怎样坚持和发展中国特色社会主义"的科学认识。

当前，我国改革发展已进入关键时期，呈现出许多新的阶段性特征。在这样一个变革时期，高等教育工作的任务必将更加艰巨、繁重。习近平新时代中国特色社会主义思想是在中国特色社会主义进入新时代、科学社会主义迈向新阶段、当今世界经历新变局、我们党面临执政新考验的历史条件下形成和发展起来的，是由一系列新思想新观点、新判断新理念、新战略新举措构成的完整理论体系，实现了对中国特色社会主义新时代最宏大、最本质、最深层问题的科学回答和理论创新。

以中国特色社会主义理论体系为中心内容，是高校教师队伍建设的根本要求和主要任务。实现这一根本要求和主要任务，必须要用中国特色社会主义理论体系，研究和解决新情况、新问题。2019 年第 7 期《求是》杂志上，习近平总书记在《关于坚持和发展中国特色社会主义的几个问题》一文中强调："道路问题是关系党的事业兴衰成败第一位的问题，道路就是党的生命。中国特色社会主义，是科学社会主义理论逻辑和中国社会发展历史逻辑的辩证统一，是根植于中国大地、反映中国人民意愿、适应中国和时代发展进步要求的科学社会主义，是全面建成小康社会、加快推进社会主义现代化、实现中华民族伟大复兴的必由之路。"①

新时代准确把握教育对象的新变化，凸现中国特色社会主义理论体系和社会主义核心价值体系的教育，切实增强高等教育的针对性、实效性和吸引力、感染力，是实现高校教师队伍建设根本要求和主要任务的基点。比如：在国际形势如此复杂多变、资本主义继续发展、世界范围内多文化激荡的情况下，如何使大学生树立坚定的马克思主义信仰，如何帮助大学生保持文化自信，如何将大学生培养成合格的建设者和接班人等，都是教师队伍建设应该解决的问题。

（二）改革开放以来中国共产党关于教育的理论

改革开放以来，以邓小平、江泽民、胡锦涛、习近平为代表的党和国

---

① 关于坚持和发展中国特色社会主义的几个问题_求是网http://www.qstheory.cn/dukan/qs/2019-03/31/c_1124302776.htm.

家领导集体，以中国特色社会主义实践为基础，不断丰富和发展党和国家教育方针。通过深入挖掘、整理改革开放以来中国共产党关于教育的有关理论，为新时代高校教师队伍建设提供强大的理论支持和实践依据。

1. 改革开放和社会主义现代化建设时期关于教育的重要论述

以邓小平同志为主要代表的中国共产党人，对改革开放和社会主义现代化建设时期的教育方针进行了初步定位。1983 年邓小平同志提出"教育要面向现代化，面向世界，面向未来"，教育成为实现现代化的基础。自此之后，现代化成为教育改革的主题，教育政策注重为社会主义现代化经济建设服务。比如，1985年《中共中央关于教育体制改革的决定》提出："教育必须为社会主义建设服务，社会主义建设必须依靠教育。"①

以江泽民同志、胡锦涛同志为主要代表的中国共产党人，推动教育改革开放和发展迈上一个个新的台阶。在此阶段，从提高劳动者素质、以人为本的角度，强调教育对现代化建设的重要作用。教育的功能进一步拓展，教育的地位更加重要。比如，党的十三届七中全会中提出："继续贯彻教育必须为社会主义现代化服务……全面提高教育者和被教育者思想政治水平和业务素质。"②中共中央、国务院 1993 年发布的《中国教育改革和发展纲要》规定："各级各类学校要认真贯彻'教育必须为社会主义现代化建设服务，必须与生产劳动相结合，培养德、智、体全面发展的建设者和接班人'的方针。"③1995 年，这一方针被写入《中华人民共和国教育法》，以教育基本法的形式确定国家教育方针。江泽民在党的十五大报告中提出科教兴国战略，促进科技、教育同经济的结合。1999 年，《中共中央国务院关于深化教育改革全面推进素质教育的决定》提出实施素质教育，培养全面发展的社会主义事业建设者和接班人。胡锦涛在党的十七大报告中指出："要全面贯彻党的教育方针，坚持育人为本、德育为先，实施素质教育。"④在党的十八大报告中胡锦涛再次强调："坚持教育为社会主义现代化建设服

---

① 高举中国特色社会主义伟大旗帜 为夺取全面建设小康社会新胜利而奋斗 [N].人民日报, 2007–10–16.
② 中共十三届中央委员会召开第七次全会 [N]. 人民日报, 1990–12–31.
③ 胡锦涛.坚定不移沿着中国特色社会主义道路前进 为全面建成小康社会而奋斗 [N].人民日报, 2012–11–18.
④ 党的第十七次全国代表大会报告 [EB/OL].http://cpc.people.com.cn/GB/64093/67507/6429851.html.

务、为人民服务，把立德树人作为教育的根本任务，培养德智体美全面发展的社会主义建设者和接班人。"①

2.党的十八大以来关于教育的重要论述

党的十八大以来，以习近平同志为核心的党中央领导全党全国人民推动中国特色社会主义进入了新时代。在此阶段，习近平强调优先发展教育，教育的根本任务是立德树人。2016年习近平在全国高校思想政治工作会议上强调，将立德树人作为思想政治工作的中心环节。习近平在党的十九大报告明确提出，落实立德树人根本任务，发展素质教育，推进教育公平，培养德智体美全面发展的社会主义建设者和接班人。在2018年全国教育大会上，习近平指出，立德树人是教育工作的根本任务和教育现代化的方向目标。在2018年全国第三十四个教师节来临之际，习近平强调"教育是国之大计、党之大计"。在2019年学校思想政治理论课教师座谈会上，习近平再次强调将立德树人的培养任务贯穿于大中小学教育的始终。

（三）党的十八大以来出台的关于高校师资队伍建设的若干政策

政策，是国家政权机关、政党组织或社会政治集团在一定历史时期内，为了达到相应目标而以权威形式制定的工作依据或准则。邓小平强调："政策和策略是党的生命。正确的路线一定要用正确的政策和策略来保证。"②党的十八大以来，党中央颁布了一系列高校师资队伍建设相关政策，其中以"改进高校青年教师思想政治工作""提高高校教师队伍思想政治素质""加强教师队伍和专门力量建设""深化新时代教师队伍建设改革"等政策影响最为广泛，为高校教师队伍建设管理指明了方向，提供了实践依据。

1.出台"改进高校青年教师思想政治工作"政策

2013年，《关于加强和改进高校青年教师思想政治工作的若干意见》中提出要"改进高校青年教师思想政治工作"③，这对于在新形势下加强高

---

① 胡锦涛在中国共产党第十八次全国代表大会上的报告[EB/OL].http://cpc.people.com.cn/n/2012/1118/c64094-19612151-7.html.

② 邓小平文选（第1卷）[M].北京：人民出版社，1994：107.

③ 中共中央组织部 中共中央宣传部 中共教育部党组关于加强和改进高校青年教师思想政治工作的若干意见_中华人民共和国教育部政府门户网站[EB/OL].http://www.moe.gov.cn/srcsite/A12/s7060/201305/t20130517_152333.html.

校青年教师队伍建设，引导青年教师为早日实现民族复兴而奋斗有着积极意义。

（1）出台背景

"要通过多种途径方式，加强拔尖人才、学术领军人才培养，加快中青年教师培养。"[①]在高校师资队伍中，青年教师是一个重要的组成部分，是促进高等教育更好更快发展的积极力量。在教育过程中，青年教师有着天然的年龄优势，他们与学生打交道较多，对学生的思想行为有着更直接的影响和更强的示范作用。党的十八大以来，高校青年教师思想政治状况总体上是健康、向上的，广大青年教师能认识到自己的历史使命，为高等教育事业献智献力。但同时，在高校青年教师队伍中仍有个别教师思想上、行为上都不符合时代要求；一些高校不够重视青年教师的思想政治工作，需要加强高校青年教师队伍建设。2013年3月17日，习近平在第十二届全国人民代表大会上指出："全国广大青少年，要志存高远，增长知识，锤炼意志，让青春在时代进步中焕发出绚丽的光彩。"[②]青年教师必须扛起肩上的责任，发挥出积极作用。

（2）主要内容

2013年5月，中共中央组织部、中共中央宣传部、中共教育部党组印发《关于加强和改进高校青年教师思想政治工作的若干意见》（以下简称《意见》），提出了要"切实加强青年教师思想教育引导""推进青年教师师德师风建设""加大青年教师党员队伍建设力度""拓展青年教师思想政治工作途径""着力解决青年教师实际问题"[③]等一系列改进高校青年教师思想政治工作的意见。《意见》强调了青年教师思想政治工作的重要性，指出要通过充实政治理论学习内容，丰富政治理论学习方式，在理想信念教育、中国梦宣传教育、形势政策教育等理论学习中加强青年教师的思想教育引导；通过强化职业理想和职业道德教育，完善师德考核机

① 习近平在全国党校工作会议上强调 坚持党校姓党根本工作原则 切实做好新形势下党校工作［N］. 人民日报，2015-12-13.
② 习近平.在第十二届全国人民代表大会一次会议上的讲话［N］.人民日报，2013-03-18.
③ 中共中央组织部 中共中央宣传部 中共教育部党组关于加强和改进高校青年教师思想政治工作的若干意见_中华人民共和国教育部政府门户网站［EB/OL］.http://www.moe.gov.cn/srcsite/A12/s7060/201305/t20130517_152333.html.

制，在师德培训、师德评优、师德监督等活动中推进青年教师的师德师风建设；通过提高发展党员质量，做好党员教育管理和服务工作，在党员吸收、党员培养、党员管理等工作中加大青年教师党员队伍的建设力度；通过强化社会实践，引导参与学生思想政治教育，创新网络思想政治工作，在线下活动和线上工作的结合中拓宽青年教师思想政治工作的途径；通过搭建成长发展平台，关心教师实际困难，关注教师心理健康，在良好工作、生活条件的创造中着力解决青年教师的实际问题。《意见》强调要求各地各高校进一步增强改进青年教师思想政治建设的主动性和积极性，"切实把加强青年教师思想政治工作摆到更加突出的位置。"①

（3）重要意义

"青年是标志时代的最灵敏的晴雨表，时代的责任赋予青年，时代的光荣属于青年。"②《意见》是对党的十八大精神的贯彻落实，是以习近平同志为核心的党中央在新的历史时期对青年教师思想政治建设作出的战略部署。《意见》对加强和改进高校青年思想政治工作的要求是：有利于提高青年教师思想政治素质，引导青年教师坚定正确的政治信仰，树立崇高的政治理想，一切为了党为了人民；有利于促进青年教师全面发展，从思想教育、师德培育、实践锻炼、组织建设、日常管理等方面全方位锻造青年教师；有利于促使青年教师承担使命，推动青年教师精于练就过硬本领，勇于大胆创新创造，甘于矢志艰苦奋斗，为实现中国梦培养德智体美全面发展的社会主义建设者和接班人。《意见》的出台具有十分重要的意义，开启了新时代加强高校师资队伍建设的新篇章。

2. 出台"提高高校教师队伍思想政治素质"政策

2015年，《关于进一步加强和改进新形势下高校宣传思想工作的意见》中提出了"提高高校教师队伍思想政治素质"③，这一举措对于在复杂

① 中共中央组织部 中共中央宣传部 中共教育部党组关于加强和改进高校青年教师思想政治工作的若干意见_中华人民共和国教育部政府门户网站［EB/OL］.http://www.moe.gov.cn/srcsite/A12/s7060/201305/t20130517_152333.html.

② 习近平.青年要自觉践行社会主义核心价值观——在北京大学师生座谈合上的讲话［M］.北京：人民出版社，2014：3.

③ 中共中央办公厅、国务院办公厅印发《关于进一步加强和改进新形势下高校宣传思想工作的意见》［N］.人民日报，2015-01-20.

的意识形态斗争中守住高校意识形态阵地意义重大。

（1）出台背景

"经济建设是党的中心工作，意识形态工作是党的一项极端重要的工作。"①在中国特色社会主义事业推进的过程中，物质文明建设和精神文明建设缺一不可。长期以来，高校都是各种意识形态的角力场，担负着巩固马克思主义指导地位，培育和弘扬社会主义核心价值观，培养走在时代前列的奋斗者的重要责任。在党中央强有力的领导下，高校宣传思想领域始终保持稳定态势，主流健康积极向上，教师思想政治素质不断提高，青年大学生更加有理想、有信念、有担当，中国梦的实现越来越接近。但随着国内外形势日趋复杂，高校宣传思想领域也风险不断、挑战丛生，一些新问题、新矛盾逐渐呈现出来，动摇着教师和青年大学生的思想意识。2013年8月19日至20日，全国宣传思想工作会议在北京召开。习近平在会上强调："宣传思想工作一定要把围绕中心、服务大局作为基本职责，胸怀大局、把握大势、着眼大事，找准工作切入点和着力点，做到因势而谋、应势而动、顺势而为"②，并指出宣传思想队伍要努力强起来，担起重要的使命职责，把宣传思想工作做得更好。

（2）主要内容

2015年1月，中共中央办公厅、国务院办公厅印发《关于进一步加强和改进新形势下高校宣传思想工作的意见》（以下简称《意见》），从"切实推动中国特色社会主义理论体系进教材进课堂进头脑""大力提高高校教师队伍思想政治素质""不断壮大高校主流思想舆论"③等部分对新形势下做好高校宣传思想工作作出了要求。《意见》指出，要从教材、教师、教学入手，切实办好思想政治理论课，突出思想政治理论课的重点建设地位；要充分重视思想政治理论课教师的培养，造就一支有学养、有能力的思想理论建设队伍，发挥其在"推动中国特色社会主义理论体系进教材进

---

① 习近平在全国宣传思想工作会议上强调: 胸怀大局把握大势着眼大事 努力把宣传思想工作做得更好 [N].人民日报, 2013-08-21.

② 习近平在全国宣传思想工作会议上强调: 胸怀大局把握大势着眼大事 努力把宣传思想工作做得更好 [N].人民日报, 2013-08-21.

③ 中共中央办公厅、国务院办公厅印发《关于进一步加强和改进新形势下高校宣传思想工作的意见》[N]. 人民日报, 2015-01-20.

课堂进头脑""壮大高校主流思想舆论"[①]等过程中的重要作用。《意见》强调要大力提高高校教师队伍思想政治素质，从遴选上来说，要严格聘用思想端正、政治合格的教师，建立健全教师定期注册制度；从培训上来说，要扎实培养学问高、品德高、境界高的教师，完善教师政治理论学习制度，重视教师研修和实践工作；从管理上来说，要严肃查处学术不端、为人不端的教师，推进师德建设长效机制，对违反师德规范的教师实行师德"一票否决"。同时，《意见》还强调要"配齐建强高校宣传思想工作队伍，统筹推进高校党政干部和共青团干部、思想政治理论课教师和哲学社会科学课教师、辅导员班主任和心理咨询师等宣传思想工作骨干队伍建设"[②]，培养一批又一批有能力、有影响的高校宣传思想工作人才。

（3）重要意义

"做好高校宣传思想工作，加强高校意识形态阵地建设，是一项战略工程、固本工程、铸魂工程。"[③]《意见》是以习近平同志为核心的党中央站在战略全局的高度，对新时期高校宣传思想工作新特点的深刻把握，对提高高校教师队伍思想政治素质的纲领性指导。《意见》有利于加强党对高校宣传思想工作的领导，落实高校党委的主体责任，保证高校意识形态阵地建设沿着正确的方向前进；有利于贯彻党的教育方针，紧抓立德树人根本任务，推动中国特色社会主义理论体系深入人心；有利于造就政治坚定、富有涵养、言行雅正的高校教师队伍，强化教师政治意识、责任意识、阵地意识和底线意识，提升育人能力；有利于培养衷心向党的青年大学生，激发其奉献青春、矢志奋斗的无限热情，增强大学生群体的凝聚力。《意见》的出台具有深刻久远的意义，为新时代加强高校师资队伍建设奠定了坚实的基础。

---

① 中共中央办公厅、国务院办公厅印发《关于进一步加强和改进新形势下高校宣传思想工作的意见》[N].人民日报，2015-01-20.
② 中共中央办公厅、国务院办公厅印发《关于进一步加强和改进新形势下高校宣传思想工作的意见》[N].人民日报，2015-01-20.
③ 中共中央办公厅、国务院办公厅印发《关于进一步加强和改进新形势下高校宣传思想工作的意见》[N].人民日报，2015-01-20.

3.出台"加强教师队伍和专门力量建设"政策

2017年,《关于加强和改进新形势下高校思想政治工作的意见》印发,其中强调要"加强教师队伍和专门力量建设"①,有利于办好大学、育好人才,推动高校思想政治工作进一步发展。

（1）出台背景

改革开放以来,我国高等教育迅速发展,为党和国家事业培养了一大批优秀人才,"教育搞上去了,人才资源的巨大优势是任何国家比不了的。"②当前,中国人民百年奋斗的目标即将变为现实,对人才的渴望更加迫切,对高等教育的要求更加严格,需要抓紧、抓好高校思想政治工作。在党和国家始终如一的重视下,高校思想政治工作成绩斐然,广大师生积极拥护以习近平同志为核心的党中央领导,对中国未来的美好前景充满信心,对投身社会主义事业充满热情。但社会思想文化领域的斗争不会停止且日渐复杂,高校思想政治工作所面临的挑战愈加严峻,同时,一些阻碍高校思想政治工作推进的新症痼疾也亟待解决。2016年12月7日至8日,全国高校思想政治工作会议隆重举行,习近平出席并发表重要讲话,深入回答了高校思想政治工作的一系列重要问题,指出做好高校思想政治工作要遵循"三因"规律,强调"高校教师要坚持教育者先受教育"③,保证高校思想政治工作队伍"后继有人、源源不断"④。

（2）主要内容

2017年2月,中共中央、国务院印发《关于加强和改进新形势下高校思想政治工作的意见》（以下简称《意见》）,阐述了"强化思想理论教育和价值引领""发挥哲学社会科学育人功能""加强教师队伍和专门力量建设""推进高校思想政治工作改革创新"⑤等推进高校思想政治工作的基

---

① 中共中央国务院印发《关于加强和改进新形势下高校思想政治工作的意见》[N].人民日报,2017-02-28.

② 邓小平文选（第3卷）[M].北京:人民出版社,1993:120.

③ 习近平在全国高校思想政治工作会议上强调:把思想政治工作贯穿教育教学全过程 开创我国高等教育事业发展新局面 [N].人民日报,2016-12-09

④ 习近平在全国高校思想政治工作会议上强调:把思想政治工作贯穿教育教学全过程 开创我国高等教育事业发展新局面 [N].人民日报,2016-12-09

⑤ 中共中央国务院印发《关于加强和改进新形势下高校思想政治工作的意见》[N].人民日报,2017-02-28.

本措施。《意见》指出，要从理想信念教育、社会主义核心价值观培育、中华文化传承弘扬、思想政治理论课建设等方面强化思想理论教育和价值引领；要加强哲学社会科学学科体系建设，优化教材体系、提升教师素质、完善评价体系，充分发挥哲学社会科学育人功能；要发挥互联网在思想政治工作领域的重要作用，加强实践育人、服务育人等，切实推进高校思想政治工作改革创新。《意见》强调了要加强教师队伍建设，通过强化思想理论学习，培育社会主义核心价值观，提升教师思想政治素质；通过加强师德师风建设，严格教育管理和纪律约束，提升教师道德素质；通过建立健全评聘考核机制，关注思想政治表现和课堂教学质量，提升教师业务素质；通过完善社会实践和校外挂职制度，加强岗前和在职培训，提升教师综合素质。同时，《意见》首次将高校思想政治工作队伍和党务工作队伍称为"专门力量"，强调其"具有教师和管理人员双重身份"[①]，要统筹规划发展，充分发挥其在思想政治工作领域的独特作用。

（3）重要意义

加强和改进高校思想政治工作，是一项重大的政治任务和战略工程。《意见》进一步指明了新时期高校思想政治工作的前进方向和工作重点，是新形势下指导高校思想政治工作的纲领性文件。"加强和改进高校思想政治工作，事关办什么样的大学、怎样办大学的根本问题。"[②]《意见》有利于扎实办好为国家服务、为人民服务的中国特色社会主义高校，根据中国的历史、中国的文化走出自己的高校建设道路；有利于加快建设世界一流大学和一流学科，认真吸收世界知名大学的先进建设经验，推动中国高校走向世界。习近平指出："高校思想政治工作关系高校培养什么人、如何培养人以及为谁培养人这个根本问题。"[③]《意见》有利于深入贯彻习近平总书记系列重要讲话精神，为国家和民族的事业培养一批德才兼备、踏实负责的高校教师，培养一群勇于担当、矢志奋斗的青年大学生。《意

① 中共中央国务院印发《关于加强和改进新形势下高校思想政治工作的意见》[N].人民日报,2017-02-28.

② 中共中央国务院印发《关于加强和改进新形势下高校思想政治工作的意见》[N].人民日报,2017-02-28.

③ 习近平在全国高校思想政治工作会议上强调:把思想政治工作贯穿教育教学全过程 开创我国高等教育事业发展新局面 [N].人民日报,2016-12-09

见》的出台影响深远、意义非凡，为新时代加强高校师资队伍建设提供了更详细、更深入的指引。

4. 出台"深化新时代教师队伍建设改革"政策

2018年1月，《关于全面深化新时代教师队伍建设改革的意见》中指出要"深化新时代教师队伍建设改革"①，有助于在新时代新形势中解决好教师队伍建设的新问题，早日实现教育现代化。

（1）出台背景

"经过长期努力，中国特色社会主义进入了新时代，这是我国发展新的历史方位。"②在新的历史方位中，我国社会主要矛盾发生转化，人民对美好生活期待更甚，迫切追求公平而有质量的教育。党的十八大以来，在以习近同志为核心的党中央领导下，教师队伍建设成效卓著，广大教师壮志满怀、贡献突出，但并不是所有人都符合新时代的要求。面对新的征程，教师队伍建设还不能完全跟上时代的步伐，有的学校在教育发展中重"硬"轻"软"，对教师工作不够重视；有的学校尚未理顺教师的准入、培养、退出等管理机制；有的教师素质不高、水平不够，距新时代需要的人才尚有一定距离。2017年10月18日，习近平在党的十九大报告中提出："优先发展教育事业""加强师德师风建设，培养高素质教师队伍，倡导全社会尊师重教"③，强调抓住历史机遇期，推动新时代教师队伍建设改革。

（2）主要内容

2018年1月，中共中央、国务院印发布了《关于全面深化新时代教师队伍建设改革的意见》（以下简称《意见》），从"加强师德师风建设""提升教师专业素质能力""切实理顺体制机制""不断提高地位待遇""切实加强党的领导"④等方面入手，对教师队伍建设提出了时代要求。对于高校教师队伍建设，《意见》强调了要增强高校思想政治工作的实效性，既要抓好教师党支部和党员队伍，充分发挥党员教师的先锋堡垒

---

① 中共中央国务院关于全面深化新时代教师队伍建设改革的意见 [N].人民日报, 2018-02-01.

② 习近平.决胜全面建成小康社会 夺取新时代中国特色社会主义伟大胜利——在中国共产党第十九次全国代表大会上的报告 [M].北京: 人民出版社, 2017: 10.

③ 习近平.决胜全面建成小康社会 夺取新时代中国特色社会主义伟大胜利——在中国共产党第十九次全国代表大会上的报告 [M].北京: 人民出版社, 2017: 45-46.

④ 中共中央国务院关于全面深化新时代教师队伍建设改革的意见 [N].人民日报, 2018-02-01.

作用，也要抓好思想政治工作队伍和党务工作队伍，重视教师开展学生思想政治教育的工作量；要实施师德师风建设工程，对具有教育意义的师德典型和师德故事进行大力弘扬，对现实中教师出现的失信、失范等行为进行严厉惩罚，发挥奖优罚劣的导向作用；要提高教师专业素质和质量，为其提供畅通有效的发展平台，广泛开展专业能力提升培训，着力加强创新人才、领军人物的培育；要深化教师人事制度改革、职称制度改革和职务聘任制改革，理顺准入、评聘、考核等环节，始终坚持正确的用人育人导向，促进人才合理流动。要推进教师薪酬制度改革完善，在收入分配中体现知识价值，优化内部激励机制以适应高校教学岗位特点。同时，《意见》提出发展教育事业要将教师队伍建设置于优先谋划和重点支持的位置，到2035年，"培养造就数以百万计的骨干教师、数以十万计的卓越教师、数以万计的教育家型教师。"[1]

（3）重要意义

"要从战略和全局高度充分认识教师工作的极端重要性，把全面加强教师队伍建设作为一项重大政治任务和根本性民生工程切实抓紧抓好。"[2]《意见》是新中国成立以来党中央出台的第一个专门面向教师队伍建设的政策文件，将教师队伍建设提到了空前的战略高度。《意见》有利于造就一大批乐教善教的教师人才，赋予教师更高的政治地位、社会地位和职业地位，明确教师更高的综合素质和入职标准，给教师更高的职业待遇；有利于深入推动教育现代化，在风云变幻的国际国内局势中坚定社会主义办学方向，建设人民满意的教育强国；有利于为决胜全面建成小康社会、夺取新时代中国特色社会主义伟大胜利提供更多更优的战略性资源，为中国梦的早日实现提供难能可贵的战略契机。《意见》的出台是在全党全社会大力贯彻党的十九大精神的氛围中，对新时代加强高校师资队伍建设具有里程碑式的意义。

① 中共中央国务院关于全面深化新时代教师队伍建设改革的意见[N].人民日报,2018-02-01.
② 中共中央国务院关于全面深化新时代教师队伍建设改革的意见[N].人民日报,2018-02-01.

5. 出台"全面加强新时代教师队伍建设"政策

2019年，《加快推进教育现代化实施方案（2018—2022年）》印发，其中谈到要"全面加强新时代教师队伍建设"①，对于教育强国的建设、社会主义现代化强国的建设影响深远。

（1）出台背景

"新时代新形势，改革开放和社会主义现代化建设、促进人的全面发展和社会全面进步对教育和学习提出了新的更高的要求。"②面对新的机遇，加快推进教育现代化、建设教育强国需要更精准的站位、更高远的布局。经过党中央长期的实践，形成了诸如"坚持优先发展教育事业""坚持把教师队伍建设作为基础工作"③的一系列教育改革新思想，我国教育"短板"逐渐补齐，教师质量逐渐提升，教育影响力逐渐增强。党的十九大明确了习近平新时代中国特色社会主义思想的指导地位，明确了中国特色社会主义"五位一体"总体布局和"四个全面"战略布局，坚定了实施科教兴国战略和人才强国战略，为新时代教师队伍建设作出了新的规定和要求。2018年9月10日，全国教育大会在北京召开，习近平在大会上强调："建设社会主义现代化强国，对教师队伍建设提出新的更高要求，也对全党全社会尊师重教提出新的更高要求"④，提出教育要深化改革，教师要自我提高。

（2）主要内容

2019年2月，中共中央办公厅、国务院办公厅印发了《加快推进教育现代化实施方案（2018—2022年）》（以下简称《实施方案》），从战略角度部署了推进教育现代化的十大任务，包括"实施新时代立德树人工程""推进高等教育内涵发展""全面加强新时代教师队伍建设""大力推进教育信息化"⑤等。《实施方案》指出，要实施新时代立德树人工程，

---

① 中办、国办印发《加快推进教育现代化实施方案（2018-2022年）》[N].人民日报，2019-02-24.
② 习近平在全国教育大会上强调：坚持中国特色社会主义教育发展道路 培养德智体美劳全面发展的社会主义建设者和接班人[N].人民日报，2018-09-11.
③ 习近平在全国教育大会上强调：坚持中国特色社会主义教育发展道路 培养德智体美劳全面发展的社会主义建设者和接班人[N].人民日报，2018-09-11.
④ 习近平在全国教育大会上强调：坚持中国特色社会主义教育发展道路 培养德智体美劳全面发展的社会主义建设者和接班人[N].人民日报，2018-09-11.
⑤ 中办、国办印发《加快推进教育现代化实施方案（2018-2022年）》[N].人民日报，2019-02-24.

把习近平新时代中国特色社会主义思想贯穿进教材和教学，将思想政治工作体现在方方面面，深入构建全方位的育人体系；要推进高等教育内涵式发展，落实"双一流"建设，提升高校在科学研究和创新服务领域的影响力；要大力推进教育信息化，将信息技术的优势特点充分发挥到教育教学中，打造"互联网+教育"创新平台。《实施方案》强调，全面加强新时代教师队伍建设作为战略任务之一，必须抓牢抓实，要求开展师德师风建设工程，强调师德师风在教师素质中的核心地位；要求实施教师教育振兴计划，夯实教师专业水平和业务能力；要求健全教师管理制度，提供给教师公平合理的发展机会；要求保障教师合法权益，优化教师薪资待遇。同时，《实施方案》还从"全面加强教育系统党的建设""全面推进依法治教""完善教育经费投入和管理机制""加强教育督导评估"[①]四个方面明确了推进教育现代化的 保障措施，旨在确保实施方案的落细、落实。

（3）重要意义

"建设社会主义现代化强国，需要数以亿计的高素质人才。因此，强国必先强教育，社会主义现代化强国，必须以现代化教育做支撑。"[②]《实施方案》是对党的十九大精神和全国教育大会精神的深入贯彻落实，是对加快推进教育现代化、建设教育强国的整体布局和顶层设计。《实施方案》对教育现代化的规划有利于支撑国家现代化，发挥教育对国计民生的推动作用，打造更有水平、更为强大的创新型国家；有利于聚焦教育改革中的热点、难点问题，满足人民对公平高质教育的期待；有利于实现教育现代化的总体目标，到2020年教育实力和影响力大幅提升，到2035年跻身教育强国行列，到21世纪中叶助推社会主义现代化强国的建成。《实施方案》的出台响应了时代对于功在当代、利在千秋的德政工程的召唤，对新时代加强高校师资队伍建设意义重大。

---

① 中办、国办印发《加快推进教育现代化实施方案（2018—2022年）》[N].人民日报，2019-02-24.
② 本书编写组.新时代新理论新征程[M].北京：人民出版社，2018：131.

第三章 我国高校人事管理制度改革概述

高校承担着传授知识、培养人才和创新科技文化以促进社会经济发展的重任，高校的办学质量已成为一个国家核心竞争力的重要标志之一。提高高校办学质量，关键之一就是要提高教师队伍的综合素质。从20世纪80年代开始，我国积极探索高校人事制度改革，在高校从计划经济下的管理和教学模式逐步向适应市场经济要求的新模式转化进程中，其人事制度改革也取得了显著的成绩。这些改革对激发广大教师的主动性和创造性，促进师资队伍整体素质和水平提升，均起到了积极的作用。目前，就整体水平而言，我国高校和世界一流大学仍有明显的差距，其原因既有外部体制机制的障碍，也有高校自身制度设计的问题。因此，深入了解我国高等教育发展历史与事业单位人事制度的变迁，寻找高校现有人事制度变革的根源问题所在，进一步推进高校人事制度的实质性变革，是摆在管理者面前的一项紧迫课题。随着我国各方面改革进入"深水区"，高校不仅面临着"去行政化""事业编制改革"等制度变革难题，也面临着学生注册人数骤增、政府和社会问责压力加大以及全球高校人才竞争和流动加剧等诸多新挑战。

我国高校应如何借鉴国内外其他高校先进的人事制度安排及其成功的变革经验，结合国情和校情，进行学校人事制度的顶层设计，并加以有效落实，将最终决定着我国高校人事制度改革的效率和效益。本章拟从我国事业单位人事制度和高等教育的发展、变迁历史切入，重点分析我国正在进行的和可能面临的人事制度变革对于我国高校人事制度的影响，并通过比较研究，分析传统人事管理与现代师资管理的区别，强调在思想、理论到方法运用的根本改变基础上实现从传统人事管理向现代师资管理的转变，为我国高校人事制度深化改革，建立适应现代师资管理的新模式提供决策参考。

一、我国高校人事管理制度改革的历史变迁及经验

我国从19世纪开始建立现代大学，至今已有一百多年的历史。由于受到传统文化以及特有的政治、经济等诸多因素的影响，我国高校人事制度的发展呈现出与别国不同的发展特点和路径。对其形成和变迁的历史进行梳理和分析，将有助于国家和高校管理者更好地了解我国原有高校人事制度的历史背景，明晰高校人事制度改革中的阻力来源，从而在寻求未来人事制度改革趋势和进行内容设计时可以理顺国家、高校和教师之间的关系，提高改革的效率和效益。

（一）我国高校人事管理制度改革的历史变迁

新中国成立后，高校被列为我国的事业单位之一，其人事制度的确立、发展和变革始终都和我国事业单位人事制度这一大背景息息相关。从新中国成立初期到今天，我国的高校人事制度随着社会的变革、国家政策的调整，经历了四个阶段。

1.传统事业单位人事制度在高校的确立和发展（1949—1985年）

新中国成立之后，我国旧有的高校体系经公立化改造，逐渐形成了高度集中、统一化管理的管理体制。与文、体、卫等其他事业单位一样，高校也被纳入了统一的事业单位人事制度管理体系，因此呈现出与其他事业单位共有的人事制度特点。

（1）高度集中化管理

首先，国家主导高校管理权。1963年我国政府颁布了《关于加强高等学校统一领导、分级管理的决定（试行草案）》，明确规定了国家将对高校实行统一领导。随着国家政策逐步加以落实，两年以后我国基本上已形成了中央部门和地方政府对高校的分级管理的格局。[①]

其次，高校教学工作出政府有关部门统一集中领导。1953年国家下发的《关于修订高等学校领导关系的决定》文件中规定了高等教育部对高校各项教学工作具有统一集中领导和管理的权利。[②]高校办学自主权被最小化。

---

① 参见刘晓苏.事业单位人事制度改革研究[M].上海：上海交通大学出版社.2011.
② 参见肖兴安.中国高校人事制度变迁研究[D].武汉：华中科技大学, 2012.

最后，学校人事处握有高校教师的主要人事管理权力。院系作为基层单位承担了大量的教学和科研任务，但在人事聘用、薪酬分配等事宜上却无实际权力。

（2）单一经费来源

在当时计划经济下，高校和其他事业单位一样，依靠国家或地方财政统包所需经费，并依照统一的事业单位财务制度进行预算、领拨、管理等。因此，高校在财政收入方面只能依靠国家拨款，这也是薪酬分配出现"大锅饭"的根源所在。

（3）计划性资源配置

这一时期国家对高校人事制度管理完全采取"量化"管理的办法——从高校领导班子比例到教职工编制名额、职称比例、晋升比例、学历比例、出国进修比例等，都只能由上级主管部门统筹安排并执行。在这种计划模式下，这一时期的高校发展完全听从上级安排，脱离了自身或者社会的发展需要。

（4）行政化人事管理

在全国事业单位大一统的干部体系中，高校干部也按照机关干部人事管理模式管理，套用了相应的行政级别和职务等级工资，并适用于高校的各项人事管理政策法规，为其人事管理活动抹上了一层浓厚的行政色彩。[①]

这种行政化的人事管理方式一方面体现在国家在高校管理上具有很强的人事任免权、财政权、管理权等，导致高校的日常工作运转和学术活动都受制于政府[②]；另一方面还体现在高校内部各级行政机构对教师的学术自由进行不同程度地行政干预，导致学术权力被弱化。

2.高校人事制度改革初探阶段（20世纪80年代中期至90年代前期）

随着我国政治、经济、文化等各方面的改革不断深化，传统事业单位体制中的种种弊端已成为阻碍我国社会发展进步的重要因素之一。为了改变这一局面，国家开始逐步下放事业单位的管理权，并要求各事业单位结合自身特点探索体制创新。

1985年颁布了《关于教育体制改革的决定》，首次提出要扩大高校办

① 参见刘晓苏.事业单位人事制度改革研究［M］.上海：上海交通大学出版社，2011.
② 参见万里萍.关于我国高校"去行政化"的思考［J］.人民论坛，2017（17）：153.

学自主性，并相应地开展高校人事制度改革。①伴随多项相关文件和政策的出台，国家对高校的管理开始由全方位的过程管理转向目标管理，不仅将人事管理权限逐步下放给高校，同时还明确要求高校健全内部管理制度，在薪酬制度上探索按劳分配分配原则。从此掀起了我国高校人事制度改革的第一次高潮。

从1991年开始，一些部属高校和北京市所属高校作为首批试点高校，进行校内管理体制的改革，对校院系权责归属、用人方式和校内薪酬分配等人事关键制度开展了积极的探索。②

在这一阶段，由于我国其他方面的改革也刚刚起步，还存在许多历史遗留问题，加之首次改革缺乏成熟的经验可循，相关配套措施没能及时跟上，导致高校在改革执行过程中出现了较大的偏差，并未达到国家和高校既定的目标。但是经过这次改革，我国高校教师的社会地位得到了提高、待遇也得以改善，这些对于稳定其教职工队伍和调动教职工积极性均起到了积极的作用，同时也为之后的高校人事制度改革奠定了基础。

3. 高校人事制度改革发展阶段（20世纪90年代中后期至2005年）

进入20世纪90年代，我国逐步确立了发展社会主义市场经济体制的战略性目标，由此引发全社会人事制度进入改革的高潮。高校的"身份制""终身制"以及人力资源配置方式也因不适应社会对高校发展的要求，成为当时人事制度改革的重中之重。

1993年国务院印发了《中国教育改革和发展纲要》，要求全国高校开展人事制度和分配制度改革，并先后下发了六份有关文件，作为高校实施管理体制改革的指导文件。在同一年颁布的《中华人民共和国教师法》也从法律层面为高校进一步推进人事制度改革提供了依据和保证。高校从此进入了又一轮的人事制度改革高潮。

1998年我国颁布了《中华人民共和国高等教育法》，首次将高校教师资格授予条件以及施行聘任制度以法律的形式予以明确。之后随着更多政策和文件的相继出台，高校教师的岗位分类管理、岗位聘任和各种弹性用人机制都得到了前所未有的推进和发展。

---

① 参见张应强.新中国大学制度建设的艰难选择[J].清华大学教育研究, 2012 (06)：25-35.
② 参见叶芬梅.当代中国高校教师职称制度改革研究[M].北京：中国社会科学出版社, 2009.

此外，国家也开始探索制度上的创新。1998年教育部开始设立并推行"长江学者奖励计划"，次年又启动建设"985"工程，为高校进一步延揽海外高端人才、推进岗位管理、教师聘用制、薪酬分配等一系列人事制度改革提供了有力的支持。同时，在国家主导和要求下，全国高校开始积极开展全方位的人事制度改革。例如，1999年清华大学率先实施了岗位津贴制，建立了以基本工资、岗位津贴和绩效奖励等为主要内容的收入分配激励办法；2003年北京大学开展的人事制度改革则首次打破教师的终身制、引进"末位淘汰"和"外部竞争"机制等①。

此外，在这一阶段很多学者对当时的高校人事制度改革进行了广泛而深入的研究和讨论，通过出版著作、发表论文指出相关改革过程中存在的问题并提出改进的建议。这些意见与建议为高校下一步深化改革提供了充足的理论支撑。

4. 高校人事制度改革深化阶段（2006年至今）

随着我国各项改革进一步地推进，国家要求各事业单位对其人事制度中诸多不合理之处再度作出调整。为此，国家人社部于2006年出台了《事业单位岗位设置管理试行办法》，同年又会同国家财政部下发了《关于印发事业单位工作人员收入分配制度改革方案的通知》，再次要求事业单位根据自身特点实行设岗管理，引入具有激励机制的岗位绩效以及分级分类的薪酬分配制度。

此外，为了更好地延揽和培养高层次人才，2011年起教育部开始面向全国实施新的"长江学者奖励计划"，与"千人计划"一起构成国家高层次人才支持体系；同时与"创新团队发展计划"和"新世纪优秀人才计划"等整合，构成高校优秀拔尖人才培养支持体系②。这些不同层次的人才支持计划为高校引入和培养高端人才建立了有效机制。

近几年，随着国家加大力度推行事业单位养老保险改革、职业年金制、事业编制改革以及高校"去行政化"，高校即将迎来突破外部机制体制瓶颈、提高人事制度改革效率和效益的新机遇。

与此同时，高校在国家政策引导下进一步细化教师的岗位分类管理，

---

① 参见黄艳霞.北京大学人事制度改革的启示[J].交通高教研究，2004(06)：106-108.
② 参见管培俊.新论高校人事改革的方向和推进策略[J].北京大学教育评论，2015(01)：179-187.

渐进式地改进和完善聘任制和薪酬分配制度。通过借鉴性地引入国外一流大学普遍实行的"准长聘制""年薪制""非升即走制""带薪休假"等多项先进的人事制度，为将来建立具有中国特色现代大学制度奠定了坚实的基础。

（二）我国高校人事制度变迁的历史经验

由以上高校人事制度的变迁历程可以看出，在20世纪90年代中期之前，由于国家长期对高校实施高度集中管理，因此前两个阶段的高校人事制度改革路径基本上都是通过国家出台政策和文件来要求高校依照其指导性方针，进行强制性的制度变迁。这种变迁方式虽然大幅节省了制度变迁所需的费用，但是纵观这两个阶段各高校的实际改革效果，不难发现由于国家对高校具体情况缺乏深入了解，其主导的制度变迁不是因缺乏配套政策而发生制度缺位，改革措施难以有效实施；就是因出台文件太多、太集中而出现了制度过剩，使得高校无所适从，疲于应付，最终只能敷衍了事。

反观现阶段的高校人事制度改革，国家在高校改革的过程中开始越来越多地扮演引导的角色，并减少对高校的强制安排；而高校在获得更多的自由度和自主权的情况下，开始积极参与其中，并借鉴了世界一流大学的先进人事制度，主动探索制度上的创新，高校人事制度改革逐渐取得了较好的效果。

此外，现在我国在推进高校人事制度改革时，其对于政策工具的选择已经从原有单一的强制性政策工具模式逐步地向强制性、混合型和自愿型政策工具相结合且以自愿型为主的模式转化。因此，随着政府简政放权，继续扩大高校办学的自主性，未来我国高校人事制度改革将有望出现自下而上、自然演变的趋势。

二、我国高校人事管理制度改革的基本价值取向

任何一种制度的变化，都有其背后的价值取向作为引导，渗透到具体制度设计之中，并在制度变迁的过程中得以反映。每一轮高校人事制度改革的背后，都有相应的基本价值作为导向，并贯穿于每次制度变迁中。对这些基本价值进行剖析和理解，也将有助于我们更加清楚地认识到其改革

的本质，进行顺应这些基本价值的制度设计。根据20世纪80年代以来我国高校人事制度变迁的轨迹来看，其基本遵循以下主要价值取向。

（一）效率优先

"效率"已经成为当今各行各业都必须遵循的基本价值取向。然而在1986年之前，我国在计划经济背景下对于高校所施行的"高度集中管理""计划性资源配置"等措施，使得高校人事制度日趋僵化。尤其是高校教师身份上的"终身制"和分配制度上的"大锅饭"，因缺乏竞争和激励机制，逐渐引发了"人浮于事""干好干坏都一样""能上不能下"等诸多弊端。这些无效或低效的人事制度不仅无法调动广大教师的主观能动性和创造性，有时甚至产生了与组织目标相反的负向激励。因此，在随后高校人事制度改革中，对"聘任制"和"薪酬制度"的改革和完善基本贯穿于每个阶段的改革之中。

高校教师聘任制通过签订有限期聘任合同以及制定相关考核评审制度，建立高校教师的竞争和评价机制以破除高校教师"终身制"；"薪酬制度"改革，则将教师收入与实际工作岗位、贡献及工作成果等挂钩，激发教师提高工作效率，使其保持高昂的工作和创造热情，为学校发展和提高国家综合竞争力作出更大贡献。正是坚持了"效率优先"的原则，我国高校人事制度改革在渐进的模式下取得较好的成效，高校办学质量也因此得以进一步提高。

（二）兼顾公平

"公平"这一价值标准对于高校人事制度改革能否取得实质性的成效起到重要的作用。只有公平公正的评聘制度才能赢得高校教师对改革的认可，提高其从事学术研究的兴趣和热情，激励其不断提高自身综合素质，最终实现其个人目标和组织目标。反之，如果在教师聘任和晋升过程中出现标准不一、暗箱操作等有失公允，造成学术能力低下者"挤占"优秀人才的名额等情况，则不仅会使教师对改革产生厌倦和抵触情绪，还会导致一些优秀教师流失，甚至高校教师队伍综合素质不断下滑等后果；并且，如果在改革的过程中不能秉持"公平"的原则，也会使改革最终失去人心变得寸步难行。

（三）坚守公益性

由于高校可以通过输出社会服务、接受捐赠、收取学费等渠道，吸引一定的资源和具备创收的能力，所以在我国现阶段的事业单位改革进程中，被国家划为了准公益性事业单位，可以相对自主地开展相关活动，并通过市场配置部分资源，依法取得服务收入。[①]然而由于"现代高等教育更具有产品的公共性、投资主体国家性、受益群体整体性的公共产品特点"[②]，高校所开展的一切工作与学术活动应首先符合国家和社会的公共利益。

因此，在进行高校人事制度设计时，应尽量避免不科学的评价考核体系损害高校公益性。例如，有些高校的考核评价指标只与教学、科研、社会服务的最终结果挂钩，只重数量不重质量，使教师感到竞争压力增大，迫使其一再压缩备课时间、任务式教学，将自己的大部分精力放在"跑项目、争经费"和发表低水平的论文之上。长此以往，这些考核评价指标将对教师和学生的发展都将产生巨大影响，最终深受其害的还有高校和国家。由此可见，如果将公益性从高校人事制度改革的价值取向中删除，最终的结果必定与改革的初衷背道而驰。

（四）确保学术自由

进入20世纪以后，学术自由的重要性逐渐被世界各国高校管理者及学术事业发展者所认可，最大限度地确保高校教师的学术活动自由已成为大部分世界一流大学所遵循的重要准则。

高校教师的工作性质和职业特点决定了其价值是不可能完全适用于企业或商业的绩效计算办法。只有保证高校教学和研究的自由，才能保证高校教师的各项活动只服从于真理，从而使高校起到继承和发扬人类文化，提升和扩展人类知识，并促进社会改革和进步的作用。

为此，我国在推动高校人事制度改革时，通过简政放权将高校办学的自主权逐步交回学校；通过推行高校教师聘任制中科学合理的学术评价和公平公正的职务授予制度，来引导高校教师的学术行为；而一些高校近年来借鉴性引入的终身教职制、年薪制、绩效工资制等一系列改革措施，也

---

① 参见段磊，刘金笛编著.事业单位组织人事改革实务[M].北京：中国发展出版社，2014.
② 尤莉.公益性——现代高等教育的第一特性[J].贵州师范大学学报（社会科学版），2010（04）：110.

将为教师在身份上和经济上提供保证，使高校教师对所从事的工作享有稳定感、安全感、持续感和公平感，最终达到保证其学术自由的目的。

（五）保持稳定

高校人事制度改革与每一位教师的切身利益都息息相关，因此每次制度的调整都会引发一部分教师的抵触情绪甚至危机感，如果不加以重视和引导，则可能造成高校研究环境的不稳定，影响正常的教学科研计划，甚至破坏教师队伍的稳定性。故，保证教师队伍一定的动态稳定也成为高校在人事制度改革进程中必须遵循的重要原则。

正是出于保持高校教师队伍稳定的考虑，许多高校在推进人事制度改革的过程中，都不约而同采用"新人新办法、老人老办法"的过渡性原则。这种增量变化模式在一定程度上不仅确保了学校现有教师队伍的稳定性，还使后续教师队伍的建设有了制度上的保证[1]，更加有利于促进改革政策的顺利实施。

三、我国高校人事管理制度现状及影响因素分析

我国高校在经历了数次人事制度改革之后，随着国家相关新政出台，无论是其内部制度还是其外部环境都得到了很好的改善，迎来了快速发展的新机遇。与此同时，我国高校也出现了与国外高校共同面临的新问题——学生注册人数激增、政府和社会问责压力加大以及全球高校人才竞争和流动加剧等。总结和分析这种新形势，把脉我国高校内部人事制度现状与外部环境变化，有助于更好地研判未来我国高校人事制度改革方向。

（一）我国高校人事管理制度现状

现阶段我国高校内部人事制度在适应市场经济的调整和完善过程中已经逐步趋于科学化与合理化，教师的社会地位与经济收入都得到较大提升，大大激发了高校教师的主观能动性和创新性，进而在一定程度上促进了高校的发展。

目前，我国大部分高校已经从制度上完成以下改革措施。

---

[1] 颜超，冯艳艳.和谐：高校人事制度改革的价值趋向[J].科技创新导报，2010（09）：246.

1.建立了高校教师聘任制

1986年以来，在国家主导和推动下，我国高校开始建立并逐步完善以岗位聘任为核心的人事制度。

（1）在教师准入方面，目前我国很多高校已经基本实现了按需设岗，并面向全国甚至全世界公开招聘。

（2）在教师聘用和晋升制度方面，一些高校开始借鉴性地引入北美高校普遍施行的"终身教职制"、非升即走制或"末位淘汰"制等。

（3）在教师结构方面，越来越多的高校开始以学缘结构合理化为目的，采用多种方式对本校毕业生的聘用采取不同比例控制，以减轻"近亲繁殖"的影响。

（4）在教师民主参与方面，多数高校建立了由教授组成的院、校两级学术委员会，参与教师的聘用和晋升以及学科建设相关的各项活动。

2.实现了教师分类管理

以前我国高校普遍使用同样的考核标准要求不同类别的教师，致使一些教学质量高、教学效果好的教师因缺乏科研成果，而受到轻视，甚至被迫离开高校。随着2007年的《高等学校岗位设置管理的指导意见》、2010年的《国家中长期教育改革和发展规划纲要（2010—2020年）》等一系列相关文件的出台，高校在国家强制要求和政策引导下，开始实施教师分类管理、分类评价、分类激励的人事制度。例如浙江大学率先设立了教学为主型、教学科研并重型和研究为主型等五类岗位。[①]天津大学则将教师岗位分为校聘关键岗、院聘重点岗和基础岗三类，并在每类又进一步细分为教学、科研、校内管理公益三个子类。[②]

3.多层次人才支持计划

为了使我国高校能吸引并培养出具有国际影响的学科领军人才，我国积极探索制度创新，加大对高端人才引进的支持力度。目前，已经在国家层面形成"长江学者奖励计划"和"千人计划"（从2011年开始又启动了"青年千人"计划）一内一外的高端人才引进计划；在高教层面还推出

---

① 参见王占军.推进人事制度改革建设高水平教师队伍——访浙江大学校长杨卫[J].大学（学术版），2010（10）：4-7.

② 参见朴雪涛，王怀宇.大学制度创新与中国研究型大学建设[M].北京：光明日报出版社，2007.

"创新团队发展计划""新世纪优秀人才计划"等一系列人才支持计划。[①]与此同时，一些高校为了促进其重点学科和优势专业的发展，投入重金构建多种可持续发展的人才支持与培养体系，例如青海大学推出了"三江源学者"计划特聘教授、中南财经政法大学推出"文澜学者"人才计划、中国人民大学推出了"杰出人文学者"计划等。

随着我国多层次人才支持计划的推进，这些优秀人才已在创新团队建设、人才培养、协同创新等方面显见出明显的学科带动作用和人才培育效果，对所引进高校提高师资队伍水平、增强综合竞争力均发挥了巨大的作用。

4.改革薪酬分配制度

现在我国多数高校在薪酬分配方面已建立了岗位津贴制。虽然每个高校具体的薪酬构成模式并不完全相同，但都把教师的薪酬主要分为国家基本工资、岗位津贴和业绩奖励这三大部分。由于这种分配制度的核心原则是以教师所取得的职称决定其基本工资，以其所在岗位确定其津贴级别，因此从根本上淡化了教师职称评审，间接地实现了评聘分立模式。[②]近年来，一些高校还积极探索年薪制、特殊津贴、杰出人才津贴等多种薪酬分配模式，通过薪酬激励机制，吸引并留住更多的高端优秀人才。

（二）目前我国高校人事制度面临的主要问题

近年国家和高校在改革的进程中，积极开展制度创新，以更加科学化和规范化的制度调动教师积极性和创造性，从而提升我国高校综合办学质量和师资水平。然而由于受当前体制机制的制约和一些历史遗留问题的影响，现阶段我国高校的内部人事制度还面临以下主要问题。

1.改革意识不强

我国高校推行人事制度改革已经三十多年，但是受到以往长期传统观念的影响，一些高校管理者和教师对于高校人事制度管理的意识并没有发生真正的转变，改革意识不强。目前仍有不少高校只是根据学校的现有经费、编制数、现有人员情况进行基数分配，因人设岗、岗位权责不清、一岗多聘等现象仍不同程度地存在于部分高校。

此外，一些高校虽然在形式上采用了聘任制，但是在实际操作上，

---

① 参见管培俊.新一轮高校人事制度改革的走向与推进策略[J].中国高等教育, 2014（10）: 18–22.
② 参见叶芬梅.当代中国高校教师职称制度改革研究[M].北京: 中国社会科学出版社, 2009.

并未严格按照公开招聘、竞聘上岗、聘期考核的规章制度执行。有的高校在开展教师职务聘任时，仍主要面向校内教师，或者表面上公开招聘，实际已有"内定"人选；有的高校规定的聘任期限只是摆设，聘期考核也成为走过场，聘任合同基本起不到任何约束作用；一些参与评聘的教授因受"人情""关系""论资排辈"等思想的影响，致使评聘结果有悖公正、公平的原则。

由于是否真正公开公正地对外招聘和职务晋升主要取决于校、系管理者和学术权力群体的意志和管理理念，很难通过法律进行约束，因此如果学校管理者和学术权利群体本身改革意识不强，即便实施了聘任制，最后也将演变为"做样子""走过场"，很难使其发挥优胜劣汰的作用。

2. 绩效考核制度不完善

目前我国高校现行的绩效考核制度大多是对教师教学和科研的全能要求，考核周期一般以年为单位，考核评价指标只与教学、科研、社会服务的最终结果挂钩，强调成果的数量和效率而忽视成果的质量，重视科研而轻视教学。

首先，虽然量化指标可以有效克服考核评价体系中的主观性，减少人情关系的影响，但目前我国高校普遍将教师的学术成果全部量化加以考核和评估，不仅大大增加了教师的竞争压力，使教师很难潜心专注研究，创造出高水平的成果，还容易引发高校教师的功利心理甚至会助长学术泡沫化、学术腐败等现象。其次，如果高校对所有学科都采用一年期的考核周期，不仅会迫使教师采取一稿多投、粗制滥造等一些短期行为来应付考核，还会造成对一些文史哲学者的不公平，因为文科出成果很慢，必须经过长期的积累和沉淀，才有可能出来好的成果。

最后，我国高校的考核评价体系中，给予科研的权重明显高于教学的权重，在这一"指挥棒"下，教师为了通过考核，往往将主要精力投于科研工作，减少备课时间，导致其讲课内容欠缺精度和深度。这种任务型讲课不仅是对学生不负责，败坏了教师自己的声誉，也不利于今后高校的长期发展。

由此可见，我国目前的考核制度还不完善，面临激励约束的双重困境，如何发挥其正面激励作用又能遏制住其负面作用，将是我国高校必须尽快解决的问题。

3.薪酬分配不科学

目前我国多数高校已基本建立了以岗位津贴为主体的薪酬分配制度，通过竞争激励的方式很好地调动了教师的工作主动性和创造性，但和发达国家高校的相关制度比较，仍存在一些不科学和相对保守的问题。

首先，是"以岗定薪"尚未完全落实。有效地实施"以岗定薪"可以避免教师在与社会其他工作相比较时有心理失衡的感觉。这种按照岗位责任和重要性设置薪酬分配的方式，也将激发教师竞聘上岗的积极性。然而，目前我国一些高校仍存在将薪酬与个人或者其身份直接挂钩的现象，造成同岗不同津贴的局面，最终导致教师对岗位责任感不强，也缺乏竞争精神。

其次，工资差距偏小，激励作用不明显。目前很多高校对于不同层次、不同类型的岗位并未拉大工资差距，未形成科学的职业阶梯，从而造成了工资分配的新平均主义。由于不同岗位的薪酬差异较小，因此对教师所能起到的激励作用就显得十分有限。此外，由于目前多数高校经费来源和经费数额比较有限，无法为世界顶级人才提供具有国际竞争力的薪酬待遇，因此很难吸引这些优秀人才的加入。

4.人才流动不畅

我国虽然已经发布了关于事业单位养老、医疗、编制等一系列改革文件，但由于存在诸多历史遗留问题，一些适合高校人才流动的社会保障制度尚未完全得以落实、高校教师的退出机制也未真正建立，相关配套政策和法律也并不完善。此外，目前我国许多高校仍然保留公费医疗、子女就学、住房等编制内固化的待遇，再加之户籍、档案等制度改革滞后，相关程序烦琐且耗时长，极大限制了教师的流动性。即便有教师落聘，多数高校都采取转岗、换岗等办法，进行学校内部解决，高校教师"能进能出"的最终目标还未实现。

（三）我国高校人事管理制度影响因素

1.国际环境对我国高校人事制度的影响

进入21世纪，各国为了增强国家的综合实力、提高本国高校的竞争力，对于高端人才的争夺日趋激烈，亦对我国高校人事制度造成强烈冲击。

首先是全球高校对顶尖人才的竞争。随着全球学术市场的竞争日益激烈，我国高校不仅面临着来自发达国家高校以优越的工作条件、工资水平和福利待遇等对我国优秀教师的争夺，还面临着来自其他报酬丰厚的知识部门的竞争。近年来，我国已有很多学界精英被吸引到国外，或者在国外学有所成后，留在国外。因此如果我国高校与国外高校的在学术环境、工作条件、工资结构等方面的制度安排差异太大的话，我国将会有更多的高端人才流向或国外。

其次是全球高校对学生的争夺。由于大批的留学生将会给其所就学的国家带去巨额的学费收入，并具有潜在的生活消费力，因此很多发达国家大学将吸引留学生作为增加财政收入、缓解经济压力的重要措施之一，由此展开对学生的争夺大战。目前我国赴外国留学的人员已经达到世界之最，还有很多国外院校在我国开展合作办校，在国内吸引学生。因此，只有我国高校保证强大的师资力量和高水平的综合办学能力，才能在这场国际学生的争夺战中不至于处于弱势的地位。因此，为了应对全球化给我国高校带来的巨大挑战，吸引并留住优秀教师和学生，就必须把握未来高校人事制度发展的趋势，进一步深化改革，使之尽快适应全球高等教育的变革。

2. 国内环境对我国高校人事制度的影响

（1）国内政策环境对高校人事制度的影响

①高校"去行政化"

高校长期行政化管理，使高校很多正常的教学和科研活动受到国家以及高校内部行政机构的干预，成为阻碍高校发展的重要因素之一。多年来许多专家和学者通过发表文章、会上反馈等多种方式，呼吁高校"去行政化"。在专家的不懈努力下，国家逐渐意识到高校"行政化"的危害，在2010年发布了《国家中长期人才发展规划纲要（2010—2020年）》和《国家中长期教育改革和发展规划纲要（2010—2020年）》，明确提出高校"去行政化"方向，要求实行"政校分开、管办分离"。2015年5月8日教育部发布《关于深入推进教育管办评分离，促进政府职能转变的若干意见》，在这一文件中又进一步提出"逐步取消学校行政级别""党委书记和校长一般不担任科研项目主要负责人"等高校去行政化的指导原则。

2016年11月北京大学校长林建华在接受记者采访时承诺："北大未来将尝试取消院系行政领导的行政级别。"①

由此可见，虽然我国高校的行政化因受历史、文化、体制等诸多因素的影响，又受到既得利益群体的重重阻挠，在短时间内很难取得较大的成效，但随着国内学者的积极推动和国家的高度重视，其在不久的未来必将得以妥善的解决。而"去行政化"后的中国高校，将享有更多的学术自由和更少的各级行政组织间内耗，因此高校在今后的人事制度改革中将具有更大的自主性和灵活性。

②事业单位养老保险改革

我国从1955年开始实施机关事业单位退休制度，事业单位的在编人员在退休后，由国家负责为其发放退休金。作为事业单位之一的高校，其在编教职工亦享有这一待遇。虽然这种退休制度在计划经济下曾经为维持教师退休后生活以及稳定教师队伍发挥了一定的作用，但也为高校教师的自由流动设置了一道隐形的障碍——高校教职工如若离开高校，则会因其之前未缴纳养老保险，而影响今后退休后收入。②

为了解决这一问题，2015年1月国务院正式印发《国务院关于机关事业单位工作人员养老保险制度改革的决定》，同年3月又出台了《国务院办公厅关于印发机关事业单位职业年金办法的通知》。根据这两个文件的规定和要求，目前大部分高校教职人员的养老保险脱离了国家财政全额拨款，并仿照企业社会保障的办法，开始对高校在编人员实施养老保险机制和职业年金制。

虽然在现阶段的实行过程中仍存在缴费基数偏低和地方差异性较大等诸多问题③，但是高校养老保险改革已经向着促进高校师资队伍合理建设与有序流动的目标迈出了决定性的一步，并且随着该项制度的完善，将进一步促进高校聘任制的全面落实。

---

① 陶凤，初晓彤.北大探路高校去行政化改革[N].北京商报，2016-11-11.
② 陈正学，胡锦强，何旭曙.养老保险并轨背景下的高校人事制度综合配套改革的思考[J].人力资源管理，2015(08)：132-133.
③ 参见康建安.浅谈我国高校养老保险制度改革[J]科学中国人，2016(21)：160-161.

③高校事业编制改革

在传统的事业单位用人制度下，高校人员的事业编制受政府严格控制，用人数量与规模取决于编制，而不是实际的需求。因此在高校也出现了人浮于事、消极怠工等不良现象。此外，随着我国全面进入市场经济，数量众多的高校事业编制人员不仅给政府和高校带来了巨大财政和管理压力、引发了编制内外"同工不同酬"的人权问题，还会使高校教师因"留恋"编制，而不愿流动或是因无法解决编制问题，而转向其他学校或职业。

正基于此，2016年7月22日，国家人力资源和社会保障部联合召开了新闻发布会，其主要发言人正式提出今后将在全国范围逐渐取消高校和公立医院事业单位编制。至此，高校编制改革已成定局。

新政一经出台，就引起国内相关领域专家的热议，既有专家担心高校教师流动方便，会导致高校师资队伍的不稳定，也有专家建议高校对各学院在规模控制和发展规划方面建立新的管理规范，还有专家建议针对所涉及的财政经费、户籍管理、出国交流、住房补贴等问题出台相应的实施细则。①

虽然这项改革刚刚起步，相关配套措施尚未拟定，但是可以肯定的是：如果这一政策得以有效落实，高校不仅可以此进一步提高教师的工作效率，还将实现"同工同酬"，使高校的人事制度更加体现公平的原则。此外，没有了编制的羁绊，高校也可以结合本校学科建设和优势、特色进行相应的人力资源安排，通过不同的激励措施实现高校教师的合理竞争、有序流动。

④鼓励科研人员离岗创业

在国家和高校政策及激励下，近年来我国高校教师发表的论文数量和申请授权的专利数量都呈现出"井喷"态势。然而这些成果的转化率却差强人意——根据科技部的统计数字，"每年完成科研成果3万项，但其中能转化并批量生产的仅20%左右，专利实施率不到15%，形成产业规模的则仅有5%。"②

---

① 修菁.高校取消事业编制，你还来吗？[N]人民政协报，2016-04-09.
② 陈鹏，邓晖.离岗创业：还有几重藩篱阻碍[N]光明日报，2015-05-19.

为了扭转这一局面，2015年4月27日国务院印发了《关于进一步做好新形势下就业创业工作的意见》，明确指出支持高校、科研院所等专业技术人员在职和离岗创业。虽然这一新的政策在执行的过程中还面临着国家相关法律法规不健全、高校配套制度不完善、教师自身积极性不高等诸多问题[1]，但它突破了我国大部分高校以前严禁教师在外兼职的制度制约，为我国高校对教师实施更为开放、灵活、有益的人事制度提供了依据。

为了发挥这项政策发挥应有的正向激励作用，高校宜制定相应的教学保障机制和创业服务机制，以保证该政策在贯彻落实的过程中，不会影响高校正常的教学科研任务。

⑤鼓励高校多渠道吸纳资源

2015年11月国务院印发了《统筹推进世界一流大学和一流学科建设总体方案》，其中指出高校应"积极吸引社会捐赠"，"多渠道汇聚资源，增强自我发展能力"。此后，国家又进一步修订了《慈善法》和《民办教育促进法》，鼓励企业家和社会力量捐赠教育领域，以及促进民办大学的兴办和发展。

在以上政策和法律的支持和鼓励下，许多高校都出现"豪捐不断"的景象。根据中国校友会网发布的《2017年中国校友捐赠排行榜》数据，截至2016年12月，全国高校累计接收校友大额捐赠总额已经突破了230亿元。[2]虽然这一数额和美国高校所获的捐赠数额尚不能相提并论，但是今后随着国家相关政策的完善，日趋增多的社会捐赠必将发展为高校未来重要的财政收入来源之一，并将为高校引进高端人才、实施讲座制等人事制度改革创造更好的资金环境。

此外，这些政策和法律还将促进我国高水平私立高校的建设和发展。2016年12月，以施一公院士为首的四位中国顶级科学家借助"十年200亿"的社会捐赠资金，在浙江成立了西湖高等研究院，旨在创办一所"民办的、含理工、生命等多个学科的小型、综合性、剑指世界一流的高等研究

① 参见张菊,吴道友,张巧巧.高校教师创业现状及其管理机制研究[J].兰州教育学院学报,2016 (03)：58-60.

② 戴春晨.西湖大学之问：社会捐赠改变中国高校？[N]21世纪经济报道,2017-01-06.

院"①。该校借鉴美国一流高校的办学理念，希望通过高度的自主性、更加灵活的人事制度，绕过我国现有公立高校受到机制和体制的重重羁绊，试点性地建立一个符合现代大学发展的私立高校新模式。如果这一私立高校在未来取得成功，不仅将树立我国一流私立高校的典范，推进我国民营高校的蓬勃发展，还将对我国公立高校的人事制度改革产生更大的冲击。如何建立符合市场发展规律的现代高校人事制度以应对来自私立大学的竞争，将成为公立高校未来必须面对的重大挑战之一。

（2）国内社会环境对高校人事制度的影响

随着我国在政治、经济、文化等各方面改革的深化，到20世纪末，我国高等教育迎来跨越式的发展。目前我国高校在校生总人数已位居世界第一，高等教育进入大众化阶段。在这一演变过程中，高校行政化机构也随之增多且更为官僚化，资源消耗也与日递增。高校的效率和责任问题开始引发国家和社会的关注。为了督促高校进一步提高效率，国家逐步引入外部竞争和监督机制。高校不仅要对自己的教学、科研、服务和管理等工作范围情况开展自评，还要参加学校之间的评比和排名，而排名的结果将会直接影响到国家对高校的预算分配。高校为了提高自身的办学水平，以争取到国家和社会更多的财政支持，积极配合国家进行全方位的制度和体制改革，也包括高校教师的人事制度改革。

此外，为了使高校更好地发挥其服务作用，同时提升我国科研工作者的科技创新能力，2012年3月，教育部联合财政部启动实施"高等学校创新能力提升计划"（简称"2011计划"），2015年10月国务院又印发了《统筹推进世界一流大学和一流学科建设总体方案》（简称"双一流"）。"2011计划"和"双一流"方案都要求以形式多样的协同创新模式，促进高校与不同的企事业单位和政府之间通过各种合作方式，进行资源共享和协调合作。在实际运行中，一方面，社会的真实需求经由具体的科研项目、联合机构带入到高校的教研过程中，激发高校对社会需求的关注，促进高校从封闭走向开放；另一方面，与社会各种机构和团体的合作也促使大学根据社会需求调整人才培养的结构和层次，调整教师人事制度以更加

① 刘科.200亿＋4个顶级科学家，这所大学要颠覆你对"民办高校"的看法［N］.时代周报，2016-12-20.

适应这些新的变化。①

（四）我国高校人事制度变革面临的新格局

通过以上对于我国高校内部人事制度发展和外部环境变化的分析与研究，笔者认为，我国高校人事制度变革主要面临以下新格局。

1. 我国高校在聘任制、分类管理、人才支持以及薪酬改革等方面已取得一定成效，具备了深化改革的良好基础。

2. 随着"去行政化""养老保险改革""事业编制改革"等一系列政策的出台与落实，高校的外部政策环境将得到明显改善，有助于高校更好地推进教师合理竞争、有序流动和积极创业等措施的有效落实。

3. 高校学生规模不断扩大和科研经费高涨导致高校社会问责压力加大，同时全球化对于优秀人才竞争也愈演愈烈。这些都要求高校加快改革步伐、规范教师聘用标准和流程，同时加强校企融合、资源共享和协调合作，以实现多赢。

4. 我国高校人事制度仍在多个方面存在不同程度的问题，需要在今后的改革中针对性地加以修正和完善。

基于以上四点，高校只有认清形势，顺应未来改革的趋势，结合本校实际情况，积极探索制度创新，做好顶层制度设计，并加以有效实施，才能在变幻莫测的大环境中更好地提高学校的综合竞争力，才能应对未来更多的挑战。

四、传统人事管理与现代师资管理的比较分析

高校现行的人事管理制度是长期在计划经济时代发展起来的，在当时的计划管理体制下发挥了积极的作用，随着国家经济体制的转轨，高等教育发展步伐的加快。特别是高等教育进入大众化阶段后，传统管理模式日益显现出诸多弊端：管理者和被管理者思想观念滞后，师资管理模式具有较大的封闭性和僵化性，竞争机制、激励机制、利益机制、责任机制和流动机制等运行机制没有很好地被引入到师资管理中来，教师队伍的整体素

---

① 参见林友利.论现代大学制度视域下高校人事制度改革[J].重庆交通大学学报（社会科学版），2013（04）：106-108，112.

质有待进一步提高，教师资源没有得到有效配置和开发。这些都迫切要求改革传统人事管理模式，建立现代师资管理新模式。

（一）传统人事管理

高校传统人事管理是运用一定的管理原则、制度和方法，对学校教职工所进行的计划、组织、调配、控制等一系列管理活动。主要内容是人事档案管理，如记录教师的进出、工资、晋升、职务升降、岗位变动以及奖惩等情况。长期以来，传统人事管理，虽然也以人作为管理对象，但注重的是"进、管、出"三个环节，管理过程中强调事而忽视人，人的调进调出被当作管理的中心内容，在师资选拔、培训等具体管理中主观随意性强，很少关心个人的需求和个性，束缚了个人的主观能动性和创造性的发挥，在管理体制中以固定编制强化定岗定员，强调教师队伍的固定性和稳定性。①

（二）现代师资管理

现代师资管理是指高校运用现代人力资源管理的理论原则，对以教师为主体的教职工队伍实施的有效管理、使用和建设的过程，也就是发现人才资源、"挖掘"和利用人才资源，在管理与使用中建设人才队伍的过程。其中，包括人员聘用、师资配置、管理激励、教育培训等四个方面的内容。其主要内涵是通过一定手段，调动人的积极性，发挥人的创造力，把人力资源由潜能转变为财富。

现代师资管理着力于达到两个目标：一是在教师资源的配置上力求精干和高效，用尽量少的资源，在尽量短的时间里创造出尽量多的知识财富，取得最大的使用价值；二是运用知识管理理论在智力资源的开发上力求提高全体教职工的素质，通过各种激励手段将人的潜力发挥到极限，在人的全面发展中达到工作的高水平。

总之，现代师资管理的指导思想就是把以教师为主体的人力资源和知识力看作是最重要的教育资源，十分重视教师才能的发挥和潜力的挖掘。现代师资管理的核心通过管"知识"间接地对"人"进行管理，目的在于管理"知识"，由于高校师资的本质任务是知识生产和知识传播，特别是

---

① 孙红.人力资源管理：高校师资管理的重要理念 [J].高教论坛，2004（02）：143.

在知识创新过程中与企业员工相比较，高校师资具有较大的自由度并需要较宽松的创新环境。只要教师知识增加，就达到了管理的目的。

（三）传统人事管理与现代师资管理的区别

1. 管理的视角不同。传统人事管理视人力为成，以降低成本为宗旨。因此，注重的是人作为投入要素对学校的产出和贡献价值，关心的是如何少用人，多出成果。而现代师资管理不仅认为教师是一种成本，而且视教师为所有教育资源中的第一资源，通过科学管理可以升值和增值，通过开发可以发挥其最大的潜能，并使这种潜能转化为现实成果，使其效用增值，形成贡献，从而推动学校教育教学的发展和人才培养水平的提高。

2. 管理的类型不同。传统人事管理多为"被动反应型管理"，是以把教职工作为单纯的被管理、处置、安排的对象为出发点的，教师只扮演着被动消极的角色。而现代教师管理则为"主动开发型管理"，是以尽力创造各种条件，启发与培养教师对学校的归属感、忠诚心和觉悟，吸收教师参与日常管理及有关决策的民主化活动，充分开发和培养他们的潜能，尽可能满足他们的需要与期望为出发点的，教师扮演着主动积极的角色。

3. 管理的重点不同。传统人事管理只强调人与事的配合，要求事的总量与人的总量在数量上相适应，事的种类和做事人的类型在结构上相适应，人的资格条件和他从事的具体事情的要求相适应。而现代师资管理不仅着重人与事的适当配合，事得其人，人尽其才，更着重共事人之间人际关系的和谐与协调，特别强调建设一流学科，必须有好的学术梯队，搞出好的成果，必须有很强的科研团队和团队合作精神。

4. 管理的中心不同。传统人事管理是以事为中心，恪守"进、管、出"的管理模式，人在管理系统中处于从属的地位。而现代师资管理是以人为中心，突出依靠全体教师，确认他们的主人翁地位，全面关怀和保障教师的合法权益，讲求对教师的使用和配置处于最佳的合理状态，主张"情、理、法"三者的有机结合，真正体现了教师在管理中的核心地位。

5. 管理的广度不同。传统人事管理只注重管好已有人员，人事管理的功能是招募新人以填补空缺，人事相宜后，就是一系列管理环节的事了。而现代师资管理不仅要管好已有人员，而且还必须对学校现在和未来各种教育资源的要求进行科学的预测和规划，并不断地获取师资，把新的教师整合到学校资源中融为一体，保持和激励他们的忠诚与积极性，尽可能开发他们的潜能，这样使得他们工作面更宽，内容更丰富，更具挑战性。

6. 管理的深度不同。传统人事管理只注重用好教职工的显能，通过组织、指挥、规划、协调和监督等活动来约束、控制教职工的行为，以保持工作现状，维持工作热情，从而发挥他们所拥有的固有能力。而现代师资管理则注重开发教师的潜在能力，通过教育、进修、培训、研究和发展等活动来培养、发掘教师的潜能，以不断激发工作动机，持续调动工作热情，从而释放和发挥人性潜能，提高教师的工作绩效。

7. 管理的形态不同。传统人事管理一般都采用个体静态管理，大多数教师的工作甚至岗位是"从一而终"的，不提倡教师在学校内部上下、横向交流。而现代师资管理则采用灵活多样的整体动态管理，给教师创造和发现施展自身才华的机会和环境，设计多样化、趣味性与挑战性岗位，提供具有成就感、负有较大责任与工作成绩能够得到承认的工作，有效地发挥人力资源的群体效能，提高整体适应性，并使其在动态的调节中获得并保持最佳状态。

8. 管理的方式不同。传统人事管理的方法机械单一，仅凭经验和常识就可以运用自如，技术上无先进的方法可言，理论上也无深刻的内容可学。而现代师资管理的方法则灵活多样，广泛引进了自然科学与工程技术理论，大量采用了统计学、各种应用数学的定量分析方法，并越来越多地采用计算机与自动化办公设备等现代化手段，同时还借鉴组织行为学、心理学和社会学等人文社会科学的理论和方法，是科学理性与人文精神在现代管理理论中有机结合的典范。

9. 管理的范畴不同。传统人事管理把人事工作看作日常人事行政工作，人事管理属于行政学范畴，现代师资管理所进行的是一种知识资源的管理活动，属经济学范畴。

五、传统人事管理向现代师资管理的转变

（一）转变的必要性

当前，我国绝大部分高校仍按照传统人事管理方式对师资进行管理，管理过程强调事而忽视人，工作多为事中和事后，是被动反应型的"管家"式管理，管理活动仅局限于为事配人，而不着眼于对人的开发利用，对人才只重拥有、不重使用，人才闲置、人才压制或人才压抑成为普遍现象。就流动而言，也是"进来不易出亦难"。为了适应高等教育发展的形势，高校人事管理必须进行根本性的变革，尽快实现从传统人事管理向现代师资管理的转变。但要实现从传统人事管理向现代师资管理的转变，并不是简单的名词置换，它意味着从思想、理论到方法运用的根本改变。

（二）转变的途径

要实现传统人事管理向现代师资管理的转变，应从传统人事管理改革入手，用现代师资管理的理念取代传统人事管理，从日常经验型、事务性行政业务管理模式转移到以人为本的轨道上来，把挖掘和培养人力资源的潜能作为工作的出发点，具体改革主要包括以下几方面。

1. 转变观念。把师资工作的重点由人事管理转向教师资源开发，强化教师资源开发利用的新观念。

2. 转变目标。改变"进、管、出"的传统人事管理模式，把高校人事管理活动的目标放在人才队伍建设和调动人才的积极性上。

3. 转变方法。陈旧的管理方式已远远不能适应现代师资管理的要求。转变人事工作的思维方式和工作方法，把人事管理从传统的经济型、行政管理型转变到依法管理的现代科学管理的轨道上来。

4. 建立新体系。进一步完善师资管理有关法规的制定，深化人事制度的改革，从而建立起各具特色的全新的教师知识管理体系。以有效的政策和法规，保证传统人事管理向现代师资管理的逐步转变。

5. 重视师资培训。要把培训作为师资管理的主要环节，作为教师资源开发的有效措施。这是现代师资管理不同于传统人事管理的一大特征。开发教师资源，其主要方法就是加强培训。实现从传统人事管理到现代师资

管理的转变，就要赋予原有的培训以新的意义，从增加和发展教师智力资源的高度来理解和认识现代培训的意义以及培训在教师资源管理中所处的位置。

6. 重视师资管理人才。实现从传统人事管理到现代师资管理的转变，归根到底要靠一大批既懂理论又能实践的师资管理专门人才来完成。所以，当务之急是培养和造就一大批现代师资管理的专门人才。现代师资管理是一门新的科学、新的专业，从事教师资源开发与管理的人是专业人才，是管理人才的人才。只有具备广博的知识和教师资源管理的专业知识，并熟练掌握教师资源的管理方法，且具有高尚品德修养的人，才能胜任师资管理者的工作。

第四章　国内外高校教师队伍建设
与管理先进经验借鉴

　　欧美及日本等国的高等教育在全世界享有较高的声誉，其中一个很重要的原因就是拥有一批高素质的教师队伍。美、英、德、法、日等国在经过数百年的快速发展和制度探索，已经逐渐形成了相对科学、高效、稳定的内部管理模式及用人机制。在20世纪中后期，这些发达国家的高校在多重压力和挑战下，为争创世界一流大学、提高教师队伍质量，或由政府主导或由高校自行发起，对其人事制度开展了多方面的变革。由于贯彻"教育大计，教师为本"的改革方针，我国高等院校教师队伍建设和管理领域也已取得了显著成果。如北京大学、中南大学在"教师人事制度"改革方面走在了各高校的前列，取得了显著成效，积累了宝贵的经验。但是，与国外发达国家相比，我国的高校发展水平还存在很大差距，其中在教师队伍建设和管理上，表现出明显的体制落后问题，这难以适应新时代的发展需求。目前，在新观念、新思维和新机制的指导下，如何加强高校教师队伍建设、改进教师队伍管理制度等这些问题都与高校的人才培养有密切关系，同时也是我国高校教育改革要面临的时代挑战。因此，我国在高校教师队伍建设和管理中，要积极借鉴国外先进经验，创新教师队伍管理模式，持续提升教师队伍综合素质，推动高校建设迈向国际先进水平，进而提升中国的全球影响力和竞争力。

　　本章以美国、英国、德国、日本、加拿大为例对发达国家高校教师管理制度进行比较，总结国际高校教师队伍管理制度的经验与启示，并以二战后哈佛大学教师聘任制为国际高校教师管理典型案例，同时以国内的北京大学、清华大学、中南大学的改革经验为例进行论述，旨在对我国高校教师队伍管理模式构建提供先进的经验借鉴。

一、国外高校教师队伍建设与管理先进经验借鉴

所谓"他山之石，可以攻玉"，了解世界上其他国家或高校的教师管理制度对借鉴成功经验、吸取失败教训、切实完善我国高校教师管理制度、构建现代师资管理新模式有着十分重要的意义。

（一）美、英、德、日等国际高校教师管理制度比较

高校教师管理制度是一个有着系统性的概念，牵涉到高校教师管理的整个过程，涉及从宏观的学校教师管理体系机制到微观的教师职务、聘任、培养、考核、工资及福利管理等各个环节，考察世界上各国的高校教师队伍管理制度必然离不开上述若干方面的内容。

1.国际高校教师的管理体系

高校教师队伍管理的具体政策和办法受制于国家的宏观管理体制以及学校的微观运行机制，客观上讲，考察各国高校教师管理的经验，首先应了解其教师管理体系。

教育管理体制受一国的政治体制的制约。我们可以看出，存在一个怎样的政治体制，就存在一个怎样的教育管理体制。虽然教育管理体制决定了国家、地方和学校教育决策的权力分配，可到底仍是由政治体制决定的。因此，一个国家的教育管理体制的形成和发展，必然是该国政治体制的反映，并且符合该政治体制的发展要求。

在高校教育管理领域，由于一个国家的高等教育体制决定了该国高校教师管理体制的模式和特点，因此先从政府对高等教育管理的干预程度来审视各国高校教师管理体系。从国家对高等教育的管理权限看，大体可以分成相对集权和相对分权两种类型。美国、加拿大、英国等为相对分权的国家，高校在各项教师管理事务中享有高度的自主权。以美国为例，美国从殖民时期就被视为一个联合社会，该特点令美国与其他国家的地方分权程度大不相同。在美国，每州没有独立的主权机构，但是在中央权力机构的管理下，各州像一个国家一样承担了许多职能，这个政治体制的特点让美国不能施行一个从中央至地方的统一高校教育管理体制，所以美国人选择高校教育管理的方式只能是分权和多样。另外，美国教育权属于各州

政府的范围、责任和权限，高校教育管理的所有决策、权限均属于地方政府，地方政府又将与教师管理有关的事务的自主权下放给高校。如此可见，美国建立了一个以高校为主导位置的高等教师管理体制。美国宪法规定："教育权属于各州政府和人民"，"学校自治、学术自由、终身聘任"是美国高等教育的三大基石。加拿大和英国也有类似的法律规定，加拿大中央政府不直接管理教育事业，而主要由省政府负责。英国虽有教育与就业部，但不管理威尔士和北爱尔兰地区的高校教育。

法国、德国、日本、韩国、新加坡等为相对集权的国家。国家对高等教育的干预程度较高，教师具有公务员的法律地位。比如，法国是中央集权体制的典型国家，中央政府具有最高的地位，中央政府与地方之间的关系是一种绝对领导和服从的关系。20世纪80年代，法国社会党掌握了领导权并且为地方施行了许多权力下放的改革，可是转变不了法国的中央集权政治体制。在这个政治体制下，法国的高校教育体制带有全国统一、集中的体制的基本特征。因此，法国教育部的职能和任务为掌握全部教育体系的权力和资源，中央政府对高校教师管理干预程度较高。日本《教育公务员特例法》中规定了国立、公立大学的教师法律地位。除了上述的特征，这些运行相对集中模式的国家高校在教师聘用方面也体现了较强的政府意志。例如，德国高校在实行教授岗位聘任的时候，经院系聘任委员会、校外专家鉴定、应聘者试教、学校承认后，都要上报德国的文化教育部审批，由德国的文化教育部根据上报材料进行审核确定并最终裁定。日本也有类似做法，教授会组成评议会，获得教授会投票表决通过的报学校评议会审核，学校校长报文部省审议委员审定，最后由日本文部大臣任命，最终裁定权仍归中央政府。

2. 国际高校教师的职务（职位）分类

对高校教师的职务职位进行划分及其相应的岗位职责要求是高校教师队伍管理的基础，岗位变动和调整直接作用于教师管理的各个环节。从大体上，各国高校教师职位规定总有不同，以美国、日本、德国高校教师的职务为例。

（1）美国高校教师的职务（职位）分类

高校因其学校自治化程度较高，故其教师构成相对较为复杂。美国高校教师管理体系最基本的特征为多样化任职方式。

①终身职与聘用职

美国高校教师聘用最突出的特点为终身制教授，这是美国高校教师聘用制度的核心。根据美国大学教授联合会的规定，高校教师试用时间不许超过7年，可是实际上各高校皆有教师试用时间的规定不统一，亦可短于7年。通常这七年要求试用教师一定得到晋升，并只有晋升成为终身制的教职方能为本校终身任教。如果试用时间已结束而未能晋升为终身制的教职，则1年之内必须要离开学校，该项政策叫作"非升即走"。已升为终身制的教职之后，本校不能随意革职。此外，有一点要注意的是虽然不是所有达到终身制教职的教师均称为教授，而终身制教师皆是学科专家。美国高校终身制教职聘用系统不是一个封闭的系统而是一个开放的模型，换一个说法，此模型不限于一所大学之内的范围，其可以向全世界的范围进行招聘。从管理角度来划分，美国高校终身制教职的聘用是一个精选与优化教师队伍结构的过程。

对于聘用制的教师，各高校根据本校的工作要求来确定聘用要求。通常，招聘时学校已确定担任聘用职教师的时间。对于这些教师，高等学校根据本校的工作要求和教师的表现来决定续约与否。聘用制的教师之中仍有永久担任职务的现象，这是因为这些教师的职位是长期职位而不是具有临时性的工作。

②全职与兼职

全职教师与兼职教师的身份主要根据工作合同来确定，全职教师明显是美国将市场原则运用在大学经营的凭证。基于兼职教师的聘任和解聘程序较为简单，学校可以根据本校的专业要求来邀请聘任和解聘，因此，长期以来美国各高校的兼职教师已日益成为重要而普遍的力量。根据统计资料显示，到2003年美国各高校的兼职教师数量占高校教师总数的46.3%[①]，同时助教、研究助理等职务也主要采用兼职方式。通过对兼职的教师、助

[①]　赖亚曼,陈海滨.美国高校教师管理制度特点分析[J].煤炭高等教育,2009(03):70.

教、研究助理的数量考察与分析，目前美国各高校的兼职教师数量占教师总数的50%以上。实施兼职教师机制已令美国高校减少了大量的费用负担。可见，美国高校教师的终身职、聘用职、兼职等任职方式互为补充，共同构成了多元化的高校教师体系。

（2）日本高校教师的职务（职位）分类

日本高等院校的教师职务分为教授、副教授、讲师、助教，总称为教员。第二次世界大战结束之后，日本经济高速推进，极大地促进了日本高等教育的发展，因而对高等院校教师的要求越来越高。近十几年来，日本高校教师的学历和专业技术职务呈现出博士化、高职化特征。日本高校也维持着较高的兼职教师比例。教授和副教授是教学和科研组织的重要成员，对教学质量和科研工作及其专业学术的发展负有重要责任。

（3）德国高校教师的职务（职位）分类

德国的《高等学校总纲法》规定德国高校专职教师分为教授、助教、合作教师和特殊任务教师四个层级。

教授是德国高校教学与科研的核心力量，他们具有开课、主持考试、确定科研项目、组织教学、科研实施、参与院系和研究所管理的职能；助教是通往教授的过渡性学术职位，助教一般要具有博士学位，并能独立从事研究，承担教学任务；合作教师是指在教学和科研领域方面与教授合作教学的人员；担任特殊任务教师是高校或研究所选定的合同教师，他们具有丰富的实际工作经验或具有一定的专业特长，是某专业的专家。

另外，各国高校在对教师职位的数量上也有所控制。比如美国是相对分权的国家，市场拥有对学校的调节权，因而，高校的教师职位数也受控于市场，建设教师职位设置必须考虑到三个主要依据：一是社会需要和学科发展需要；二是学校可能提供的经费；三是历史因素，因此，教师职位数量具有高度灵活性和弹性。而日本各类大学对教师编制实行严格定编、定岗的管理制度。国立、公立实行国家公务员制度，编制任务严格受中央政府的控制，一般不得更改，公立大学的教授、副教授有一定的职数有限，只有当教授、副教授退休需替补或新专业、新学科开设发生缺额时才会有空额晋升；私立高校自负盈亏，因此对高校教师编制更是严格控制。

3. 国际高校教师的聘任和晋升制度

教师职务的聘任在高校教师队伍建设中发挥着十分重要的作用，做好高校教师聘任就是把好人才入口关，是建设好一支高素质的师资队伍的关键，而高校教师的晋升往往是和选聘紧密交织在一起的。

（1）美国高校教师的聘任和晋升制度

教师聘任是高校教师队伍建设的"入口"，因此严格把关、宁缺毋滥成为美国招聘教师的一条基本原则，对高校教师的任职资格、聘任标准、终身聘任等都有严格的规定。

在任职资格方面，申请高校教职的教师首先要具有下面基本的要求。

①要具有博士学位，而且本科专业毕业于名牌大学。目前，该条件已经成为美国高校和主要研究型大学的基本要求。

②教师要有一定的学术经历，表明他能够胜任当前的教学、科研和培养人才工作。

③应聘者要有相当丰富的科研成果，要在专业认可的杂志上公开发表文章。

在聘任标准方面，美国高等院校坚持"面向世界、全面发展；研究第一、唯才是举"的标准。美国高校在招聘教师时，首先注重教师队伍的广泛性，各种教师职位不仅面向美国范围内招聘，而且要面向全世界吸收纳优秀人才。比如，哈佛大学在终身教授选聘过程中往往招揽了美国和全世界能满足本校的学科要求的名师和学者。

在具体衡量标准方面，美国高校常从大学的基本使命基础出发，从教学、科研、公共服务等能力方面全面考察教师，一方面注重教师的本职工作，同时也注重教师的个人素质和能力。比如，加利福尼亚大学规定，正规教授系列和住校教授系列的候选人根据以下标准衡量：教学；研究和创新工作；专业能力和活动；大学和公共服务。

在坚持全面的基础上，科研能力和创新能力是衡量教师的先决条件。例如，芝加哥大学在制定高校教师聘任标准时坚持从研究、教学和训练、对学者社团的贡献、服务等四个方面全面衡量教师，但委员会认为应该将研究放在最重要的位置。

为了吸引真正有才华、有能力的学者，美国高校在聘用教师时始终坚持唯才是举的标准。加利福尼亚大学在建校之初就将吸引学者放在一切工作的首位。芝加哥大学第五任校长曾经说过："教授的私生活、政治观点、社会态度、经济理念等都不干学校的事；对学校来说，教授是否胜任他们的工作是决定他们去留的唯一前提。"①

为了保障教师的职业安全，并且为教师提供稳定的教学和科研环境，美国高校在教师管理方面普遍实行终身聘任制度。其中对终身制的教职做出了详细的规定、全面的内容、严格的标准，表明美国高校对教师的要求之高。比如，在加州大学教授和副教授职位的聘任一直坚持终身制，直到因退休、降职或解聘为止。除了有合理的理由，并给予教师要求召开听证会的机会，否则终身聘任不能被终止。

（2）德国高校教师的聘任和晋升制度

德国高校教师的选聘仅以教授为例，由于教授是唯一的享有终身雇佣资格的职位，因此其竞争十分激烈，聘任过程非常严格。德国《高等教育大纲法》明确规定，本校本专业的毕业生不能应聘竞选本专业的教授。这一措施防止了学科人才梯队建设上的"近亲繁殖"现象；同时还规定教授之职，必须公开招聘。德国学术性大学的教授席位是根据专业需要来设置的，只有当教授因故空出席位时，才需要招聘，并且基本上要从校外招聘，而不采取校内人员晋升的办法。

聘任大学教授要通过严格的竞争，并且必要条件有三项。

①要具有学术业绩或者艺术业绩。

②要在从事职业至少5年内使学术观点和方法得到应用与发展，并取得特殊业绩。

③从事的职业至少有3年是在校外进行的。通过严格的竞争审查，被任用为教授以后，其身份就是终身官吏。教授成为终身官吏以后，学术自由身份得到保障。

德国的高校教师聘用采取了十分严格的制度。一般来讲，德国学术性大学教师聘任程序有五项：第一，根据学院的申请，由校长、校长助理、秘书长共同主持公开招聘（招聘范围是德国和欧洲共同市场）；第二，在

① 转引自郜海霞.美国主要研究型大学教师队伍管理的特点及启示[J].比较教育研究,2006(04):66.

学院内，组织由5至6名教授包括学生代表参加的任用委员会，通过书面审查选出3名申请者，编排好先后顺序；第三，各学院院长、7名教授、2名学术人员、2名学生、1名非学术人员进行审议；第四，学院委员会选定的名单由校长、1名教授、2名学术人员、2名学生、1名非学术人员进行审议，并作为大学一级选定的顺序向州学术部提出；第五，由州学术官员做出任命的决定。①

（3）日本高校教师的聘任和晋升制度

日本高校一直以来对所有的专职教员都实行终身制度，只要是本校的正式职工，不论职务的高低，都实行终身制，日本大学的教师在"终身雇佣"和"年功序列"惯行体系的庇护下得到身份保障，然而由于该制度消退了教师的工作积极性，所以近年来，日本开始改革并酝酿任期制度，目前早稻田大学、东京大学、庆应义塾大学、筑波大学等都不同程度地实行了任期制。

在教师聘任方面，日本大学教授、副教授的聘用一般从副教授、讲师中晋升，或者向社会公开招聘。公开招聘的过程为：教授、副教授缺员或需新增讲座岗位，在刊物上登广告；校内人员也可提出申请，提供本人学历、资历、任职期限、工作成绩、科研成果（公开发表的著作、论文及业绩目录卡或本人研究计划等），提交这些材料给教授审议会，经评委会评选、教授会投票表决后，获超过半数以上同意票者，报学校评议会审核，最后报文部省审议委员审定，由文部大臣任命。助教和讲师的聘任方法基本与此相同。

另外，英国高校的教师聘任同美国类似，既有终身职位的教授，也有临时讲师和签订短期契约的雇佣教师。法国大学教授和副教授没有任期，而助教是由学院或者学系规定任期的。

4. 国际高校教师的培训进修制度

终身学习的观念越来越深入人心的同时，各国高校教师培训的指导思想、形式和内容等方面也日益有了明显的改变，其表现为如下几点：高校教师的培训工作特别被注重；中央政府和高校为培训工作投入了大量资

---

① 陈永明.德国大学教师聘任制的现状与特征[J]集美大学学报，2007（01）：35.

金；高校教师的培训与教育制度法律化；高校教师培训的内容系统化；高校教师培训的形式多样化；高校教师培训的方法现代化。下面笔者概括地介绍一些先进教育国家的高校教师培训和教育制度。

（1）美国高校教师的培训进修制度

美国高校教师培训进修不是靠政府行政命令而主要是教师在学校为其提供较好条件基础上的自主自愿行为。教师进修、业务能力水平提高的主要方式和途径包括以下内容。

第一，提高教学与研究活动。美国高校较注重教学活动，以教学质量为评价教师的主要指标。通过召开专业会，有经验的教授举办报告、讲座等交流、传授教学方法。有的学校设置教学技能培训中心，对教师开展教学技能方面的培训，并提供多种资料。

第二，注重研究性进修工作。教学、科研、服务是美国高校教师三大基本职责。教师从事科研和社会实践活动被认为是更有助于提高教师学术水平、教学质量的有效手段。因而学校尤其是研究型、教学研究型大学积极鼓励并严格要求教师结合专业到企业、社会参加实践，与科学研究院所紧密结合，共同开展项目研究。因研究项目不同，学校提供数额不等的研究经费。

第三，鼓励教师参加学术活动。高校的院系组成若干学术讨论小组，定期或不定期地开展学术交流活动。举办学术讨论会，或到其他大学访学，参加校际学术会议等。美国确定了一些全国性的教师培训计划，其中一种叫"全国教师交流计划"，这一计划帮助教师获得在其他学校工作锻炼的机会，而由美国学院与大学联合会和研究生委员会共同发起的"未来教师培训计划"则成为培养博士研究生成为合格的高校教师的温床。例如"布什基金会""安德鲁·W.梅隆基金会"。

第四，实行学术休假制度。美国高校的教授、终身教授享有学术休假的权利，这是美国大学教师进修的特色之一。学术休假要事先申请，拿出学术研究的报告，以便集中一段时间用于学术研究和提高。这就是给予在科研方面已有一定成绩的教授、终身教授的时间。

（2）加拿大高校教师的培训进修制度

加拿大的高校教师培养有自己的特点，最为显著的就是他们十分重视新进教师的培养。首先，加拿大高校十分关注研究生教育，为高校准备优秀的后备师资，研究生在学习期间通常作为助教参与教学实践，许多高校都制定了专门计划并拨出专项经费为研究生提供职业指导；另外还制定了一系列检验研究生教育质量的制度和方法；对于进校的新任教师，加拿大各高校注重对他们进行教育学相关理论和实践的培养，还帮助他们建立同资深教师交流学习的平台。

加拿大高校鼓励教师与产业界合作，在教师的个人提高规划里，往往包括"兼职工作""工业考察""开展一些开发性的设计和应用研究工作"等项目。

（3）英国高校教师的培训进修制度

英国设有全英范围的"大学教师发展培训联合会"，为大学教师培训设计了许多专门课程，还出版了大量专业教材。国家规定，新教师必须边工作边参加有关培训课程的学习；各地区也设有地区的"培训联合会"。英国的高校也普遍设有"培训委员会"。以兰卡斯特大学为例，该校的"教师发展培训委员会"每年要召开5次会议，确定发展方向和制定政策措施，定期出版有关刊物，每年在每个学期开始之时都会发布教师培训课程计划供教师自由选择，说明申请培训的资助并负责评估开设过的培训课程的质量；另外，兰卡斯特大学"教师发展培训委员会"还是"英国大学教师发展培训联合会"的成员，同时也是英国西北部地区"大学教师发展培训联合会"。可见，英国高校教师培训工作基本上已经形成了全国性的系统，高校教师培训的主要方式是校内办班；校外办班；业余学习；脱产学习；白天和夜晚学习等。

5.国际高校教师评价与薪酬制度

高校教师评价与薪酬制度包含评价制度与薪酬制度两个重要方面，但是二者相互关联，密不可分，评价制度在某种程度上决定了薪酬制度，薪酬制度也是对教师评价的反应。

（1）国际高校教师评价制度

高校教师评价是指对高校教师工作进行客观的价值判断，它贯穿于整个教师管理全过程中，是招聘、续聘、晋升等决策的重要参考和依据，同时也直接影响高校教师个人薪资待遇的变动，因此，做好高校教师评价工作对学校的科学管理，全面提高教育质量具有重要意义。在国际范围上，高校教师评价于20世纪90年代开始得到迅速发展，其中美国是世界上高等教育最为发达的国家，当前其高校教师评价也已发展得相对成熟和完善。

美国高校的教师评价明确以促进教师发展为根本目标，整个高校教师评价过程力求通过公平、公正、客观地分析高校教师工作，帮助改善教师的绩效，最终保证每一位高校教师都能在自己的领域内拥有持久的专业活力。

加州大学伯克利分校在对高校教师个人进行评价的早期，主导评价的系主任都会主持召开一次或多次共同协商会议，明确即将进行的评价的目的是为了帮助教师的发展而非奖惩。会上宣讲评价程序、评价内容、评价模式等相关信息，保证教师有足够的时间来为此次评价作准备，甚至提出问题。评价工作落实在教师的整个职业生涯中，主要有人事决策性评价，即为选聘、晋升等服务，另外还包括有年度绩效评价和周期性评价（这两类则为日常性考评，帮助教师找出工作中的不足），评价期间允许高校教师对评价结果表示不服与反驳，最后协同教师制定有针对性的发展规划结束考评程序，总而言之，评价工作经历了这样一个评价—反馈—规划—新评价的过程。为了促进教师的更好发展的目标，美国高校教师评价侧重于"规划"环节。

北德克萨斯大学特地制订了专业发展计划，主要有系级的近期职业发展计划和学院的全面职业发展计划两种。不论何种类型的评价，其评审内容或考核指标都集中到三点上，即教学、科研和社会服务。第一，教学指标包括教师本年的教课门数、学生数量、每门课后学生的评语鉴定及在教材教法上的贡献等；第二，科研评价则依据其所作的学术报告，发表的学术论著和其他一些学术研究活动而定；第三，对服务的评审分为三种：一是对大学的服务（即在校内参加各级委员会的数目和贡献），二是在校外各团体中或对社会的服务，三是对专业发展的服务。

在评价方式上，美国高校普遍采取全面绩效评价，综合考虑管理人员、学术同行、外部专家、学生以及教师本人的意见。可以看出，美国高校对教师的评价较为简单，因而其操作性较强，可比性较强、区分度也较大。

（2）国际高校教师薪酬制度

我们皆知，激发高校教师工作积极性，吸引和保留优秀人才是教师队伍建设的核心任务，运用物质手段合理有效地激励教师是目前较为奏效的方式之一。日本、法国、德国以及亚洲的韩国、新加坡的高校普遍实行教师公务员工资制度。工资标准、工资制度都依照相关法律法规实施，由政府管理与发放，这些国家的高校教师收入一般处于中等水平，但其社会地位较高。

日本自明治维新开始推行"教育立国"方针，长期坚持强调教育对国家科技水平提高的基础作用，所以，日本十分重视教育事业，教师收入较高，可以保证维持基本生活费用。

与此相比，以美国、英国以及加拿大为代表的一些教育分权国家的高校教师薪酬制度则主要由地方政府或学校自行决定，市场化作用突出。美国私立院校和公立院校教师的工资制度也不一致。

第一，在私立院校，校长依据财政状况提出工资建议，由董事会决定教师的工资级别、标准、年度自动增资幅度，激励性增加工资、假日工资、各种津贴的发放标准和办法，实行的是市场化的薪酬制度。教师的工资是由学校根据学校有关政策，在财政预算范围内根据每个教师具体情况确定的，因此教师工资因人而异。

第二，在公立高校，教师工资则由州政府制定标准及拨款支付，但最终学校也有权根据自身财务状况和教师业绩决定实际工资。总之，各国大学教师的薪酬普遍同职务挂钩，并参考学历、资历等因素，其收入主要由基本工资、绩效奖金和福利保障三部分组成。

世界上各国高校教师收入中的隐性部分可以说是为了吸引和保留高校顶尖人才，美国高校为教师提供政府社会福利以外的补充保险和福利，包括养老、医疗、健康服务等，另外还特别策划家庭援助计划，为高校教师家庭成员购买各种保险，优惠子女教育，极大地增强了教师对学校的认同感和凝聚力。"福利做得好的高校项目有十几种之多，一般福利费约占工资额的25%~30%。"[①]另外，值得一说的是，目前某些国家还对教师实行廉价公寓房制度，允许教师用较低的价格购买或租用，这些措施帮助高消费国家的高校能够引进人才队伍，其对于发展中国家高校教育的待遇政策也是一个非常好的借鉴。

---

① 王征.美国高校教师队伍建设与管理的特色及启示 [J].湖北成人教育学院学报, 2008（01）: 21.

（二）国际高校教师管理制度的启示

时代以及高校教育发展的特点给高校教育带来发展机会的同时，也让其面临许多新的挑战。为了提高高校教师队伍的素质，每个国家、学校需要根据自己的实际情况进行改革，同时向世界上那些拥有先进高校教育的国家吸取有效高校教师管理经验，从而同步化建立发展高校教管理的政策系统。从研究上述国家的高校教师管理制度，笔者总结出以下几点经验与启示。

1. 提高高校自主权是建立及管理教师队伍的基本前提

在美国，无论是公立高等学校还是私立高等学校都有办学的自主权。政府给公立高校提供资金及各种赞助项目，美国政府主要通过评审、监督等措施来提高其对高校的影响。政府将根据高校的培训效率（毕业生比例、学生毕业后就业情况等）、教师队伍等方面对高等学校的发展进行评价及排名。通过上述方法可以看出各个高校的排名及其在社会的影响。排名及影响力反过来也是政府在决定投资基金及赞助项目的重要因素。

各高校根据自己的院校类别以及发展宗旨建立对教师队伍的招聘、管理、分配等方面的标准。高等学校在保证工作要求和资金平衡的前提下进行招聘，以免随便、盲目用人或在不了解高等学校的实际情况下实施招聘计划。另外高等学校还要与有关部门建立高校教师质量评价系统、教师分配标准、减少政府的干涉，发挥"市场"在分配教师的作用。德国的高校具有强烈的自主权，1998年8月，《高等教育大纲法》修正之后明确规定：各院校将具有决定其专业/课程及招生的自由权。2000年，德国联邦与各州共同建立《2020年高校公约》，其规定联邦及各州在高校教育方面的权限范围及责任与义务，如：提高使用基金的灵活性，减少政府对高等学校自主权的干涉，更换高校教育投资主体（有州级政府到市级政府）。上述改进对促进各校之间的竞争能力及形成各校的特色具有巨大的决定作用。在这样的背景下，各个高校将根据自己的实际情况发挥在教师的招聘、使用、任用、管理、待遇等的自主权及灵活性。如：高校有自主权后，聘用教授流程也更加严谨。教授职称是根据其专业要求来任用而不能无节制地任用。高校只能在专业缺乏教授的情况下才有权聘任教授职称。这样，不但保证教授质量而且还可以管制高校管理的教师队伍数量，从而保证教师、学生比例及教师编制的合理性。

我国高等教育管理制度基本是集权体制。各院校的自主权受到很多控制。受到世界高校教育的影响，我国高等教育现在已经有了一定的改进，但是我国在建立高校教师队伍方面还受到国家的计划体制的支配。世界各国在加强其高等学校的建设与管理教师队伍的自主权方面是我国高校教师队伍建设管理的宝重经验。

2. 改变行政管理、加强学术管理是高校教师管理的重要举措

从管理方式来看，高校教师管理不是行政管理而是学术管理。高校学术管理是对教程、考试等学术项目进行管理。管理权由高校教师担任。在美国，教师有权参加人事管理，具体是高校的董事会或院长不直接参加教师管理工作，人事工作及教师管理工作由院系的教授会和大学的教师评议会负责。高校将通过《教师手册》或《大学章程》提供教师的招聘、任用及权利、义务等信息。因而，高校教师具有主动权，尤其是在一些关于学术方面的内都由教师处理并决定。学校、学院和系的三级人事管理是宏观管理。高校教师的地位及作用不断提高，如何发挥教师队伍的主动及创造思维、如何进行高校教师管理改革才能得到效果等问题是世界高校共同关心的问题，也是我国在建设与发展高校教师队伍研究过程中的重要环节。我国高校要进行改革，将行政权限及学术权限分开、加强教师的学术权限、给予教师更多的学术权限使其能够自己管理自己学术工作，从而发挥其主动性。

3. 优化工作环境、构建严格的筛选和淘汰机制是高校教师管理的关键步骤

世界很多高校已为教师队伍建立优良的工作和生活环境。如：美国研究型大学的教授终身聘任制保证优秀学者的自由学术及工作安全。当然，想享受该制度、成为终身教授者要满足相当高的标准及严谨的要求。美国高校教师管理制度具有较严谨并复杂的招聘标准、招聘流程等。如：招聘时应聘者要有博士学位，毕业于世界名校；并且要有许多学术研究成果；聘任、升职时坚持遵守"非升即走"的原则；高校教师考核时，学校内部三级管理（学校、学院及系）与校外部门结合进行评价、匿名评审。我国高校在招聘时对高校教师的学历、工作能力的要求越来越高，尤其是重点

高校和研究学院。其规定的招聘流程须严谨执行。招聘及聘任的要求及标准将为保证教师质量的"入口"、教师管理的"出口"及教师之间的竞争作出重要贡献。

4. 重视和加强教师管理的制度化和规范化是高校教师管理的核心工作

制度是理论和实践的中介。对高校而言，建设制度是核心工作。没有先进的制度、美好的构想很难把理论变成实际行动。在哈佛大学成立350周年典礼上，时任哈佛大学校长的德里克·博克（D.Burke）指出："第二次世界大战摧毁了许多国家的高等教育，而美国的大学不但幸免于难，而且还由于一批杰出的科学家和学者为了逃避欧洲的政治迫害而跑到美国而得到了加强，美国的大学还得到了世界上最繁荣经济的支持。但最重要的是，我们有了一套组织高等学校的方法。"[1]这里所指的"方法"就是制度。其中教师管理制度是建设高校制度的重要内容。许多国家的高校已建设先进的制度来管理高校教师。这些制度直到现在还被很多国家采取并取得相当高的成效。比方说，哈佛大学前校长劳威尔（A.L.Lowell）对教师队伍进行分类，将哈佛教师分成编外讲师、编内讲师、助理教授、副教授和教授等四种；同时明确规定教师职务的年限；前校长科南特（J.Conant）建立了"非升即走"原则及招聘、聘任教师的学术标准。这也是改革高校教师管理事业的重要措施。这些都是相当完善的高校教师管理制度，有利于建立高质量的教师队伍，培养出许多杰出高校教师。从而保证美国教育在世界上稳固强国地位。在德国，各高校实施公开招聘制度，校内、校外、国内、国外的人都可以参加并且共享公平竞争。在学术评审方面，德国的许多高等学校执行集体表决选出优秀教师的制度。

5. 完善激励机制，建设稳定的优秀教师队伍是高校教师管理的必然要求 高校教师既是高校管理的客体又是高校管理的主体。想有效做好高校教师管理要求我们要建立"硬指标"的同时也要重视"软环境"，因而很多高等学校注重激励，重视发挥教师的潜能和优势。在美国，很多高等学校已经采取该措施，如：优秀教师将享受较高的工资制度，工资水平将根据学术成果及工作效率来判断。就发展高校教师而言，美国高校执行"学

---

[1] 转引自姜文闵.哈佛大学 [M].长沙: 湖南教育出版社, 1998.

术休假"；新聘任教师指导；制定高校教师发展计划；给年轻教师提供发展机会等制度。就学术环境而言，美国大学建设馆藏极其丰富的图书馆系统，设备十分现代的实验室；举办各种学术交流活动及会谈等。另外，美国高校也很重视女性教师、少数民族教师的特殊特点，从而对其采取合理的管理及待遇政策；注重竞争的同时也不忽略她们与其他教师的平等，帮助女性教师可以平衡家庭和事业的关系，少数民族教师有平等的机会。上述的高校教师管理制度都是具有人道性、重视教师的职业特点及不同教师的特殊要求的管理措施，使教师们能够在较舒适的环境下进行研究、教学、为社会服务。注重教师的权利将成为刺激他们的积极性的因素。这都是高校教师管理的宝贵经验。我国高校要格外注重"软环境"在教师管理过程的重要作用。我国高校教师管理要转变自身的管理理念，完善人才引进机制，努力建立激励并合理竞争的管理制度，落实"以人为本"的思想，加强对高校教师的人文关怀，以便刺激教师们的积极性及创造精神。

6.注重和加强高校教师培养工作是高校教师管理的重要保障

从总结世界高校在高校教师管理经验中笔者发现，想有效培养高校教师一定要注重以下一些方面。

第一，加强立法工作以便健全高校教师培养制度。通过法律，规范高校教师培养制度，保证高校教师培养工作能够有效进行，这是许多具有发达的高校教育制度的国家采取的措施。我国经历过集体、官僚的教育管理制度。改革开放后，随着经济社会的全面改革，我国开始注重高等教育，其中建设与管理高校教师队伍成为高校发展的极其重要的内容。党中央、国务院、教育部颁发一系列具有法律性质的文件以便提高高校教师队伍管理及培养工作。

第二，要把高校教师"要我培训"的观念改变为"我要培训"。为了吸引更多更校教师参加培训，许多国家及院校已采取合理安排时间、提供资金、对参加培训的教师增加聘任机会及提高待遇、激励教师主动参加培养以便提高全面的水平等有效、切实措施。

第三，要推广高校教师培养工作，改进培养模式。为了应对不同水平的高校教师的培训要求，很多国家已采取非常灵活的培养方式。如：建立短期、长期培训班；安排整天或半天培训；集中和不集中培训；有系统的培训班也有专业的培训。在英国，"高校教师发展培训联合会"是高校教师培训的国家级机构。大学一般都有培训委员会形成完善的教师培训系统。如上所说，美国非常重视高校教师培训，因此他们已设定很多辅助方式，如：给参加学术交流活动的教师提供奖学金、经费；高等学校为参加提高教学及研究水平培训的教师提供所有费用。目前我国也对建立、培养及管理高校教师的事业实施一系列的措施，如："高层次创造性人才工程""高校青年教师奖""骨干教师资助计划""硕士课程进修"等。

第四，要改革教程、系统化培训内容。想保证高校教师培训质量一定要改进培训内容。根据社会、科学的发展、高校的需求和使命、时代的发展、教师的专业水平等因素建立丰富的培养程式，符合于多样的专业。培训者可以自由选择符合自己水平的科目。发达国家的高校不仅注重现代化教学条件及培训方法而且还十分重视给高校教师培养现代技能。将掌握现代教学技能视为提高高校教师质量的重要途径。

第五，要完善激励制度，保证高校教师培训工作的质量。为了吸引更多高校教师参加培训，发达国家采取许多激励措施如：将培训工作及工资、任用、升职制度联合在一起、给培训者提供资金。

第六，要改进高校教师培养活动的费用投资规模及模式。培养费用及基础设施是高校教师培养工作的基本条件。从发达国家的经验可见，为了保证培训工作能够有效进行高等学校需要多样化经费来源，除了国家和高等学校投入的经费外还要有一些来自其他组织的赞助资金。

二、国内高校教师队伍建设与管理先进经验借鉴

改革开放以后，中国经济快速发展已促进了各所高校进入前所未有的发展时期。高校数量不断增加，各高校的规模不断扩大。中国高校教育事业实现跨越式发展。然而，由于来自历史和实践的原因，中国高校教师队伍的建设与发展问题——决定高校质量、发展和生存的因素，成为急迫问题，同时也面临着许多巨大挑战。目前，中国高校教师队伍建设和管理现状仍然存在不少问题，但也有一些高校在教师人事制度改革中取得了显著的成绩，可作为高校教师队伍建设管理的经验借鉴。

（一）北京大学经验借鉴

2003 年，北京大学在几经修改方案之后实施了"教师人事制度"改革，此举虽然不是我国国内高校在师资队伍绩效管理模式改革方面的"破冰之举"，但是由于北京大学在我国高校中地位显著，影响力非常之大，在全社会中引发了广泛地讨论。北京大学的目的是尽快建设成世界一流的一所大学，从而加快国际化的进程，所以在此次改革中很多方面都借鉴了西方一流大学的先进经验。

首先，这次改革最主要的一点是引入了"聘任制和分级流动制""末位淘汰制"等方法来更加合理和现代化地在学校内配置现有教师人力资源。其中"聘任制和分级流动制"在实施过程中，全校所有的讲师和副教授都要与学校签订定期合同，每个人在自身的合同期内只允许有两次申请晋升的机会，如果连续两次都无法获得晋升，那么学校将不再与之续约。如果副教授获得晋升成为教授，将获得长期的职位（类似于美国的终身教授职位）。此外，"末位淘汰制"是针对学校内部的教学科研单位，如果某单位在一定时期内在科研和教学中持续表现不佳，学校则有权对这一单位采取限期整改、重组或解散的措施；如果某一单位被解散，那么该单位所有的教师，无论有无长期职位都将被中断合同，学校将对每个人进行个体评估，视评估结果来决定是否重新聘任。

其次，北京大学在此次改革中确立了此后学校在招聘和晋升的过程中将引入外部竞争机制，一是将大大减小内部晋升的比例，二是原则上不允许本校的毕业生在学校任职。所有的招聘和晋升都将面向全社会公开信息，全面引入外部竞争机制，广纳贤士，为学校引入最好的人才。不允许本校毕业生在学校直接任教，是为了避免学术上的"近亲繁殖"——这也是我国高校的一个通病，严重阻碍了学术上的自由和创新，此举旨在避免家族式大学的情况出现。

最后，此次改革中，北京大学在今后的招聘和晋升中将引入"教授会评议制"，此举将"教授治校"这一理念带入了校园，这与我国教育体制中多年来的行政管理体系形成了鲜明对比。在西方国家的一些大学里，教授们有权在有关教学科研的事务中作决策，从教学计划的制定、科研经费的分配到学校的发展战略，教授们都参与决策。让"教授治校"是因为教授们是学术精英，在大学教育方面都是专家，这对一所大学的发展大有益处。这也是北京大学放眼世界，走向国际化的一个标志。

（二）清华大学经验借鉴

在教师队伍的建设上，截至2017年12月，清华大学共有专任教师3461人，具有正副高级职务的教师共2982人，占专任教师总数的86.16%；具有博士学历的教师共3020人，占专任教师总数的87.26%；教师的年龄结构中，35岁及以下的比例为15%，36至45岁的比例为36%，46至55岁的比例为34%，56以上的比例为15%，各年龄阶段的教师比例较为合理，有利于其打造一支结构优化的师资队伍。

在教师队伍国际化建设上，清华大学坚持引进与培养并重，不仅大量引进国际上的顶尖技术人才和杰出学者，而且大力培养校内的中青年教师，旨在提高教师队伍中高层次人才的比例，打造一支高水平的国际师资队伍。清华大学与世界50多个国家的280所大学建立了合作关系，签署了校际合作协议，每年赴海外学习交流的学生7000多人次，且学校开设了全英文授课的课程约500门，国际化程度较高。清华大学现正推进"国际化校园"的建设，通过完善学校的基础设施，改善教师的工作环境，搭建国际资源信息服务平台，满足教师的信息需求，通过建设一支高素质、高水平的服务团队，为教师提供国际化能力的指导与支持。在教师的培养上，清华大学成立了教师发展中心，坚持以人为本的原则，遵循教师发展的规律，结合教师的发展特点，为教师制定相应的培养方案，提供多种技能培训，加强师德师风建设，使得校内资源得到优化配置。清华大学还制定了支持青年教师发展的职业导师制度，为青年教师聘请了教授作为其在准聘期的导师，帮助青年教师进行职业生涯规划。为了稳定博士后队伍的师资力量，学校对其给予优惠政策，加大对博士后团队资助力度，以问题为导向，切实保障博士后的利益，使其能够专心于科研工作。

在教师的激励方面，清华大学坚持分类管理、分类激励的原则，实行"双轨制"的教师薪酬体制，对海外的教师采用年薪制，对国内的教师采用月薪制。根据各院系的实际，制定了各类教师的薪酬分配模式，薪酬的总体水平在国内处于前列，且保持增长的趋势，在高校教师薪资水平中具有较强的竞争力。通过树立模范、表彰先进，大力宣传教师的感人事迹及优秀成果，在教师队伍中起到激励的作用，培养良好的师德师风、营造和谐的学术氛围。对于教师师德失范的行为，清华大学一律进行严惩，以避免失范行为再次发生，不断完善师德监督体系的构建，培养教师们的主人翁意识，充分激发教师们的创造活力，为学校的发展提供强劲动力。

（三）中南大学经验借鉴

近年来，中南大学以人员编制分类管理改革为切入点，着力构建科学合理的高校人力资源管理模式，不断深化人事制度改革，取得了积极进展。

1.改革引进和培养机制，整体提升师资队伍水平

第一，完善引进教学科研人员的录用标准。学校以"优中选优"为原则，以拟引进教学科研人员的发展潜力与科研水平为考察重点。为了优化学校的学缘结构，在招聘中提升海归博士和非本校毕业博士的招聘比例，明确规定新进教师中海归博士生不得低于 50%。第二，建立以引进青年教师人才培养为目标的专项基金，每年投入2000万元。为引进理、工、医、人文、社科类青年教学科研人员，分别拨付一次性科研启动经费15 万元到20 万元。第三，实行引进教师"2+6"培养机制。即为"2 年博士后+6 年人事聘用"。博士毕业生签订聘用合同，直接进入学科博士后流动站，开展为期两年的博士后学术研究，在相应出站时进行考核评价。对于达到良好标准以上的博士毕业生，再由二级教学科研单位的教授委员会，对其德行与发展潜力、科学研究能力、团队协作精神等一系列方面进行综合测评。考核成绩合格达标后，才可进入6年人事聘用。在6年人事聘用期间，有两次机会可以申报高级专业技术职务，如申报副高级职务成功，方可进入学校正式编制，否则将进行岗位调整或直接解聘。第四，设立教师研究过渡基金制度。为鼓励教师开展稳定、深入地长期性研究工作，校方每年投入1000万元资金，为教师设立教师教学研究过渡基金，达到副高及以上专业技术职务者均可申请此基金。第五，施行高级职务教师学术休假制度。支持在任副教授、副研究员及以上职称的在岗教师，到国内外知名高校、科研机构等进行学术交流及学术活动。

2.改革师资队伍管理和分配制度，激发教师的积极性和主动性

第一，改革编制管理办法。将本校编制细化为非事业编制和事业编制。非事业编制以用人单位视具体实际情况按照"谁使用、谁负担、谁负

责"的原则，经费自理，实施以协议工资为主、其他方式为辅的分配方式。这样不仅解决国家核定的编制无法满足学校事业发展需要的问题，又能积极探索"能进能出"的新型人事关系。第二，施行岗位分类聘用。根据高校人才培养、科学研究、社会服务和文化传承创新等职能，教师岗位分别分成教学岗、科研岗、教学科研岗和技术开发岗等四类，明确各级教师岗位任职条件与岗位职责，并要求二级单位根据总体任务，制定出学院各级岗位最低工作量标准，在签订的聘用合同内明确各级岗位职责，施行分类岗位聘任制。第三，优化教师考核、晋升办法。以教学科研规律为基础，实行以"能力+业绩"为导向的考核办法，由以往年度考核转变为聘期考核。其中，新进青年教师未晋升副教授或副研究员之前，不承担教学工作，只考核科研工作；对少数潜心科学研究、特别是基础研究，有明确研究目标的教学科研岗、科研为主岗的教授及研究员，短时间难出成果的，主要考核岗位职责和研究进展情况。细化各岗位任职条件，对不同专业技术职务及分级聘用岗位的评审侧重内容进行相应调整，对教学环节要求更加严格，对于不能达到本科教学条件的教授职务申报和岗位聘用实行一票否决制。第四，给予二级教学科研单位更多自主权。二级教学科研单位依国家法律法规及学校实际情况，公开、公平、公正、民主、自主确定岗位设置、人员聘用、新进教师遴选、高级职务评审推荐、岗位津贴分配、二级学科的设置、博士生导师资格的认定、研究生招录等事项，由学校负责监管。

第五章 构建现代师资管理新模式

随着知识经济的发展，高校功能发生了显著变化，从人才培养作为主要功能向人才培养、科学研究和社会服务等三大基本功能转化，这就给师资管理提出了新的要求，教师面临的职业冲突促使师资管理必须进行改革。高校建立适应知识经济的现代师资管理新模式，是指在对教师资源的取得、开发、利用和保持等方面，进行计划、组织、指挥和控制，使人力、物力保持最佳比例，以充分发挥教师的潜力，提高工作效率，实现学校目标的管理活动。其基本任务是根据学校发展战略的要求，通过有计划地引进人才、选留人才、培养人才、挖掘人才，并对人才资源进行合理配置，搞好现有师资的培训和智力资源开发，采取各种措施，激发广大教师的积极性，促进学校办学效益的提高。

高等教育大众化的快速到来对中国的高等学校来说既是一次大发展的机遇，同时也是一次非常严峻的挑战。高等学校作为培养高层次人才的摇篮，在当今的教育创新体系中处在时代的前沿，发挥着极其重要的作用。办好高等教育，教师是主体，师资管理是关键。高校教师资源是高校教育资源中的第一资源，它是活的资源，能动的资源。21世纪是知识经济的时代，高素质的教师资源在社会生活中的作用日益显著。因此，如何以新的理念、新的思路和新的机制促进高校教师队伍建设，建立适应知识经济的现代师资管理新模式，已成为目前高校迫切需要解决的重要课题。

本章从树立"以人为本"的人本管理思想、建立产学研战略联盟、构建国际化培养模式、加快"双师型"教师培养步伐、优化高校教师分类管理模式等五个层面来探究构建现代师资管理新模式，加强对高校教师人力资源的开发与管理，合理有效地配置资源，充分发挥教师的潜力，调动教师的积极性、主动性，促进教师的全面发展，力求打造一支高水平、高素质的教师队伍，以利于培育更多的优秀人才、产出更多的科研成果，从而推动高等教育的发展。

一、树立"以人为本"的人本管理思想

人本管理思想兴起于20世纪60年代，它强调管理活动要以人为中心，它认为管理活动的目的在于激发人的积极性、创造性，在于挖掘人的潜能，进而实现人的价值。以"人为本"是一个源远流长的命题。在这一理念的熏陶下，学者治校、尊师爱生、因材施教、有教无类、诲人不倦，一直是高等学校最重要的价值追求。然而，在现代社会，长期以来由于面临着社会投资与回报的巨大压力，我国包括世界主要国家的高等学校，总是把效率，包括人才培养的效率、科学研究的效率与社会服务的效率作为衡量其工作的最重要指标。作为引领社会文化发展的发祥地的高等学校其实并不是最具有人文关怀的场所。高等学校由于人文关怀的缺少，高等学校教职员工的积极性并没有能得到充分的调动，高等学校管理效率并没有得到真正的提高，从而限制了高等学校的发展。因此，高等学校必须创新教师队伍管理模式，树立"以人为本"的人本管理思想，建立和健全能充分发挥人的积极性、主动性和创造性的人本管理模式。

（一）"以人为本"的概念界定

"以人为本"就是以人的生存、生命与发展作为一切工作的根本。它承认人的价值和尊严，相信人的本性、潜能、经验、价值、生命意义、创造力和自我实现。它认为人皆蕴藏潜能，人性是积极的、建设性的。以人为本的价值取向集中于改进社会人际关系，消除攻击性的根源，促进自我实现的进程，其应用就在于人本化管理。以人为本管理就是以人为中心的管理设计。从本质上说，就是要根据人的心理规律、思想规律，通过尊重人、关心人、激励人、改善人际关系等方法，充分发挥人的积极性和创造性，从而提高劳动效率与管理效率。

以人为本的管理，顾名思义是指管理中以人为本位。人本管理的应用将从根本上推动当前高校人事管理走上新的高度，有助于根除传统旧弊端，弥补高校改革所带来的新问题，进而促进高校人事管理体制的完善，

实现公平与效率兼顾。而高校人事管理的人本化则应表现在制度化管理之中与制度化管理之外为教职工营造良好的发展空间与人本氛围。

尽管我国各类高校的人事管理早已引入"人本管理"的概念，并付诸于实践，但就其实际操作与功效而言，存在着相当的局限性，进而导致人本管理的实践停留在较为基础的阶段，诸如福利、津贴等物质性关怀以及上级领导部门与工会组织的人道关怀等方面。然而，"以人为本"决不能只限于此，"以人为本"更本质地应体现在对人生命的尊重、对人性的理解与对人自身价值追求的关注与承认上。

（二）人本管理与"以人为本"的人力资源管理

1. 从整体的角度来剖析人本管理的内涵

（1）人本管理是建立在"重视人的价值与自由"的基础之上的，也就是说人本管理中的人是具有独立人格的人。这与我国社会主义市场经济的现实相符合，因为市场经济是以个人能动性的充分发挥为基础的。人本管理的价值规范是尊重人，其价值取向是团队精神。

（2）人本管理是一个包括思想、方法、模式的系统工程。人本管理不仅是一种管理思想、道德伦理观，还包含一系列先进的管理方法，更重要的是它有自己独特的合乎人性的管理模式，将道德与法律、制度与文化有机地结合在一起。从实践的角度来看，人本管理包含价值观管理、行为管理与制度管理等三个层次。

（3）人是管理的出发点与目的。从管理要素的角度来看，人是最具能动性和创造力的要素，通过科学的人本管理，能调动员工的积极性与创造能力，提升组织管理水平，促进组织实现自身的目标。同时，从管理的目的来看，一切管理活动均是为了人的全面发展。

（4）人本管理中的人是社会人。它把人看作是物质与精神、理性与非理性的社会关系的聚合体——既具有自然属性，又有精神属性，更具有社会属性。[①]

2. 人本管理与"以人为本"的人力资源管理

人本管理的范畴比人力资源管理的范畴要大得多。可以认为人力资源

---

① 转引自戚鲁.论人本观下的政府组织绩效管理[J].江海学刊, 2005（01）: 196.

管理是人本管理的一个部分，是人本管理在人力资源管理领域的应用。当然，人力资源管理更加注重人力资源管理自身的发展脉络。

管理理论与实践发展到现代，已经历了三个阶段，并进入了管理学的最新发展时期。以人为本的管理是新阶段的重要特征，也是现代管理的新趋势。康德有一句名言：人是目的，而不是手段。这句话言简意赅，包含着深刻的哲理：强调人的尊严，提高人的价值观念。正确地认识和实践人的价值，这不仅是哲学、伦理学和社会学的重要课题，也是管理理论与实践关注的中心。在管理学的整个发展过程中，"人"始终是一个基本的概念。任何一种管理理论，都是依据对人的一定看法而提出来的，各种管理理论的区别，归根到底是由于对人的理解不同。

在管理学的发展过程中，"经济人""社会人"和"复杂人"等人性观点的相继提出，表现了人始终是管理的主要对象，以及对人的认识的步步深入。这种认识每前进一步，人在管理中的地位也就被提高了一步。

把人作为目的的人本管理在处理人与组织的关系时，并不否定和排斥组织的目标，相反，把人的自我发展和自我完善作为组织目标的组成部分。提高人的素质、发展人的才干、改善人的价值观念和人格系统、增强人的创造力和意志力，以及提高人的生活质量等等这些属于人类文明的目标，都是组织目标的重要内容。

人本管理致力于人的发展与完善，实现人的全面发展，因而必然注重人本身的资源，强调开发人的潜能与创造力。以人为手段，以控制人、支配人为目的的管理，不可避免地会以严格的、无法逃避和无法抗拒的方式对人进行塑造、制约和安排。在这样的情况下，人们只会表现出一种"复制力"而不会发挥创造力。

以人为目的的人本管理把人本身当作成就，认为人越强大，强大的人越多，管理就越有效。因此，人本管理所奉行的是一种强者逻辑，致力于人的建设，把发掘人的潜在的创造力，并且使之转化为贡献，作为一个至高无上的目标来看待。这样，人们就会因此变得更有价值，更接近于自我实现和自我完善。①

---

① 黄德良.人本管理的价值内涵 [J].社会科学, 2002（04）：68.

"能本管理"源于"人本管理"又高于"人本管理"。所谓"能本管理"，是一种以人的创新能力为核心的管理，是人本管理发展的新阶段。其总目标是通过采取各种行之有效的方法，最大限度地发挥每个人的潜能，从而实现能力价值的最大化。建立在用工制度、用人制度、分配制度和领导制度等方面的能本管理制度，是实现"能本管理"目标的有效途径。"以人为本"是现代管理的一个基本原则和理念，然而，在知识经济和信息经济时代，人的实践创新能力这一人的核心本质将日益凸显出来，以人的创新能力为核心内容的人力资本也将在经济发展中日益发挥着主导作用。从这个意义上讲，应当把"以人为本"提升到以人的能力为本的层次上。因而，以人的能力为本，是更高层次和意义上的"以人为本"，"能本管理"也是更高阶段、更高层次和更新意义上的"人本管理"，是人本管理的新发展。

（三）"以人为本"高校师资管理的内涵

1. "以人为本"管理思想的内涵

"以人为本"管理思想，顾名思义是指管理中用人本化的理念，承认人的价值和尊严，相信人的本性、潜能、经验、价值、生命意义、创造力和自我实现；认为人皆蕴藏潜能，人性是积极的、建设性与社会性的。"以人为本"的价值取向集中于改进社会人际关系，消除攻击性的根源，促进自我实现的进程，其应用就在于人本化管理。"以人为本"管理就是以人为中心的管理设计。从本质上说，就是要根据人的心理规律、思想规律，通过尊重人、关心人、激励人、改善人际关系等方法，充分发挥人的积极性和创造性，从而提高劳动效率和管理效率。在管理中坚持"以人为本"就是在尊重人的主体地位的前提下通过调动人的主动性、积极性和创造性以实现组织的目标并促进人的全面发展。

"以人为本"还可以表达一种现代管理思想和经营思想。在人类实践活动中存在着管理。管理要管物，要管人。曾经，管理以管物为主，把人也当作物来管，这就是"物本"管理思想。现代管理思想强调管理要以管人为主，而且要把人当作人来管，要尊重人，关心人，调动人的积极性、创造性，这就是"人本"管理思想。作为一种经营观念，"以人为本"就是要求经营者为顾客着想，尊重顾客，把顾客看作是"上帝"。与"物本"管理思想相比，"人本"管理思想是一个进步，是与现代管理相适应的管理思想。需要指出的是，要防止"以人为本"走向了自己的反面，而成为一些人牟利和美化自己的工具。[①]

2. "以人为本"高校师资管理的内涵

教育要"以人为本"，对教师职业的理解同样要"以人为本"。这是实现"以人为本"高校师资管理的前提。

高校教师作为一个拥有高新技术的知识群体，要求有相对独立的控制权，具备高级劳动的创造、创新机能。在目前的社会条件下，高校教师对较低层次的生理、安全、归属等的需求基本满足，与其他群体相比，他们特别需要的是得到尊重和价值的自我实现的需求与满足。高校教师满意及激励的因素，包括教师工作满意度、工作本身的激励度、成就感、报酬合理程度、同事之间的相互关怀与帮助、对晋升制度的满意度、组织福利条件等。以赫兹柏格的"激励—保障"理论为基础，经研究和调查发现，与高校教师满意度相关性最大的十个激励因素中的前三位是工作有充实感、学校的晋升制度、工作有成就感，说明这三个因素是激励教师的最重要因素。[②]

高校的人本管理，就是要以人才为本。因此在管理思想方面要认识到"以人为本"促进经济社会和人的全面发展，也是科学的教育发展观和现代管理思想的核心。传统的高校人事制度以事为本，对人的关注相对较弱，具体表现在对学校的评价上，所有指标均偏重于对教学、科研、社会服务最终结果的考核，在人与事的关系上，价值观的天平倾向于事，事的地位超过人，事的重要性取代了人。这是造成高校人事制度改革滞后于校内其他改革的重要原因。衡量人事制度改革成功与否，主要应看教师的积极性是否被充分调动和发挥出来。因此，高校新一轮人事制度改革应以人力资源的开发与利用取代传统的人事管理办法，真正树立以人为中心的管理观念，把人事制度改革的重心从"以事为本"转到"以人为本"，激活生产力基本要素中最活跃的因素，同时，实行人性化管理，注重人文关怀，促进人的全面发展。

---

① 王金福.析"以人为本"[J].福建论坛（人文社科版），2001（02）：69.
② 周志强.对高校教师的以人为本管理的思考[J].探索，2004（06）：109.

在管理模式上，要从人事管理转变为战略人力资源管理。目前高校人事管理部门一般是人事处，但人事处和人力资源部是两个不同的部门。人事处是具体的行政管理职能部门，其职责是组织各部门人员的调配、考核、培训，人事档案、劳资标准的管理和制定等。人力资源部是研究开发部门，它的职责重心是为组织未来发展的人员配置作储备。人力是资本，对人力资本要有研究开发和日常管理。高校是人才密集之地，更应该建立起真正意义上的人力资源管理部门，并充分发挥其作用，在保证学校发展的同时能够帮助教职工在个人职业生涯上的发展与进步。高校战略性人力资源管理是指高校为达到目标对教职工资源的各种部署和活动进行计划的模式，其核心任务是为学校构建智力资本优势。实行战略性人力资源管理，要求高校在深化人事制度改革时，必须强调人力资源战略与组织战略的有机紧密匹配和整合，在推动学校发展的同时，注重教职工个体的共同发展；进一步突出人本管理，更注重教职工权益的保障，尊重教师个人发展以及相应校园文化的塑造，开发教职工个体的潜能，体现以人为本、以人才为本和人校合一、共同发展的战略思想。

多年的改革实践告诉我们，高等学校的内部管，人的作用扮演着越来越重要的角色。以往高校管理中的重量不重质、重物不重人的思维定式，加上主要是限制人的各种规范，较少考虑人的各种实际需求，不利于发挥管理者、施教者、受教育者的积极性和创造性，甚至扼杀了个性的发展。建立在哲学、管理学、心理学等理论基础之上的"以人为本"观念在此时得到弘扬，对高等教育管理活动来说具有重大意义。在人与事这一对矛盾中，主导的方面是人。管理都要通过人去做成事，任何管理都必须依靠人，最终目的都是为了人。人在管理中既是手段，又是目的。依靠人、为了人，就是"人为""为人"，这是"以人为本"的关键。"以人为本"的管理要求我们在管理中首先要做到，创造一个人尽其才、人才辈出的机制与环境，在未来的竞争中占领拥有大批优秀人才的制高点其次要尊重人、关信任、理解人，了解人的需要，激励人的积极性，尊重人的自主性，把个人目标和组织目标统一起来，做到人人都是管理者，人人都是被管理者，是管理主体和管理客体的统一。因此，必须实行以人为本与以制度为规范相结合。以人为本和以事为中心的统一、以人为本和以制度为规范的统一、讲求效率与讲求效益工具理性与价值理性的统一，这些都是现代高等教育管理活动中不可偏废的矛盾统一体。

21世纪人力资源管理开始产生结构性的变化，管理的模式也由原来的金字塔式的刚性管理，开始向刚性管理和柔性管理相结合的刚柔相济的新的管理方式转变。因此，以人为本，充分调动人的积极性和主动性，并不意味着就不需要一定的规范和制度限制。但是，必须保证规章制度的科学性、可行性、稳定性。规章制度必须要反映高校组织成员的共同愿望，使其具有群众基础，成为人们的自觉要求，这就要在制度的制定中保证管理者、施教者、受教育者的参与，实行民主管理，走从群众中来，到群众中去的路线。否则，这些法规、制度、规章就成为高校组织成员的思想包袱，更何谈主动性、创造性的发挥。

（四）"以人为本"高校人力资源管理的新特点

1. 与企业组织相比，大学组织尤其要把满足教师内部用户的发展需要确定为首要目标

这一特点在办学水平越高的高校越能印证。严格意义上说，这是上述论点的自然演绎。这里将其单独列为一条，另一层意思是表明学校办学水平、办学层次及办学特色不同，组织的发展目标及教师个体发展目标相应不同，因此人力资源管理与开发的具体目标和侧重点也会有所不同，即分类管理。

目前我国大学大致分为教学型、教学科研型、科研教学型与研究型等几大类型。判定学校归类哪一种类型，主要是看其科学研究工作在学校工作中所处的地位。教学工作主导、不太注重科学研究的大学称为教学型，而科学研究占主导地位、科研水平较高的称为研究型，介于其间是余下二类学校。大学的研究性越强，教师个体包括团队或课题组学术性工作越重要。大学的发展目标正是分解为学术团队、课题组以及很多学科教师个体的学术性绩效。比如科研经费、发表论文及科研项目等指标都是个体数据的简单加和加权。从这个意义来说，高校科研等学术性劳动的特征，恰恰成为学校目标与教师个性目标具有内在的统一性与一致性的依据。从外部来看，则表现为满足教师的发展需要成为组织的首要目标。

2. 大学人事管理更加集中于激励，并以此来加强组织的竞争力，树立良好的组织形象

战略性人力资源管理，仍然秉承了人力资源管理的若干普遍特征，那就是管理的核心是通过对人才激励的创新过程，来达到人力资本价值的实现和增值，并进而提升组织的竞争优势。对在组织中的地位与实现组织战略目标而言，战略性人力资源管理"至关重要"，因此在人力资源管理的策略上强调以激励为主在高校中，具体表现为：一是加大激励的强度，无论是拉大分配差距，还是对成绩突出、取得重大创新成就者予以重奖，还是在此基础上实现高校人力资源的分层管理，"集中于激励"的策略是主要依据之一。所谓分层管理，就是依据不同层次教师对学校发展贡献的大小，尤其是在学校学科发展与科学研究中的作用，建立相应的价值评价体系及评价机制、价值分配体系，以多元的价值分配形式，包括职权、机会、薪酬、福利的分配等，从而实现有效地激励。二是通过评价体系、价值分配体系等有效激励机制的建立，整合、培育和发展组织核心文化。比如精神驱动文化，其根本目的就是创造一个激励员工的环境，以此促进释放员工的无限能量、创造力和热情，来实现或达到竞争优势。这也就是所谓组织的核心文化与吸引、培育、发展和留住优秀人才的人力资源管理整合在一起。

3. 在组织结构上，要求建立扁平化、网络化学习性组织，同时，要求组织具有柔性

具有柔性的人力资源管理系统能为组织提供快速、便捷适应不断变化环境要求的能力。随着社会经济和科学技术的发展，传统的组织结构正面临极大的挑战。组织已日益变得扁平化、开放化、组织层级在逐步减少，充分授权、民主管理、自我管理等网络组织的基本特征已经出现，以团队为基础的组织及其管理方式正在出现。在大学组织中，网络化组织的基本特征表现得更为明显。在一个以知识工作者为主的大学组织中，以某一学科或某一研究方向组成的学术团队，或者经常一起承接科研项目的课题组，正在成为学校越来越重要的基层组织，这样的学术团队的发展目标与利益是一致的。系、教研组这种传统的组织中间层次正在逐步淡出，终将被校、院和上述动态的学术团队这种扁平化、开放式的具有网络化组织特

征的组织结构所取代。

由于组织外部环境要求和形势的不断变化，以及教师资源流动、资源全球配置与开放式办学等所体现出的组织开放性，管理制度越来越有弹性，组织变得具有柔性。适应性和柔性对组织效率都是必要的。这是组织在不稳定环境中，使教师员工和组织能力适应竞争优势的变化需求的根本途径。

从以上这些核心论点的阐述中，我们可以归纳出战略性教师资源管理，至少具有以下特点和特征。

（1）人力资源战略与组织战略的有机紧密匹配、整合和强调组织与员工个体共同发展，是战略性人力资源与人事管理和传统人力资源管理最显著的区别。

（2）将组织的注意力集中于改变结构和文化，组织效率和业绩，组织和教师个体特殊能力和潜能的充分开发，以及管理变革。

（3）进一步突出"人本管理"和"能本管理"，更注重教师权益的保障，尊重教师个人发展以及相应组织文化的塑造，体现出一种"以人为本"和"人校合一，共同发展"的战略思想。

二、建立产学研战略联盟

产学研合作是指企业、高等学校和科研机构三方从共同发展、优势互补、互利互惠的原则出发进行的合作与交流。产学研合作教育是将高等院校、科研机构和企业的所有可用资源整合起来，采取课堂理论教学与校内外实践教学相结合的形式培养社会和企业需要的应用型人才的一种教育模式。①在产学研合作中教师是教育的实施主体，教师队伍的素质和能力对应用型人才培养目标的实现有着至关重要的作用，随着产学研合作在高校、科研机构与企业的不断深入，建设一支理论知识扎实、实践经验丰富、适应产学研合作的教师队伍是新形势下高校师资队伍建设的重要内容。

产学研战略联盟是高校、科研机构和企业之间实现互利共赢的新的发

---

① 刘胜建.教师在产学研结合中的作用[J].中国高校科技,2011(06):13.

展形式，也是高校与产业界加深联系的重要通道，产学研三方合作目标的实现很大程度上依赖于产学研三方资源共享的实现以及资源共享的程度。人力资源是第一资源，物质资源和自然资源的开发和利用总是有限度的，只有人力资源才能激发出无限的潜能。因此，改革高校人事管理机制，打破高校师资管理机制的壁垒，全方位地促进产学研师资发展，从而有效推进教师教育创新改革，促进高等学校的发展。

（一）产学研战略联盟的内涵

战略联盟其概念首先由J.Hopland和R.Nigel提出，随后在管理界和产业界引起了广泛的讨论和重视[①]。战略联盟也被认为是20世纪末以来最重要的组织创新形式，它是指两家或两家以上的组织机构为了实现既定目标，相互结合各自的组织形式和有效利用自身的优势建立起的一种同盟关系，它不同于公司的合并和收购，而是一种采用协议形式共同承担风险、共同分享利益的合作形式。

产学研合作发展到现在的阶段，由于暴露出很多问题，如利益分配不均问题、知识产权归属问题、风险承担不明确等问题。为了形成产学研更加稳定的合作形式，保证合作的长期稳定，实现共同发展、共同进步和共同受益的目标，产学研战略联盟应运而生。产学研战略联盟是一种全新的合作形式，是为了适应国家创新系统的发展，保持产学研各方长期的、稳定的、互惠的、共生的协作关系而产生的。

产学研战略联盟的目的是为了处理复杂的技术难题，为了产学研各方维系长期的合作关系，即要增强企业竞争力又要推动高校技术转换。这种方式能够促使不同层次的人才培养和人才管理机制的建立，实现长远利益和优势互补，解决最近创新成果在实际中的应用和检验问题，促进更多创新的产生和科技的快速发展，是一项战略性的组织变革[②]。

随着科技创新的不断深化，研发技术的强度和风险都在增加，市场的竞争更加激烈，只有建立创新型组织和领先战略规划才能适应新形势的要

---

① H.Haken. Information and Self-organization: A Macroscopic Approach to Complex System［J］. Springer Verlag, 1988,（12）: 11.

② Tschacher, H. Haken. Intentionality in non-equilibrium systems? The functional aspects of self-organized pattern formation［J］. New Ideas in Psychology, 2007（01）: 2-16.

求，才能在技术革新潮流中生存和壮大。产学研战略联盟的出现正是解决困境的有效形式，它保证高校和科研机构利用自身的优势资源，加强与企业的合作，构建技术创新平台，把握技术前沿。企业能够整合可以利用的各方资源，形成知识共享，降低创新风险和研发成本，提升企业核心竞争力，持续增强研发能力和成果转化能力。

在产学研战略联盟的促进下，高校也参与到市场竞争中，能够把研究水平提升到市场检验的高度。教学质量和目标也能够更加清晰，可以强化其服务社会的功能，从而促使高校提升自我。这不仅能够推动研究型高校向创业型高校迈进，而且能够实现和完善应用型、创新型人才的培养。

在国家层面上，2008 年科技部、财政部等部门在《关于推动产业技术创新战略联盟构建的指导意见》中出提出构建产业技术创新战略联盟，明确了由高校、企业和科研机构组成的战略联盟，以提升产业技术创新能力为目标，其基础是企业技术发展、高校研究理论和科研机构的成果转化，并用法律约束力的契约形式保证知识产权明晰，风险和责任分配问题明确，避免知识在市场中的剽窃，从而形成优势互补的联合开发创新合作组织。为保证这种组织形式的长期稳定，要实现市场利益共分享，过程风险共担待。[①]

综合以上国内外和政府部门对产学研战略联盟的理解，笔者认为产学研战略联盟是指企业、高校和科研机构为了达到加快科研技术成果转化、促进科技研发创新、共同获益的战略目标，高校、企业和科研机构结合自身优势，从共同利益出发，遵循共同承担风险、共同分享利益的原则，以契约或协议等为保障，实现资源共享的一种合作形式。

（二）产学研战略联盟的特点

1. 战略性的联盟

由于产学研战略联盟是产学研三方为了从本行业中构建合作联盟形成突破发展而形成的，所以这种合作方式更加深入和持久。为了在国家科技创新中发挥一定的作用，产学研三方将人员优势、物质资源优势、技术优

---

① 关于推动产业技术创新战略联盟构建的指导意见［EB/OL］.http://www.most.gov.cn/fggw/zfwj/zfwj2008/200902/t20090224_67583.htm.

势优化组合，从而能够提升联盟解决重大课题、关键性项目的能力。[①]正是面向建设创新型国家的现实需要，教育部科学技术委员会设立了战略研究重大专项，即在新形势下产学研战略联盟创新与发展研究。这些方面就决定了产学研战略联盟具有战略性的特点，它具有战略性、系统性的目标导向，是建设创新型国家的战略路径。

2. 多样的联盟形式

随着科研技术创新的深入开展，产学研战略联盟得到了广泛重视，建立的联盟形式也日趋多样化，联盟的形式主要可以归纳为四种：一是产学研各方的联合攻关，这种联合攻关往往以行业和区域内的重大科研项目作为依托，产学研各方共同攻克关键技术和核心技术，从而促进新兴战略性产业、支柱产业和高技术产业的发展；二是产学研三方对有使用价值的新技术进行联合开发，联合建立行业创新平台、成果孵化基地、区域研发中心和虚拟创新网络平台等，使得科技成果产业化，形成服务社会的创新研发平台；三是联合建立股权式的创新型科技企业，这种形式的联盟也是市场改革的新方向，经过多年的发展形成了90多家科技园区和上百家产业集群，有助于提升高校知名度和产业的国际竞争力，四是产学研合作各方共建创新型人才培养基地，使得高层次创新人才能通过这种体系得到能力的提高。[②]

3. 稳定的组织形式

产学研合作的发展，在产生很多问题的同时，也对这方面法律的发展和完善有一定的促进作用。因此，在现有法律和契约的规范与约束下，产学研战略联盟能够形成更加稳定的组织形式。

在我国，契约型产学研合作是最主要的法律约束方式，联盟成员间以合同或协议为法律约束，为了保障各主体间的责权，避免知识产权纠纷等问题，在这种约束中，明确了联盟的利益分配、风险承担、最终产权归属

---

① 赵英.协同创新：教师教育改革有效推进的必然路径 [J].贵州师范大学学报 (社会科学版)，2012 （03）：25.

② 参见李新男.创新 "产学研结合" 组织模式构建产业技术创新战略联盟 [J].中国软科学，2007 （03）：3–11.

等事项，以保证联盟成果的合理分配和形成高效的组织管理模式。^①

4. 利益与风险并存

产学研战略联盟是有效降低交易成本、优化资源配置、提高创新效率的组织形式，要求成员之间实行利益共享、风险共担，这是产学研战略联盟的本质特征。产学研战略联盟在科研创新运用中会遇到技术风险，技术创新是一项复杂的高风险、高成本的工程，科技成果在市场中不能被接受会造成人力物力成本的损失；在科研过程和市场推广过程中，技术管理和人员管理都存在风险，一旦管理不善造成技术机密泄露，关键人员退出，整个工程将前功尽弃，损失严重；科研创新如果得不到政府和社会的信任，会造成信任风险；最后形成的知识产权归属不明确，会造成知识产权风险等。^②

但是，基于三方的优势互补，产学研战略联盟能够合理地解决管理、技术和知识产权等风险问题。成员会尽全力实现各自的产学研合作目标，当技术转化为成果得到市场验证后，成员在承担风险的同时可以获得丰厚的回报，作为一种正反馈，联盟成员会在后续合作中保持这种模式，更加成熟地面对科研技术创新。经过一段时间建立了有效的管理和组织模式，战略联盟就能够获得持续性的发展动力，同时也能够获得长期的经济回报，战略联盟的这种特性可以加快科技成果的转化率，降低科技研发成本，同时，可以实现创新型人才的培养，形成企业、高校和科研机构联盟组织的创新文化，实现共赢的策略。而联盟创造的利润和知识产权转化为专利和技术成果，也是联盟重要的资源财富。

5. 广泛的合作边界

产学战略联盟为了自身的发展会寻求多样化的资金来源，包括政府的专项经费与地方政府的配套经费、联合申请基金项目、社会基金投入、企业的研究经费等。由于产学研战略联盟三方联系的日益紧密与合作程度的加深，合作的范围变得更加广泛，资金主体参与者更加多样化，涉及的组织结构类型也越来越多。带来的好处是各种合作项目相继出现，如大学科

---

① 参见王文岩, 孙福全, 申强. 产学研合作模式的分类, 特征及选择 [J]. 中国科技论坛, 2008 (05)：37–40.

② 参见张道亮, 王章豹. 产学研战略联盟共赢机制探析 [J]. 科技和产业, 2012 (01)：30–34.

技园、共建研发实体和共建研究机构等。

随着不同学科互相交叉与融合，产学研三方合作的边界越来越广泛，学科链与产业链的结合更加紧密和复杂。随着民营经济的发展，很多联盟共同体也如雨后春笋般出现，产学研合作的边界与壁垒不断消解。在很多学科和产业中产生了更广泛的合作内容，使得人才、资源、信息形成网络式发展，研究范围更加广泛。

6.互补的资源优势

协同学观点认为，一个系统有序运行的关键是组成系统的各个主体能否相互协同作用，实现结构和功能的有序性。产学研战略联盟是三个相关主体投入各自的优势资源和能力共同进行技术开发的协同创新活动。首先，高校拥有高水平的研究理论基础和人才队伍。高校是专门从事教育的机构，其科研设备先进并拥有大批学术水平高、科研能力强的人员，高校是输出高水平人才和知识技术创新的第一基地。其次，企业是科技成果转化的生产者，企业为了满足市场需求而生产销售相应的产品，同时企业也是科技创新的使用者，所以，企业拥有将科技成果商品化和产业化的能力。最后，科研机构能为企业提供研发资源和技术支持，因为它是应用性基础研究和产业共性技术研究的基地，是将科学理论和科技应用有效结合的组织。①

可以看出，三种组织分别拥有科研机构的研发优势及人才资源、雄厚的资金优势和良好的实验环境。产学研应形成供应链型战略联盟，以增强各自的创新效率和竞争实力，从而实现优势资源的融合和互补。战略联盟中的产学研三方都具有其他组织所不具备的核心竞争力，因而形成的联合体既相互分工又相互协作，能形成创新共生体发挥竞争优势，相互弥补、相互吸引。

（三）产学研战略联盟的要素构成

1.主体要素

产学研战略联盟是产学研合作发展到一定阶段的高级组织形式，其主体要素是科学技术成果转化为生产力的直接参与者，即高校、科研机构和

---

① 参见陈培樯，屠梅曾.产学研技术联盟合作创新机制研究 ［J］.科技进步与对策,2007(6)：37-39.

企业。他们是产学研结合中缺一不可的三类主体，这三类主体的角色各不相同：高校是创新知识、技术的来源和人才的主要输出者；科研机构是科学技术转化为生产力的创造者；企业是科技成果的生产者，是技术创新的主力军，是科学技术转化为生产力的实现者。但由于以上三类主体的目标是不同的，一个是人才培养为主，一个是为了技术转化，另一个是以生产盈利为目的，因此需要政府出面充当推动、沟通和监督的角色，因而，产学研结合的主体要素就包括：高校、企业、科研机构和政府。

（1）高校和科研机构

高校和科研机构是知识创新的核心，在产学研战略联盟中起到创新支撑的作用。高校的基础研究和行业的理论研究需要在市场中实际检验，这需要资金的投入和创新成果的转化。高校教师对知识创新有前瞻性研究，加之高校的人才优势和科研机构的技术环境，因此高校和科研机构能够建立优秀的师资队伍和科研队伍。这就为战略联盟提供了知识储备和创新成果基础，为国内外企业提供了多种形式的技术服务。

（2）企业

国内外知名企业尤为需要产学研战略联盟的平台，企业是创新平台的主导力量。他们为了满足市场需求，为了弥补自身人才资源的不足，降低研发成本和吸引优秀资源、人才，寻求多方合作。企业能利用自身信息资源，探寻市场需要，投入研发资金和申请合作项目，积极共建创新技术转化平台。在成果进入市场后，要将利润合理分配，共建研究机构和人才培养基地，以快速提升企业的市场竞争力，谋求最大效益。

（3）政府和其他机构

政府、金融公司、信息机构等其他组织在产学研战略联盟中也是不可或缺的，他们在外围参与联盟的政策导向、风险投资、资金支持和信息服务等。在创建创新型国家战略中，政府给予行政服务和融资渠道建设，制定激励战略联盟的税收减免政策，为各种组织形式提供准确信息和快捷的配套服务。中介机构是知识扩散和转化的关键。通过金融机构、信息机构可以获取信息网络资源和寻找项目风险投资，为解决产学研创新和融资问题提供有效帮助。

2. 环境要素

产学研战略联盟的环境要素具体可以分为内部环境和外部环境要素。

（1）内部环境

内部环境是指高校、科研机构和企业间及其内部之间的相互作用。产学研战略联盟三方的文化背景和目标存在很多不同，各个组织的内部有自己的组织文化、资源环境和技术创新机制。这些内部要素的碰撞和作用形成了内部环境。

（2）外部环境

在系统外部，社会化创新机制、全球经济发展形式等都在大的氛围影响组织的创新活动。政府的政策导向牵引众多企业投资目标的转变，制度环境的改善可以吸引外界优秀科研人才的加入，高新技术的发展、法律法规的健全都是形成健康联盟的外界因素。外部环境还包括社会教育、经济发展程度、技术发展程度等。

3. 资源要素

产学研战略联盟就是高校、企业和科研机构整合现有资源，发挥自身竞争优势的创新组织形式。为了保证这个组织形式的正常稳定运行，需要对创新平台上的公共资源进行合理利用，包括人力资源、资金和信息资源、知识和技术资源、设施资源和政策资源。组织结构的管理者应该合理分析这些资源要素，整合各种有利资源，充分发挥各方资源的作用，提高合作平台的效率和效益。

人力资源涉及从事科技研发创新的所有参与者，如高校中的科研教师、课题组成人员、团队成员；企业中的技术创新人员、生产者和服务人员。资金和信息资源包括政府项目款项、企业研发投入、风险投资、银行贷款和重大项目资金。信息资源包括人才信息、市场信息和技术发展信息等。为了研究共同科技的文献、期刊、图书、专利、数据库、技术网络资源和研究人员的知识结构、已研发的成果和技术方法、经验等组成了知识和技术资源。设施资源就是为了形成产学研合作的研究实体，企业、高校和科研机构提供的设备、仪器、计算机、电子平台、内部网络资源、办公系统和管理系统等。政策资源是政府部门和相关机构对技术创新的合作联盟提供的政策支持、引导性规章和信息等。

（四）产学研师资发展战略联盟的构建

在产学研战略联盟共建师资的起始阶段，主要内容是高等院校、企业和科研机构针对欲成立的组织目标的战略选择。为了完成这一工作，要实现的效果是达成战略一致。为了实现这一目标，我们需要从四个方面来努力。

1. 协调一致的发展目标

产学研师资发展中战略一致的实现，首先要从战略目标上达到统一，经过各方磋商，共同达成目标愿景。产学研师资发展中高校的目标是高校教师实践锻炼和科研能力的提升。高校师资发展的落脚点要落实到促进优秀人才培养上。高校、企业和科研机构是不同组织，有相应各自独立的组织目标，对于高校产学研合作中的师资发展目标，虽然其他两个机构不会投入很多精力，但是各方对各自人才培养这个目的是不可否认的，因此，在实质上产学研师资发展的目标一致是可以达成的。[①]

高等院校的主要职能就是人才培养和科学研究，最终服务社会。产学研战略联盟中的高校人才培养是为了培养适应社会发展需要的应用型人才，这对高校教师不仅在理论功底上提出了要求同时也对其实践经验的积累有了更高的期待。但是在高校与高校的合作中教师并不能得到很多实践经验，高校只有和企业、科研机构进行联合才能观察到社会需求和市场变化，从而培养出适应社会发展的应用型人才。企业虽然能够及时了解社会动态，发现社会需求和市场需求，但是其科研能力相比高校和科研机构是不足的，为了提高市场竞争力，企业要加强与高校和科研机构的合作。因此，在人才培养和服务社会的理念上，产学研战略联盟的目标是一致的。

2. 构建共有的组织文化

组织文化可以促使组织形成良好的组织氛围，增强组织凝聚力和认同感。在战略协调一致的实现过程中，共有组织文化的建设能够快速地将组织成员的意识统一到产学研战略联盟中来。否则，在没有组织文化的前提下，组织成员的认同感不能形成，组织形式还是散乱无章的，因而不能够达到统一的战略目的。通过文化领域共识的达成，可以形成产学研师资发

---

① 参见OECD Secretariat. Trends in University-Industry Research Partnerships.STI Review［J］. 1998
（23）：42-51.

展系统内部独特的文化网络和合理的规章制度，从而保障战略能够顺利实施。通过共有文化的构建，管理者可以号召组织成员追求更高的目标和专注于自身建设，消除消极因素的影响，从而协调高校、企业和科研机构的组织关系，形成三方共有的组织文化，加强相互之间的沟通协作、达到共赢的目的。

因为高校、企业和科研机构的组织形态不同，在合作初期，高校、企业和科研机构在价值观念、行为方式等方面会有所差异。但是，经过一段时间的培养和努力构建，通过小团体的意识转换，通过不同途径的引导和培训，通过在工作中开展文化建设活动，高校、企业和科研机构内部会逐渐形成文化转换机制，这种文化转换机制会将产学研师资发展的核心价值观渗透和灌输进高校、企业和科研机构中，进而形成一致的价值观和组织文化。

3. 建立公平的利益分配机制

产学研合作共建师资是市场化的行为，在产学研合作的过程中，高校、企业和科研机构均想通过协商（博弈）使得自己利益最大化，由此在利益分配上可能出现冲突。所以，建立公平的利益分配机制，能够在合作初始阶段就明确知识产权归属、利益分配方式，能够明确管理过程中的成本和风险责任承担者，从而通过协议或者合同的方式清晰列出。在法律监督和保障的前提下，三方能够公平的实施战略合作，将应承担的责、权、利尽可能地细化和明确，可以避免不必要的冲突。这种利益分配制度的公平性和有效性，有利于在组织内部达成一致目标，有利于组织的长期持续发展，有利于保障各方的权益，激发科研人员、高校人员和企业员工参加合作的动力。①

4. 构建畅通的信息沟通机制

从经济学角度来看，信息是一种重要的资源，在信息对等情况下，各种组织既能够知道一定知识，同时也知道其他组织了解这些信息的情况，即信息对等。这时候的交流才会公平，合作才会顺利进行。因此，沟通与信息交流是促进高校、企业和科研机构合作的基础，也保障各方对合作的

---

① 参见Schartinger, Schibany, Gassier. Interactive relations between university and firms: Empirical evidence for Austria [J]. Journal of Technology Transfer, 2001 (03): 388–401.

意图和目的有清晰的认识。

建立畅通的信息沟通机制既要加强产学研师资发展系统的内部沟通，也要通过外部信息机构获得有效帮助。同时，要重视有具体组织形式的信息沟通，如加强各方高层领导的联系，安排高校、企业和科研机构的专家互访和进行学术讲座、报告会等。在信息沟通形式上建立网络信息数据库被证明为是较好的信息沟通形式，在内部网络中分析信息，能够提高信息传递的速度和信息查询的广度，也保障重要信息不被其他机构利用，从而降低科技成果被窃取的风险。只有在建立完善的信息沟通机制后，产学研三方才能同时开展科技研发和转化。①

在战略目标达到一致之后，高校、企业与科研机构统一了战略目标，协调好了各方利益和资源关系，建立了有效的沟通渠道后，资源配备和管理方式这两方面成为产学研师资发展的主要内容，主要需要注意以下几个方面。

（1）优化资源配置

首先，资源有效配置的内涵是指高校、企业和科研机构针对资源实施方面进行的应用，通过协调高校、企业和科研机构这三方面的资源管理关系，基于组织理论充分调动和使用，能够使资源配置和利用实现最大化。

为了实现资源优化配置的目标，首先，我们分析资源有效配置的实现方法。资源优化配置的基本方法是将高校、企业和科研机构这三方面独立的资源看成一个整体的系统，根据一个统一的目标实现资源的优化配置。通过协调、重新配置和再加工可以组建一个高校、企业和科研机构三方面都相互贯通、联系紧密的有机结构，以达到共同发展的目标。这样的资源配置，可以充分调动现有的资源，使整体利益能够发挥最大的效能，这不仅能够取得三方联合的效果，还能够取得 1+1>2 的资源利用效果。为了实现这一目标，具体的机制方法如下。

第一，建立产学研合作信息共享平台，保证资源共享渠道畅通。产学研合作是一个多方参与的合作过程，在这一合作过程中，信息的对等性显

---

① 参见Rudi Bekkers, Geert Duysters, Bart Verspagen. Intellectual Property Rights, Strategic Technology A greements and Market Structure: The Case of GSM [J]. Research Poli Cy, 2002 (31): 31-47.

得非常重要。目前在产学研实际进程中，经常出现信息不够和信息不对称的问题。由于产学研的多方合作机制，导致各方资源分配不均并且信息沟通不畅的问题时有出现。例如，如果高校和企业、科研机构没有一个统一的基于共同合作目标的信息共享平台，那么就会大大提高选择合作对象的成本和风险。

因此，对于产学研合作来说，建立一个统一的信息交流共享平台是非常重要的。在建立信息共享平台时，需要有以下几部分组成：首先，建立信息披露制度。信息的及时性和公开性是保证产学研各方相互交流的重要前提，这不仅仅基于各方的合作关系，并且还要求合作方彼此信任。其次，充分利用科技中介机构。在高校和科研机构这两方与企业一方中，科技中介机构是一个重要的沟通桥梁，通过科技中介机构，高校和科研机构的科技成果能够及时地被介绍到企业，而企业对应的需求和市场的反应也能够及时地反馈到高校和科研院所两方，这样就有效地将技术、人才、需求、产品有效的集合起来。最后，政府需要建立开放的信息网络系统。在政府相关部门的带头下，能够借助互联网将各方资源信息收集起来，并能够及时发布给所需单位。通过对各方面数据和信息的收集，并对合作典型案例进行一定范围的推广，能够在一定程度上提升产学研的合作机会和合作效率，使产学研各方面的资源要素实现更好的统一。

第二，建立产学研师资发展系统的要素整合机制。在协同学中，要素整合的概念是系统为了实现统一整体的协同目标，通过沟通联系，交流渗透等行为方式，将不同部分整合为一个统一协调的整体。通过要素整合的过程，可以提高整个系统的协同性。产学研师资发展系统要素整合的目标是将各方分散的资源，通过要素整合机制充分调动起来，完成师资发展系统的整体目标。

师资发展系统的要素整合部分是指对教师招聘、培养以及职称授予之间的业务整合，而这背后包括对人力资源、科研技术以及资金等要素的直接配置和整合。产学研师资发展的要素整合不仅仅需要以上几方面的资源整合，还应当包括对市场资源、信息资源和管理资源的共同协同。要素整合需要注意由于系统之间各部门之间可能存在摩擦离散现象和效率低下的问题，因此需要保证师资发展系统的连通性和通畅性，提高系统内的运作效率，这样系统才能在各要素整合之后焕发出更大的整体功效，实现既定目标。

（2）选择有效的管理方式

对于产学研师资发展系统来说，管理的对象是高校、企业和科研机构，目标是通过建立有效的管理机制，打破高校、企业和科研机构之间的壁垒束缚，从而取得达到 1+1>2 的协同效应。

针对管理方式选择方面，其实现机制包含以下几个要素。

第一，对教师队伍结构进行变革，建立完备的产学研教师聘任机制。现有教师的能力和素质已不能满足产学研的合作模式，因此为了完善产学研协同系统的整体效能，需要从两个方面对教师队伍结构进行变革。首先，增加有丰富实践经验的兼职教师的数量。在实际生产管理方面，企业有大量的具有丰富实践经验和宝贵知识的人才，他们了解市场的实际需求和生产方面的知识要求。通过聘请这部分人才到高校做兼职教师，可以大大提高人才的实践能力。其次，通过采取讲座和实习课程的方式，使他们参与到教学活动中去，他们的参与可以促进专职教师与兼职教师的交流，使彼此更好地了解社会信息，培养社会需要的人才，并且能够带动教师的科研成果发展。

第二，加强对兼职教师的培训，将部分兼职教师转变为专职教师。通过引进生产管理一线的高水平人才提升兼职教师的比例后，需要对兼职教师进行培训。这些在生产管理过程中累积了大量经验的一线人员，在教学过程中，可能并不擅长指导学生和从事科研。因此有必要对兼职教师进行一定的培训，使之能够担负日常教学工作，并且了解科研过程中的具体事项。对于其中一部分既具有教学能力，又能够继续从事科研开发的兼职教师，可以将其吸纳为专职教师，这一部分专职教师能够对学校产学研的合作产生更加深远的影响。目前已经比较成熟的方式有："客座教授"制度、"访问工程师"制度、建立兼职教师信息库、建立专兼职教师互动交流平台等。

第三，鼓励教师到企业进行专业实践和增加培训，建立和发展高校教师培训系统。目前高校专职教师在实践能力和创新能力方面有一定的不足，针对这类问题，可以通过建立高校教师培训系统将其改善。鼓励教师到企业进行一定的实践实习，不仅可以将高校专业设置和教学内容安排等与企业用工单位进行衔接，还能够鼓励高校教师与企业人才进行合作，这对产学研人才发展具有重要意义。

从学校内部来说，可以积极安排教师参加各类培训。例如岗位培训、教师业务培训、建立优秀教师计划等。通过引进一些企业内具有丰富实践经验和操作知识的高级技术人员，对教师技能技术进行培训，对提高教师实际操作能力有一定帮助，这对于在校园内建立一个良性的创新环境和教学与实践相结合的氛围有很大好处。

从企业方面来说，高校可以利用挂职培养的方式，鼓励教师到企业去进行实习，以项目参与的方式亲身参与到产品的开发和研究过程，提升专业实践能力，这样教师能够更好地明确专业发展趋势和社会市场需求，从而及时地反映到教学过程中去，发挥人才和用人市场的桥梁指导作用。

从科研机构方面来说，要增加彼此之间的人才流动，增加合作交流的机会。高校要通过对科研机构方面信息的及时掌握，鼓励教师积极参与科技创新活动，并建立一定鼓励机制，进行联合科研项目开发等工作，提高高校创新能力，并能够提升教师推广和应用新技术的实际操作能力。

高校、企业和科研机构合作共建高校师资是一个需要长期合作的过程，需要高校、企业与科研机构不断深入的研究和相互作用以达到平衡。高校、企业与科研机构对前一阶段形成的成果进行深入探讨，进行持续稳定的合作才能使得科技成果更加具有深度和市场适应能力。因此，持续稳定发展是以高校、企业和科研机构合作共建师资为平台和桥梁，形成的产学研合作一体化的更广泛和深入的交流与合作。在此阶段，选择和建立稳定的产学研师资发展的战略联盟模式是持续发展阶段的主要内容。

三、构建国际化培养模式

高等教育国际化是经济全球化、一体化的发展趋势，也是高等教育自身发展的需求所在。高等教育国际化首先要做到师资队伍国际化，师资队伍国际化是建设世界一流大学的必然选择，直接影响着高等教育的整体水平，是高校跨越式发展的驱动力，提高其核心竞争力和凝聚力。梅贻琦曾说过：大学之大，非谓有大楼之大也，有大师之谓也。一所大学必须首先具备一流的师资，才能培养出一流的人才。建设创新型国家的战略目标和经济的国际化发展需要培养具有国际视野、熟悉国际惯例的国际化人才。高等院校是人才培养的基地，而师资队伍是人才培养的主体。培养国际型人才必然需要先进的国际化师资队伍，这不仅是"人才强国"战略的核心因素，也是其根本保障。美国学者强调：高等教育国际化不能只强调学生在国家之间的流动，更应该着重于教师和研究人员的交流和互换。培养一支一流的、具有国际视野、国际观念和意识，有国际教育背景和跨文化教育背景的多元化、多民族化的国际化教师队伍是高校发展的必要的战略选择。因此，必须积极推进我国高校的师资队伍国际化进程，构建国际化培养模式。

（一）师资队伍国际化的科学内涵

一些相关文献都曾涉及师资队伍国际化的本质和内涵，但说法不一。结合前人的研究，笔者认为比较合理的界定是：师资队伍的国际化包含四种基本要素：人员结构国际化、知识文化结构国际化、经历学源结构国际化、人员交流结构国际化，这四种要素综合起来，统一构成了师资队伍的国际化。

1. 人员结构国际化是指师资队伍的人员构成应达到国际化标准，高校的教师和管理人员不仅来自国内高水平大学，还应包括具有国际教育背景的来自不同国家和地区的高层次人才，本土和外来人员的比例因学科或专业而有所不同。

2. 知识文化结构国际化是指高校的教师和管理人员所拥有的教育理念、知识文化以及技术方法应当符合国际化的人才标准，具有通用性、开放性、交流性和创新性等特征。

3. 经历学源结构国际化是指高校的教师和管理人员无论在就读院校、所学专业还是社会实践经历等方面所形成的类型、层次、比例分布的结构应达到国际化标准。

4. 人员交流结构国际化是指高校的教师和管理人员参与国际合作交流活动的数量、质量、层次、布局等方面的结构符合国际化，师资队伍的交流不局限于一些固定的国家、地区或长期合作的几所大学，应当充分实现多元化、多层次以及多渠道的国际化交流。

（二）国外高校师资队伍国际化培养模式现状

1.美国高校国际化师资队伍培养现状

（1）美国高校广泛、公开接纳国外优秀师资

为了提高教育竞争力，提高教学质量和科研学术水平，美国高校形成了广泛、公开接纳国外优秀师资的国际化氛围，宾夕法尼亚大学在其战略规划中指出：一所主要的国际性研究型大学必须把最大的重点放在建立、加强和留住世界一流的师资上。以高水平国际人才引进为主的师资队伍国际化培养模式保障了其师资队伍国际化的高水平。

1946年，参议员威廉·富布赖特（W.Fulbright）提出了富布莱特计划，支持国外学者来美国从事研究工作，这个项目由美国官方著名的国际教育项目，旨在加强与其他国家的相互了解。在这个目标的引领下，富布赖特项目已经为310000名学术研究卓著、领导才能突出的参与者提供机会，到对方国家进行教学、思想交流、协力解决共同面对的问题。

（2）加强高校师资的国际化交流

美国高校在师资队伍国际化培养进程中加强师资的国际化交流，为教师的专业拓展创造各种机会，开阔了教师的国际视野，引进了先进的科学理论和意识形态。王英杰指出："美国熔英格兰、苏格兰、法国和德国大学的经验于一炉，在此基础上不断创新，不断适应美国政治经济的发展，终于形成了独具特色的美国高等教育制度。"①由此可见，美国高校教师在进行国际交流自我提高的同时，也引入了国外先进的教育理念和研究方法，树立了国际意识、强化了国际理念和开阔了国际视野，促进了师资队伍国际化的发展。

（3）先进、合理的师资管理机制

①合理的激励、约束机制

为了稳定师资队伍和引进高素质国际人才，美国高校构建了较完善的激励体制，丰厚的薪酬待遇、开放的文化氛围、自由的学术环境、良好的福利保障满足了大部分教师的需求，激励着教师的自我专业发展。激励的

---

① 王英杰.美国高等教育的发展与改革[M].北京：人民教育出版社，1993：146.

同时也带来约束，美国师资管理（非升即走）的淘汰机制对教师的晋升时间做了明确的规定。

②明确的责任和考核制度

唐纳德·肯尼迪（D.Kennedy）在《学术责任》一书中对高校教师的责任进行了阐释，包括培养方面、指导方面、服务方面、教学方面和研究方面的责任。美国高校均设立教师评估委员会，针对高校教师的责任，细化成考核指标，对高校教师的学术能力、科研成果、教学水平及服务性工作制订严格的考评制度进行评估和考核。

③建立教师发展组织机构

为帮助教师开展职业发展规划，美国设立了针对教师发展的组织机构和基金会，并提供相关资源来推动教师个人的发展，由于不同时期的教师面对的发展问题不尽相同，教师发展组织机构依据教师的类型、发展需要的不同对项目活动进行细分，使项目活动的针对性更强，更有力地解决高校教师面临的发展问题，把教师专业发展作为提升高校师资队伍水平的重要举措。

2. 日本高校师资队伍国际化培养模式特征

（1）日本高校师资队伍国际化政策

2000年12月，日本《教育振兴基本计划》中提到"从教育应对全球化的试点，将在教育的所有领域人推进国际交流"；2005年9月，《文部科学省的国际战略》中指出"将各部局分别管辖、个别决定的国际业务政策措施，统一为国际战略，作为今后开展国际业务的方针"[①]，国际化提升到了"国际战略的高度"，并被纳入日本的总体发展战略。

（2）日本高校师资队伍国际化培养模式特点

在日本高校师资队伍国际化发展历程中，在市场战略的引导下，在日本办学的美国学校凭借着自己丰富的经验，完善的师资体系，雄厚的教育资源，优秀的科研成果，给日本本土高校师资队伍国际化带来了先进的发展理念和思想，促进了教师的流动和发展。

研究生院的改革，进一步充实研究生院，加强教师的流动性，加大

---

① 转引自臧佩红.试论当代日本的教育国际化[J].日本学刊, 2012（01）：93.

优秀科技人才的引进力度，以基础研究为中心，推进学术研究，提出具有独创性的科技成果，培养高水平的研究和专业技术人员，使之成为向世界提供先进研究成果的教育科研据点，培养高水平的国际化、研究型师资队伍。

增加外籍教师的聘用名额，改革、完善吸纳国外研究者的体制，加大国际型人才的引进力度，提高日语在国际的普遍度，加强教师语言培训，制定优惠政策派遣教师到国外教学和从事研究等一系列人事改革方案的实施，开阔了教师的国际视野，引进了先进的教育理念、教学方法和学术思想等，加强日本高校师资队伍的国际化建设。

为了高等教育国际化的全面开展，培养优秀国际人才，提高涉外人员的水平，设置与国际化有关的学科、组织和科研机构，进一步推动了国际学术交流，也培养了一支国际视野广阔、具有创新精神的高校高水平国际化师资队伍。

3. 美国、日本高校师资队伍国际化培养模式的共同特征

（1）国际性、开放性

从美国、日本高校国际化师资队伍的组成看，大量国际优秀人才并存，专职、兼职结合的师资队伍，处于流动状态的师资比例，增强了师资队伍的活力，反映其国际化水平及开放程度。

（2）稳定性、发展性

采用一系列管理办法，吸引和稳定师资队伍中的高水平国际人才保证师资队伍中核心部分的稳定性。制定一系列教师培养政策，鼓励教师参与国际化学术交流、留学培训，提高教师的专业能力和国际化水平，促进师资的全面发展。

（3）公开性、择优性

为了保证师资队伍的国际化水平，美国、日本在教师的聘任上，一般都明确不招聘本校应届毕业生做教师，公开在世界范围内招聘，采用一系列严格的筛选程序，保证了聘用人员的质量和水平，活跃了文化氛围。构建科学的师资考核、评估指标体系和机制，与教师的去留、职称及待遇相联系，促进教师教学、科研和社会服务水平的不断提高。

（三）国内高水平大学师资队伍国际化培养模式现状

高等教育国际化是21世纪经济全球化及现代科技发展的产物，受到全世界高校的重视。师资队伍国际化作为高等教育国际化的核心部分，担当着培养高素质国际人才的职责，既是世界一流大学的战略目标，也是我国高等教育国际化建设的根本保障。"高水平大学"通常指拥有高水平的师资队伍、能够创造原创研究成果、培养创新型人才的大学，代表着我国高等教育的最高水平，也是我国从国家发展的战略高度大力推进世界一流大学建设的领头羊，是体现我国高等教育核心竞争力的中流砥柱。

1. 国内高水平大学师资队伍国际化取得的成绩

（1）师资队伍中外籍专家、学者和具有境外文化背景的教师比例上升

随着我国教育强国战略的实施，对外开放的进一步深入展，社会经济的高速发展，综合国力的增强，高等教育的国际影响力和国际竞争力也大幅提高，吸引了大量的留学归国人员和具有国际影响力的专家学者参与到我国高水平大学的教学和科研工作中。

（2）鼓励、支持教师国外深造、交流和项目合作，国际化活动广泛。

在大力引进国际高层次专家学者，提高师资队伍国际化水平的同时，我国政府和高水平大学特别重视教师人力资源开发与培养机制建设，坚持以能力建设为核心，建立并完善面向各层次教师的海外培训体系，拓宽出国留学进修渠道，通过国家留学基金委的公派留学项目和各高校的留学项目相结合加大师资海外深造的力度。随着我国高水平大学教育核心凝聚力、竞争力的增强，国际影响力的提升，国际学术交流及合作项目明显增多，国际合作更加密切，国内外学术交流更加广泛。例如，东北大学与世界36个国家中的235所大学、研究机构开展合作，积极引进海外人才，每年都会聘请300多位海外教授到校进行交流合作，提升教师的专业化能力，培养教师的国际化视野。山东大学经常举办高水平、高规格的国际会议，与世界名校进行重点项目合作，搭建众多国际化研究平台，拥有200多名外籍教师，10位以上国际顶尖级科学家，专任教师中有过留学经历的教师比例超过50%。兰州大学拥有来自亚洲、美洲、欧洲、非洲和大洋洲的合作伙伴，从2014至2018年这五年间，接待访学外宾及港澳台客人共7600多人，教职工参加国际学术会议交流、项目合作研究人数约为3200人，在乌兹别

克斯坦和哈萨克斯坦都建立了孔子学院。郑州大学是首批"国际化示范学院试点单位"之一，与世界41个国家中的205所高校建立长期稳定的合作关系，开展了9个中外办学项目，在印度设有孔子学院，在美国设有孔子学堂。武汉大学的国际化交流程度较高，具有较广的国际声誉，与世界45个国家的415所大学和科研机构开展了交流与合作。在新的时代背景下，武大倡议培养国际型人才，积极搭建各种国际化交流平台。湖南大学在海外设有学生实习基地，与国外160多所高校、科研机构开展交流合作，在美国、加拿大、韩国三个国家分别设有孔子学院。四川大学实施的是高端国际化教育，与世界34个国家的268所高校、科研机构长期合作，大量引进国际顶尖人才，借鉴世界一流大学的教学评估方式，建立了多个国际科研交流中心。

2. 我国高水平大学师资队伍国际化的发展趋势

随着人才强国战略和科教兴国战略的深入实施，我国通过"985工程""211工程""双一流"建设等战略项目的持续推动下，高水平大学大力促进师资队伍国际化建设，师资队伍建设在观念、规模、水平和结构上取得了巨大的成绩。但与国际一流大学师资队伍的国际化水平相比依然存在着很大的差距，我国高水平大学在师资教育国际化培养道路上依旧要立足未来，深入探索，大力开拓、稳步推进，努力提高师资队伍的国际化水平。

（1）逐渐由重视发展数量到重视严把质量关

我国高水平大学在师资队伍国际化培养的国际人才引进方面取得了很大的成绩，国外学者担任专职、兼职教授进行长期和短期教学、科研交流的数量上有了很大的提高，但是国际顶尖人才和大师级的学者却相对匮乏。引进人才是高校师资队伍国际化培养的捷径，不但优化了师资队伍的结构，而且提高师资队伍的国际化水平，把引进人才的质量放在"引智"工作的第一位，对切实、大力提高师资队伍的国际化水平有深远的意义。

高水平大学在师资队伍建设中鼓励教师出国访学研修、学术会议、合作研究、讲学等学术交流活动，形成了教师不同职业生涯发展阶段需求的专业化发展体系，提高了教师的国际化水平，但与世界一流高校的合作还不是很密切，世界一流的学术研究会议参与较少。推进教师的专业发展，提高创新力，加强学术研究是提高高校学术水平的根本条件，也是加强国际"对话"、交流的根本保障。

（2）加强国际意识、国际观念，倡导多元化、多民族化的文化结构

"吸引"与"培养"是高水平大学师资队伍国际化建设的直接方式，从流程上看，这两种方式都是单向的，单向的大学师资队伍国际化建设方式在特定的情况下是必要的，也是有效的。单向的师资流动方式索取得多，贡献得少，一味学习国外的先进教育理念、教育方法和学术思想，却不能形成双向交流、平等对话的作用机制，具有一定的局限性，限制了师资队伍国际化的发展。所以，在高水平大学师资队伍国际化建设中，要加强国际意识、国际观念，在国际学术交流会议、国际合作项目和国际教育资源共享中寻找"对话"契机，加强培养发现问题、提出问题、贡献思想的精神，实现自我超越与创新。尊重各种文化差异、文化背景，崇尚多元化、多民族化的文化结构，增强外语应用能力，提高国外文化素养，理解国际社会，关心和包容异国文化，强调知识交叉、互融，承认真理，真正意义上接触国际文化，实现深度的跨文化对话、交流和管理，切实提升师资队伍的国际交流能力和跨文化交流水平。

（3）加强汉语国际推广，传播优秀中国文化

跨国界、跨文化是国际化的内涵，语言的多样性是跨文化的主要体现，多种文化的接触、冲撞和交融构成了国际化文化的多样化，语言本身的工具性标志着语言的输出与推广是一种标准的建立，语言的国际推广既是一个国家"硬实力"的体现，又代表着教育的国际化水平。汉语作为我国的传统文化，推动汉语对外传播，传播优秀的中华民族人文、历史文化，培养了大量汉语推广人才，促进了教师对外交流学习，提高了高校的国际化水平，加强与国外高校的交流合作，吸引更多外国学者、留学生，清除国际交流、学术探讨及项目合作的语言障碍，强调文化互动的双向交流，提高高校的国际影响力。

（4）加强与国内高校和周边国家高校的区域化建设

首先要加强与国内高校的紧密合作，提高教师的流动性，统一课程计划，统一学分转换，统一教育质量保障体系，构建资源共享平台，建设高等教育区域合作项目，整合全部资源转化成集体的力量，加速教学、科研和社会服务工作的进展，提高国际知名度。其次是要加强与周边的国家高

校的紧密合作，由于历史的关系，我国与周边区域、国家在文化方面虽有一定的差异，但结构上有相似之处，只是在文化的多样性和文化背景有一定的不同。加强高等教育周边区域化的交流和合作，构建高等教育区域化建设平台，有利于师资队伍国际化培养，推动高等教育的国际化建设。

我国高水平大学是我国建设世界一流大学的战略构想，政策上的优势，教学、科研工作的领先、学校"硬实力"和"软实力"的突出展现，高水平大学师资队伍的国际化培养占据了很大的优势，取得了一些经验，给其他高校的师资队伍国际化培养一些借鉴。

（四）积极构建师资队伍国际化培养模式

1. 培养教师全员国际化理念

纵观世界一流的高校，无一不秉承着国际化办学的理念，越是世界上顶尖的名校，教师国际化程度越高，就越能从全球化的角度出发，研究全球性的问题。对于我国的高校来说，国际化程度较高的当属北京大学和清华大学，他们能从国际视野出发来认识高等教育的改革并分析高等教育的发展趋势，从而审视高校的办学理念、发展规划和战略目标，明确自己在世界高等教育中的地位。目前，清华大学正在推行"国际化校园"的建设，为国内高校提供了经验借鉴。要培养教师全员国际化的理念，可从以下两个方面入手：其一，要在高校内普及国际化理念，以人为本，坚持人才战略，培养具有国际视野的人才，结合中国实际国情和本校发展愿景确定国际化发展战略。高校管理者应清晰地认识到高等教育国际化的必要性和紧迫性，贯彻"引进与培养"并重的方针，密切关注世界高等教育的发展趋势。高校要加大国际化建设的宣传力度，在领导层面达成共识并推广到全校师生及广大校友，让国际化理念深入人心，从而推动国际化办学。其二，对于教师自身来说，应该多与国际上顶尖高校或研究所合作，重点研究全球热点问题，提升自己的研究水平，提高论文写作的质量；增加科研质量的贡献度。教师应积极参加各种层次的国际学术会议，担任国际知名期刊编委等来丰富自己的阅历，不断积累经验，举办有影响力的国际会议，吸引更多学者到校交流访谈，开展国际交流合作。教师要想进行国际交流，增强国际影响力，就必须精通外语。因此，教师应该不断提高自己的外语能力，不仅要提升英语阅读和写作能力，而且要重点提升口语和听力能力，这样才能扫除语言的障碍，教师的研究成果才能零距离交流。

2. 加大国际人才引进力度，优化师资结构

打破传统人才引进的常规，有计划性、有针对性引进海外优秀人才，聘请世界知名学者来校讲学、开课、从事教学科研工作是优化师资结构，快速推进师资队伍国际化发展的最直接、有效的途径。这些人才具有世界名校教学科研经验，有助于带领学校师资队伍建设走向国际化，促进国际前沿的学术理念和科研方法融入高校，提高教学团队的整体教学水平和科技研发能力，同时能帮助在校学生拓展国际化学术视野，共享国际优质高等教育资源。在引进过程中，应在大数据分析的结果指导下，根据自身层次与需求，结合高水平大学的发展要求合理引进，避免盲目引进人才，或者因自身条件等诸多因素的限制而不能为这些高层次人才提供适宜的发展平台，造成人力资源的浪费。高校应力求做到人员结构合理，学术方向互补，学科特色鲜明。

3. 注重教师的国际化培养，提高教师的学术水平

由于一些客观原因的限制，可能无法面向全球招聘一流的大师，但可以从实际出发，逐步实现自主培养，做好校内人才与引进人才的平衡衔接。目前国内也已经具备了很好的条件与能力，对于一般的学科带头人，可以立足于国内培养，但对于那些高层次人才，尤其是可以主导学科发展潮流的人才，他们需要有宽阔的学术视野和学术社交范围。针对这类人才，我们可以采用联合培养的模式，与国外一流大学建立联系，或者直接送到国外一流大学去学习，使他们在国际学术前沿领域成长，以造就更多的学术大师。鼓励中青年学术骨干出国研修，积极支持教师在国际学术机构、研究机构中任职和在国际刊物上发表文章，不断提高教师国际学术影响力及国际化水平。加大对外交流，扩大国际影响。坚持引育并举，通过"派出去"和"引进来"的国际人才交流，可以使现有的师资队伍进行知识更新，使国内外的学术交流进行有效的信息互换，实现优势互补，提高整体的教学科研水平，形成以高层次人才为核心的高水平创新团队、教学团队，形成特色优势推动师资整体水平，加快迈向世界一流行列的步伐。①

---

① 陈昌贵,曾满超.研究型大学国际化研究 [M].广州:世界图书出版公司,2014:145.

4. 构建国际交流的平台，培育国际化环境

高校应将国际化列为办学特色，构建国际合作与交流平台，全方位培育内外部国际化环境。可通过引进国外投资、共建共享教育资源、合作办学、合作项目、增强社会服务能力等措施调动外部环境，通过教师交流、发展远程教育、学术合作交流、外语教学、教材国际化、联合培养学生等途径活跃内部环境。面向全球办学，关注世界高等教育的发展趋势，与国际接轨，采用国际性的指标来评价办学水平，使教师全方位融入国际化教育环境中。

国以人立，教以人兴。高校师资队伍的国际化建设决定着高校的教育竞争力，完善创新机制引进人才、搭建平台使用人才、加强交流培养人才的师资队伍建设机制，分层次、分梯度、分学科、分类别，全力造就一支业务精湛、结构合理、特色鲜明、充满活力的国际化师资队伍，为高校的现代化发展发挥支撑、引领和服务作用。

四、加快"双师型"教师培养的步伐

2015年10月21日由教育部、国家发改委针对辽宁省相关机构推动本科高校向应用型转变出台了指导性文件——《关于推动本科高校向应用型转变的实施意见》。文件强调，基于应用型人才培养的需求来加强教师相关能力的提升，建设应用型教师队伍。以人才培养的目标与需要为基础，提升教师相应的教学能力，借助于完善的教师培训机制为教师质量与数量的提升奠定基础，加强与外校教师间广泛交流，聘请外校优秀教师到本校任教等多种途径培养教师相应能力。此外还要积极与企业等实务部门加强合作共同开展教师培训与培养工作，促进教师、工程师之间的广泛交流以及互相学习，在提高教师教学能力的基础上，不断培养实践能力，加强"双师型"教师队伍建设。对于教师开展的实践研究与技术研发给予多方面的鼓励与支持，充分了解当前社会发展中的前沿技术，掌握产业最新动态，以科研带动教学，并形成长效机制。教师水平与能力直接关乎人才培养质量，教师除了要具备丰富、扎实的专业理论知识外，同时还需要具备较强的专业实践能力，能够全面指导学生进行实践，兼具教师与工程师的双重

资格。因此普通本科学校的完美转型首先需要加强"双师型"教师队伍建设，保障充足的教师资源以及一流的实践教学质量。

（一）"双师型"教师的内涵与外延

1. "双师型"教师的内涵

由于对"双师型"概念的解读和内涵把握，不同专家学者站在不同的视角，对"双师型"教师这一全新的概念进行界定，但是在学术界还未能取得统一的概念界定。具体可以包括几个方面的观点。

一是"双职称"学说。持有这一观点的学者提出"双师型"教师要达到两个条件：第一，要是讲师或者是教授，同时还需要成为工程师或者是高级工程师，也就是"双师型"教师本身的特殊性就在于不只是配有教师职称，同时还需要配有非教师职称。"双职称"学说是"双师型"教师提出的最初含义，"双师型"的名称也就表示了具有教师和工程师等两种职称。

二是"双素质"说，也称之为"双能"说。支持此观点的学者认为"双师型"教师不只是要具备教师的专业知识和能力，同时也需要具备工程师、技师等其他职称的素养和相关的能力。另外，"双师型"教师也不只是教师的能力素养和工程师的素质直接进行相加，而是考虑把专业的知识和技能全面贯通，通过自己将教材转化为学生们能够理解的知识和相关的语言，让学生能够获得相对简单的信息，能够在较快的时间里学习到一些相关的知识和技能。上述这种观点主要是全面体现出"双师型"教师作为"双师"的能力和素质的整体特点和基本效用。

三是"双证"说。赞同这一观点的学者认为，专业技术教师只要是具有专业技术职务任职资格证书或者是相关的职业资格等级证书，如同时要求有教师资格和工程师资格证书等。这种观点无法了解到教师是否真正具有相应的职业水准或者是技术水平。教师所取得的职称，包括工程系列职称、教师系列职称等相关职称。职业资格指的是教师取得由劳动和社会保障部门、行业、企业等其他工作单位颁发的资格证书或者是相关的技能证书。其最大的优势就是容易进行审核，审查时不需要进行其他方面能力的测试，而只需要教师把相关的证书出示，就能够判断其是否为"双师型"教师。

　　四是"叠加"说。支持这一观点的学者全面地把"双证"说和"双能"两种学说的观点进行了综合，认为"双师型"教师不只是需要持有"双证"，同时还应该明确具有"双证"所要求的一些基本技能："双证"是"双师型"教师的基本补充形式，"双能"是"双师型"教师的基本内容和相关的内涵。①如今，高等职业教育人才培养评估和相关的指标体系对"双师型"教师的界定就是对上述观点的基本体现，即双师素质教师指的是同时具有教师资格，而且还是校内专任教师或者是在校外兼课的相关工作人员：（1）具有本专业中级或者是高级的职业资格（含持有行业特许的资格证书或者是具有专业资格或者是技能的考评人员），同时其在近五年主持或主要参与过校内实践教学或者是用于检验技术水平提升的安装设计工作，并且取得了良好的利用效果，在省内同类的院校中保持了领先地位：（2）近五年中有两年以上（可累计计算）在企业的具有基层实践工作经历，能全面为学生们参与实践活动提供有效指导：（3）近五年主持（或主要参与）过一些关于应用技术的研究工作，而且其成果已经得到了一些企业采用，并取得良好成效。这种观点，不仅是强调了教师必须持有能够证明自身水平和能力的证书，还需要在技术应用或者是教学实践方面进行大量的研究，表明自己在这一技术领域具有一定的能力。

　　五是"双层次"说。赞同这一观点的学者认为"双师型"教师需要通过理论上进行专业知识的传授，同时也能够在学生的技能上提供相关的指导，并为学生们形成正确的人生观、价值观指明前进的方向，培养他们的职业道德能力。所谓双层次也就是具备第一层次或者是第二层次能力的素质教师。②

　　六是"一证一职"说。认同这一观点的学者认为对于校内教师，"双师型"教师要求既具有教师职称，同时又具有其他职业资格证书的教师。而对于校外的或者是兼职教师，则要求具有教师资格证书，同时也具有其他非教师系列高级专业技术职称或者是其他职称。

　　通过对上述研究的归纳，笔者认为"双师型"教师概念其实就是指地方本科高校中，教师既具备一定深度和广度的理论基础知识，具备一定的

---

① 姚贵平.解读职业教育"双师型"教师［J］.中国职业技术教育，2002（06）：30-31.
② 参见易兰华.高职双师素质教师认定标准研究［J］.成人教育，2008（12）：22-23.

教学能力，同时，又取得相关职业技能资格证书，教师在技术开发和研究实践方面都具有一定实力的教师，才能称之为"双师型"教师。

2."双师型"教师的外延

"双师型"教师的外延具体可以包括两个方面：一是学习培养的具有本行业相关资格核能力的老师。这类教师本身的工作和人事关系在学校，其工作重心还是要进行教育和教学，参与企业或者是行业的实践活动；二是从行业、企业招聘的具有教师资格的兼职教师。这类教师的人事关系通常情况下并不在高校。而对于这类教师而言，学校也只是对其教学工作进行有效的评估和管理。这类教师可以成为"双师型"教师的重要组成，而且是其中不可或缺的部分。通过相关的资料显示，美国社区院校的兼职教师的构成可以有多种可能。加拿大社区学院兼职教师的比例高达80%以上。德国、英国的职业院校也增加了对兼职教师的聘任。究其原因，可以主要归纳为如下几个方面：第一，高校和地方经济的发展存在着紧密的关联性，许多课程本身就存在着较强的实用性，需要由一些经验相对较为丰富的教师来承担。第二，通过聘任一些兼职教师，能够把课程教学和生产实践结合。所以，随着社会的发展，兼职教师未来势必成为高校的重要组成部分。需要注意的是，兼职教师只有拿到教师资格证或者总授课量达到一定时长且年授课数超过某一定数量后才可纳入双师型教师队伍当中，[1]以此来保持教师的稳定性，并提高教师的道德素养和职业能力。[2]董琳提出，"双师型"教师队伍具体是由"双师型"教师作为主要的教师，以实习指导教师为辅助的"双师"结构的队伍。[3]张沛华认为"双师型"教师队伍是按照相关的要求构成一定比例的师资群体。[4]

（二）制定"双师型"教师队伍建设整体规划

"双师型"教师队伍建设是项系统工程，既需要国家和学校高度重视，又需要学校根据实际情况制定专门的"双师型"教师队伍建设整体规

---

① 参见覃丽.高职院校双师型教师队伍建设的现状与对策[D].天津：天津大学，2005.

② 参见柳泳.新建地方本科院校教师队伍建设问题研究——以安徽省某一新建地方本科院校为个案[D].南京师范大学，2008.

③ 参见董琳.企业技工学校"双师型"教师队伍建设的现状及策略研究——以济南市为例[D].内蒙古师范大学，2012.

④ 参见张沛华.贵州省高职院校"双师型"教师队伍建设研究[D].西南大学，2009.

划，来改变以往"双师型"教师队伍建设部门支持力度不够、无具体实施方案的现状。

1.国家做好教师队伍建设的顶层设计

当前，国家对地方本科院校转型的转型思路、转型任务、转型阶段等方面进行了规定和明确，但对新建地方本科院校转型的关键——教师队伍转型的顶层设计不够。国家作为地方本科院校转型发展的主导者要做好顶层设计，将建立一支技艺精湛、结构科学、相对稳定的"双师型"教师队伍作为地方本科院校教师队伍转型的重要目标，对教师队伍的转型目标、转型思路、转型方法以及转型保障等方面予以明确。

国家要出台相应的鼓励政策和优惠措施鼓励地方政府、企业和学校积极参与转型。一方面，对积极推进教师队伍转型的学校给予肯定和表彰，并给予相应的鼓励和优惠，对地方本科院校转型的目标和前景进行整体规划和安排；另一方面，对教师队伍转型提供政策支持和经费保障。在这方面，国家为提高职业院校"双师型"教师队伍建设水平的做法值得借鉴，如 2006 年和 2011 年，教育部和财政部启动实施两个周期的职业院校教师素质提高计划，中央财政投入 32 亿元，全面覆盖中职、高职教师队伍建设；2016年，启动"十三五"职业院校教师素质提高计划，持续推进职业院校"双师型"队伍建设，打造一批专业带头人和职教名师，领军"双师型"教师专业发展……这些政策支持和经费投入极大地保障了职业院校"双师型"教师队伍的建设和发展，因此可以被地方本科院校教师队伍转型所借鉴——由国家出台专门的政策提高新建地方本科院校双师素质，投入充足的专项经费建设"双师型"教师队伍。

国家还要加强准入制度设计和监管。在确定转型试点高校时，要防止个别高校不是以转型为发展目标，仅以转型为途径套取政策红利的现象。对于通过国家审核的地方本科院校，要和地方政府、教育部门联合监管转型学校是否把培养应用技术型人才作为目标，是否重视教师队伍转型。通过准入制度设计和监管，引导转型的地方本科院校重视教师队伍转型，切实培养应用型人才。

2. 高校"双师型"教师队伍建设的对策

（1）转变理念，合理规划"双师型"教师

地方本科高校在未来的转型方向就是成为应用型大学，这也是我国经济发展和转型的必然趋势，是坚持了职业技术教育发展规律而取得的经验，是在对我国和国外办学模式进行对比而得到的总结。应用技术型大学是面向就业与生活的教育，是与普通大学并行、以专业教育作为主要的教育形式，是高等教育体系中十分关键的力量。对于高校而言，其主要的功能就是进行人才培养，并且实施技术研发，为地方经济发展和就业提供服务，并让人们终身受益。我国地方本科大学的转型和发展，并不是把一些单项的改革措施进行相加，也不是对校名进行调整，而是全面系统的改革。若要促进高校实质性与创新性的改革，则必须把握并明确高校的发展目标和标准。实现这一目标，国家和政府有关部门都需共同努力，广大人民群众全面参与，同时也需要发挥地方本科高校的工作积极性。而观念的转变、定位的明确都是实现地方本科院校自我发展的根本表现，同时也是促进高校转型的重要因素，是优化师资队伍结构的前提。

一是要不断地转变办学理念。地方本科高校要对传统的办学思路和基本理念进行调整，对当前的高等教育重新进行全面审视，摒弃高校发展长期以来追求的"高大上"规模，和对职业教育的排斥观念，要对应用技术大学和转型发展的重要性和必要性有高度的重视。[1]，所以，为了使地方高校的转型能够更好地服务于社会大众与社会进步，我们要积极做好对人才培养道路的建设，充分利用产学研相结合的有效路径，优化基础理论、建立专业宽口径以及让人才培养和社会接轨；将理论知识与实践操作技能培养相结合，将教学观念逐步导向创新精神、能力和操作实践能力的培养；以学生为主，教师为主导，加强对学生独立性和终身学习的教育管理。随着培养方式和教学模式的转型，以往的照本宣科已无法再为学校和学生提高成效，与此同时也意味着教师的评价导向、考核内容与方式都要做出相应调整与改变。全面地发挥政府调控和市场机制的功能，并全面地推进需求变革，并为人才强校发展战略进行科学规划，增强教师转型发展，更有

---

[1] 肖华.应用型本科高校立德树人探索［M］.苏州：苏州大学出版社，2014：12.

效地促进教师的专业实践操作技能提升，对于高校转型具有重要意义。

二是要明晰应用型本科定位。实践操作技术层面的提升是应用型人才培养的重要前提，因为相比普通本科，应用型本科更注重对实际问题的实践操作能力。因而高校转型，在提高教师素质教育的同时，还要对其采取相应有效的手段，对办学定位和人才培养目标要增强理解，在得到普遍认可的基础上，要紧密联系地方本科院校及转型教师的实际情况，借鉴已有的外国办学经验及其对"双师型"教师的认定和培养方式，加强"双师型"师资队伍的建设。

要与企业展开深度密切合作，加大校企合作领域和增加与其他相关人员之间的合作机会，促进地方高校对学科进行合理定位、突出其未来发展特色，拓宽其发展规模等，打造与政府、企业、高校三方培养，全力打造产教结合、研学互融、协同发展。

促进地方本科高校"双师型"教师的转型并不是短时间内能够解决的，并且需要政府、学校和教师三方合作，还要经历一个"双师型"教师操作实践锻炼和培训的必要阶段。高校应结合自身的实际情况，寻求一条适合本校"双师型"教师的有效培养路径。学校在教师理论教学能力和实践技能方面，不仅要制定符合且可行的培养计划，还要对各项培养指标进行明晰，然后对其进行严格实施。具体地说，高校应制定适合本校"双师型"教师培养培训的长期目标和短期目标，再划分为分项任务，分配到每个学院和各个教师。从内容看，建立专业的"双师型"教师测评体系系统，明确专业教师发展方向，考核方式要针对教师发展的各个方面。从培训形式看，全面促进岗前培训和在职培养相结合，脱产进修和在职学习相结合，系统长期培训和短期培训相结合，学历培训和提高培训相结合，安排教师有计划、系统地利用假期和业余时间进行师资培训，并系统地提高他们在不同类型、层次和专业方面的培训。总之，应该制定一个合理的全面计划来培训转型教师，并有计划和有组织地逐步更新他们的专业知识和实践技能，以提高他们的学术水平，从而促进地方高校"双师型"教师队伍建设。

（2）拓宽"双师型"教师队伍渠道、优化师资结构

一是要不断地拓展师资引入渠道。培养具有较强的专业能力和动手能力的人才队伍、同时又具有一定的专业能力和实践能力的应用型人才，这需要通过把高校的专业教师和社会人才资源结合才能促成。为了能够达到对应用性人才培养的基本需求，学校要取消重学历和职称而不关注能力的做法，坚持以解决实际问题为中心，提出科学的人才选择标准，应着眼于为技术提出标准规范，同时也制定行业规范，摆脱以往落后的思想和相关理念，积极地为促进教师全面发展营造良好的外部环境，不断地进行师资渠道的拓展。在人才引入工作中，要更好地促进专业标准与职业资格标准的契合度，与经济社会发展的新态势相结合，努力建设一支有理想、有责任，丰富的知识、经验和高水平实践技能水平的"双师型"教师队伍。在德国，对"双师型"教师资格的要求，是建立在高度专业化形象的基础上的，因此对其进行资格审查的要求相对较高，而且国家明确要求"双师型"教师师资报考者的从业人员要具有一年或者是一年以上的工作年限，也可以是取得教育部统一颁发的教育技术员资格证书。该项证书要求大学毕业要通过国家级的第一次考试，再进行一年半或者是更长时间的教育实习，然后再次通过国家考试，考试通过者才能取得相关的资格证书。日本在进行"双师型"教师培养时，其课程存在着明显的特色，建立了四年制长期课程和为期半年的短期课程。为期四年的长期课程只对高中生开设，并且对他们的培养方式不同于为期六个月的短期培训。长期课程是对具有一定的理论知识，教学能力和专业技能教师进行培养，而六个月短期课程是专门为一些需要取得专业技能和实践经验的人员准备的，参加学习者则要求通过国家二级技能考试，有三年以上的实践经验，或者取得了同等水平。美国也开始推行"职业技术教育教师证书制"，职业教育师资本人要取得本科学历，而且还需要取得学位，并在和本专业有关的企业具有一年的实践经验。韩国政府则对职业教育教师资格证书体制限制得更加严格，具体可以划分为三个等级，每个等级都有具体的认定标准，因此具有较强的规范性和可操作性。

二是要对师资结构进行优化。应用型人才的培养，其核心要素就是对教师结构的有效建立。首先要优化学历结构。因为具有较高的素质和实

践操作能力的教师对应用型人才培养具有很大的影响，这些素质和能力具体可以涵盖专业理论素质、科学文化素质、思科研能力等，所以对"双师型"教师的要求在不断提高，无论理论教学，或者是实践教学，都对教师们的思想道德修养和科研教学能力提出了要求。其次要对职称结构进行优化。"双师型"教师是把理论和实践教学融入一体，不仅要求教师具有一定的理论水平，同时也要求他们具有相对熟练的教学能力，这就对"双师型"教师队伍的职称结构提出了明确的规定：必须在后续工作中提高"双师型"教师的比例，要求师资队伍的整体教学和科研能力相对较高，即教师队伍要保持合理的职称结构。最后要求对他们的年龄结构进行优化。应用型人才要求培养出一支具有一定的创造能力的人才和熟练操作技术的中年和青年教师专业团队，他们不只是要对工作保持热情，身心健康，而且思维开放等，同时对科研充满热情。因此，强化对青年教师的培养，引进年高素质人才队伍，是现在地方高校亟须解决的问题，以满足应用型人才培养的总体要求。

（3）强化培训"双师型"教师专业技能

①要将校内外的实践教学资源进行合理的整合和优化。实施委托培养的模式，将教师分批次安排到一些相关的企业中去实习和锻炼，或让科技特派员参与到一些国际项目的研发和合作中，提高教师实操技能，推进专业与课程建设和教学改革；引进在相关行业中有着丰富经验和高水平学术研究的专家与技术人员担任相应的教师，促进行业企业人员为教师进行技能的传授，建立学校与企业之间的合作桥梁，组建同时具备理论与实践技能的教师团队。为了当今企业不断发展的多样化需求，满足专业教师理论知识与实践技能相联系的需要，学校应有针对性地组织各专业教师进入社会的各行各业中，丰富自身的社会经验，增加专业知识，提高自身专业的实践能力。学校可以在寒暑假期间让专业教师进入相关行业的企业单位，通过以上多种形式使他们及时掌握行业的第一手情况，了解行业的现状与发展趋势，更好地把自己的理论知识与实践结合，提高自身素质。学校还可以通过实施相关规定来提高专业教师的"双师"素质，如规定在评定职称和职务时需要有到相关行业企业中 1 至 2 年的实践经验，另外，还可以将专业教师分派到对口的培训基地进行专门的学习培训，并对获得相关专

业技能证书的教师进行奖励，以此来激励教师们不断充实自己的经验和知识，掌握相关技能，增强自身能力。[1]职业教师在德国是一种终身职业。职业教师在德国一定要接受过高等教育，并且从事教育工作五年以上，获得国家认定的职业资格证书，且熟练运用教育学与心理科学，才能被确定为终身的职业教师。德国职业学校的教师可以划分为理论课教师、普通教育课教师和专业实践课教师等。前两类教师要求在国家认证的大学接受教育并顺利通过国家考试。而专业实践课教师需要通过国家的考试之后进行二至三年的实践，也就是去相关行业企业进行实习，往往更多的教师还需通过第二次国家考试后才能正式上岗成为职业学校的专业实践课教师。[2]

②要建立和完善对青年教师的培养路径。学校要组织实践和职业资格等方面的培训，引导青年教师能够对自身未来的职业生涯进行科学规划，加快推进转型，使青年教师完成课程、方向与成长上的定位；多举办一些教学公开课、知识技能竞赛、学术沙龙等其他的活动，提高教师的教学和职业能力；推进青年教师岗前专业培训机制，增加青年教师的外出研修与职业锻炼经历，并与职称的评定挂钩。学校可以每学期选派专业骨干教师和优秀中青年教师前往一些优秀的大学进行技术交流和学习，并不断地提升本校教师队伍的综合素质。

③要让学生和老师共同去行业企业的一线学习，使产学研更好地融合。学校可以利用假期时间带有明确目标地分批次地让老师与学生进入行业企业，通过上岗实操等多种形式进行锻炼，提高自身的经验和技能，丰富自身的专业知识。学校也可以从行业企业等用人单位，将那些具备丰富的专业知识与经验技能的专家请进学校，与学生老师展开亲密互动，把理论知识与实践技能紧密结合，在向学生传授理论知与技能知识的同时，也对在岗的专业教师进行了相关培训，为学生和老师的实践经验累积与创新创业提供更多途径与综合服务，推进"双师型"师资队伍的培养与建设，不断更新老师的知识理论体系和学生的学习观念，使师生掌握更多的专业实践技能，实现"双师型"师资队伍引进与培养的充分结合。

④要着重研发新一代的实训基地以及实训科目。各级各类学校要分

---

[1] 参见徐学兰.地方应用型本科院校"双师型"教师培养问题探究[J]教育探索, 2012(12): 102–103.
[2] 参见杨莎莎.国外"双师型"师资培养模式比较及对我国的启示[J]成人教育, 2007(06): 95–96.

批分次、有条理地带动教师去相关部门批准的"双师型"实训基地进行培训，聘请专家和一些相关的优秀技术人员在寒暑假或者是其他的时间对教师进行培训。

首先就是实训基地的管理方式应当多种多样。现行的职业院校的实训基地模式较为单一，应当继续推进管理模式的多样化，建立更多适应学校发展的实训基地。而针对一些行业内领先、专业性较强的实训基地，比较适合利用一些现有的条件对自身进行补充和不断的完善，依据现在职业学校师生培养的共同特征进行全面改革，使其成为职业学校对教师进行培养的场所。

其次是防止实训基地投资主体的单一化。改革以往仅仅依靠政府拨款的单一化形式，推进社会、政府、企业、学校投资主体的多元化，实行共享资源、共享理念的创新型模式建设，寻找一条校企合作、多渠道融资的道路。实训基地在学校发展历程中的作用十分重要，学校应该增加对实训基地以及实验教学的经费投入，积极发挥人才的主观能动性，加强全社会对学校的信赖程度。

最后是创办"产、学、研"相结合的体系。"产、学、研"结合就是生产、教学以及科研三者合一，以加强生产、发展新技术新工艺和相关应用来促进教学的发展。在信息技术高度发展的今天，不能把教学作为单独的一部分去发展，而是把教学渗透进科学发展和经济基础建设当中去，不仅能够成为新经济时期学校实训基地的重要保证，同时大力增强教师的科学研究精神和创新创造实力。相关生产部门和科研基地应当与职业学校共同合作，加大推进实训基地和实验教学场所的建立，发展长处，减少短板，形成一个新的共同体。为职业学校的学生开展实训工作和进行相关培训及有关科研单位进行试验开设有利条件，就要更加积极利用实训基地的先进科学技术和高科技的设备器材，继续推进应用项目、科学成果、生产技术、科技咨询的开发和研究，形成一种"产、学、研"合一的良性循环模式，并积极探索相关的运行机制和教学培训的道路。

（4）构建多元"双师型"教师建评价激励机制

①要完善教师评价与激励机制，促进教师主动发展。从根本上解决地方本科高校"双师型"教师发展的问题，只有构建发展性高校"双师型"

教师评价体系才能实现，因此，要对资格认证，高校管理和人才培养等各个方面进行完善。明确"双师型"教师培养内容、范围、渠道等，是完善"双师型"教师培养培训最主要的实施办法。对教师评价进行改革，首先就是要对教师进行分类管理，才能使教师主动向"双师型"方向发展；制定"双师型"教师的职业和相关资格认定，明确"双师型"教师数量比例和培训的标准要求，启动相关的资格认定工作，在职称评聘、评优评先等各个方面要向教师倾斜。要为教师的培训提供专项经费，与企、事业单位共进行校企合作培养"双师型"教师，建立"双师型"教师教学和具体的实践基地，实施"两进、一培、一参与"等相关制度，并建立相关的职业教育培训基地。充分采用多种培训手段，调动所有相关人员的积极性，让他们对高校转型发展积极认同，并进行实践教学工作，以稳定和把教学队伍壮大。①

②要构建教师评价激励相结合的工作机制，激发教师的创造性。在管理学中，激励本身就是一个相对较为重要的概念，"主要是指激发人的动机，使得人们能够按照相应的要求前进，并且最终能够达到目标的心理活动过程。激励也就是把主体的主动性积极发挥起来的过程。"②在现代教育理论中，激发教师的基本动机以及如何把教师的积极性调动好，都是当前的重要课题。地方本科高校在培养一些应用型人才的过程中，也需要考虑调动教师们的积极性。教学质量的提升能够对应用型人才的培养发挥重要作用，所以，在实际工作中，要求对"双师型"教师进行分类管理，同时科学地设计"教学型、科研型、教改型、教学+科研型"等各种不同类型的教师管理体系，建立适应应用型人才培养模式的变革，调动教师的工作热情，并合理地对薪资进行分配。教学水平、教师参与基层实践训练等都可以作为激励教学的重要指标，把一年以上行业企业实践经历作为其专业技术和相关能力的晋升依据。完善各类奖教基金管理办法，奖励在实践教学，或者是科研等其他方面取得较大贡献的教师，对赴国（境）外应用技术大学进修的教师提供经费支持，最终形成全校都争当双师型教师的文化

---

① 振天.没有最好只有更适合——透视新建本科院校人才培养的五大矛盾［N］.中国教育报，2012—05—08.

② 苏东水.管理心理学［M］.上海：复旦大学出版社，1987：225.

环境。^①

五、优化高校教师分类管理模式

高等教育规模的扩张，我国高校专任教师队伍规模不断扩大，规模庞大的高校专任教师队伍在为我国高等教育事业发展作出重要贡献的同时，也面临着诸多管理方面的问题。在此背景下，高校教师分类管理成为进一步优化我国高校教师管理机制，推动高校教师专业发展，提升高校教师队伍整体质量的重要方式。高校教师分类管理是高校人事管理制度改革的必由之路。高校教师分类管理针对高校人事管理提出了分类设岗、分类管理的新的人事改革思路，使高校人事管理逐步实现了由身份管理向岗位管理、由综合性管理到差异性管理的转变，创新了高校人事管理思路和方法，是高校管理体制改革的创新发展。同时，高校教师分类管理是高校师资队伍建设的重要保障。高校教师分类管理以教师岗位分类为管理前提，针对不同类型的教师岗位在教师管理的各个环节分别作出针对性的规定，为高校教师的管理实践提供了现实标准和操作方案，有利于最大限度地发挥高校教师管理效力，推进高校师资队伍建设进程。

（一）高校教师分类管理的概念界定

本书所研究的高校教师分类管理是一个综合性的概念，涵盖了教育学、管理学、经济学等多个学科。从教育管理学上来讲，高校教师分类管理就是针对不同岗位、级别的高校教师，在岗位分析、岗位设置、岗位聘任、岗位考核、岗位培训、岗位退出等环节采取有针对性的差异化管理策略，目的是为了推进高校教师的专业化进程，提升高校师资队伍的整体水平，更好地发挥高校教师在高校发展过程中的主力军作用。从管理学上来讲，高校教师分类管理就是实现高校教师管理从身份管理到岗位管理的转变，是深化高校教师聘任制改革，进一步落实高校人事管理制度改革的重要体现。从经济学上来讲，高校教师分类管理就是高校教师人力资源分类开发的过程，通过对高校教师岗位的类别设置和分类管理，有效提升高校教师人力资源开发水平，

---

① 参见朱来斌.地方本科高校转型视阈下"双师型"师资队伍构建路径探析[J]学术探索，2016（12）：149-152.

提升高校教师的"生产力"水平，充分发挥高校教师人力资源在高校知识创新与传承、科学研究和社会服务等方面的作用。

本书关注的高校教师分类管理主要是指相应管理主体针对不同岗位、不同级别、不同类型高校教师的分类管理，主要涉及分类聘任管理、分类调配管理、分类培训管理、分类薪酬管理、分类考核管理和分类退出管理等六个方面。就高校教师分类聘任管理来说，主要是指相应管理主体针对不同岗位、不同级别、不同类型高校教师在招聘和职称、岗位聘任等方面的管理；就高校教师分类调配来说，主要是指相应管理主体针对不同岗位、不同级别、不同类型高校教师在职位调整、人员流动方面的管理；就高校教师分类培训来说，主要是指相应管理主体针对不同岗位、不同级别、不同类型高校教师的岗前培训、国内外进修、学历教育等多种教育培训方式的管理；就高校教师分类薪酬管理来说，主要是指相应管理主体针对不同岗位、不同级别、不同类型高校教师的基本工资、奖励绩效等多种薪酬构成部分的管理；就高校教师分类考核来说，主要是指相应管理主体针对不同岗位、不同级别、不同类型高校教师的年度考核、聘期考核等各种考核评价方式和内容的管理；就高校教师分类退出管理来说，主要是指相应管理主体针对不同岗位、不同级别、不同类型高校教师的自然性退出（退休）、主动性退出（辞职）、被动性退出（辞退）等各种高校教师退出形式的管理。

基于对以上相关核心概念的界定，高校教师分类管理在本质上就是：高校等管理主体依照一定的管理制度和规范，对高校专任教师进行差异化管理的实践活动。

（二）我国高校教师分类管理优化的具体策略

1.建立健全高校教师分类管理制度体系

高校教师分类管理的有效实施需要完备的高校教师分类管理制度体系作为指导和保障，也只有建立健全高校教师分类管理制度体系，我国高校教师分类管理工作才能够有针对性，才能够事半功倍，取得良好的管理效果。高校教师分类管理制度体系的建立健全需要在构建科学全面的高校教师分类标准的基础上，从各个层级和方面着力。

（1）构建科学、全面的高校教师岗位分类标准

科学、全面的高校教师岗位分类标准是高校教师分类管理的基础和

前提，只有依据科学、全面高校教师岗位分类标准对高校教师岗位科学分类，才能够真正实现科学的高校教师分类管理，提升高校教师分类管理效果。高等院校自身发展现状的差异和当前的分类发展战略，对于高等院校专任教师队伍建设和专任教师自身发展都提出了不同的要求。反映到高校教师岗位分类方面，就要求不同层次、不同类型的高等院校应针对自身发展现状和发展战略制定符合实际需求的高校教师岗位分类标准，无论是当前流行的"三分法""四分法""五分法"，还是其他分类标准和方法都应与院校发展实际需求相适应，应进一步提升高校教师岗位分类标准的科学性、全面性和适应性。同时，科学、全面的高校教师岗位分类标准一定是人性化的、充分关注高校教师个人发展需求的分类标准。科学、全面的高校教师岗位分类标准，一方面应充分关注高校教师性别、年龄等生理、心理发展特征，进一步彰显高校教师岗位分类对教师的人性关怀；另一方面应充分关注不同学科、不同层次、不同发展阶段的高校教师的发展需求，在高校教师岗位分类中充分关注高校教师的专业性特征，进一步提升高校教师岗位分类的科学性。

（2）构建政府、学校、社会等多方协同的制度结构

我国高校教师分类管理制度体系的构建需要各级政府、学校、社会共同着力，多方协调。在政府层面，国家针对我国高等教育事业发展的实际需要和高校分类发展战略的现实需求，制定出台诸如高校教师分类考核、分类聘任、分类薪酬、分类退出等方面相应的高校教师分类管理法规、制度，为高校教师分类管理提供明确而全面的法律支撑。在地方层面，地方政府应遵循国家有关高校教师分类管理的相关政策规定，结合地方发展实际，进一步完善地方层面的高校教师分类管理制度。在学校层面，各个高校应结合学校发展战略和自身具备的办学水平、办学条件、教师队伍状况在遵循国家和地方相关法律法规的基础上，制定符合本校发展实际的教师分类管理制度体系。在社会层面，各个社会组织、行业协会应针对社会与高校的联系与合作，切实完善诸如高校教师校外兼职、社会服务等方面的制度规定，构建起社会层面的高校教师分类管理辅助制度体系。这样通过国家、地方、学校和社会等各个方面共同着力，构建起高校教师分类管理制度体系，可进一步明确各个方面在高校教师分类管理当中的权责，提高

各方在高校教师分类管理工作中的协调性，提升高校教师分类管理工作的效率和效果

（3）构建起全域的高校教师分类管理制度结构

我国高校教师分类管理制度体系的构建需要从高校教师分类聘任制度、分类调配制度、分类培训制度、分类薪酬制度、分类考核制度和分类退出制度等六大方面着力，构建起全域的高校教师分类管理制度结构。具体是：①结合高校发展实际，制定能够吸引适合学校发展的人才的高校教师分类聘任制度；②构建能够促进人才、智力良性流动的高校教师分类调化制度；③构建能够提升教师核心素养的高校教师分类培训制度；④能够体现公平的高校教师分类薪酬制度；⑤构建能够激发教师活力的高校教师分类考核制度；⑥构建能够实现教师队伍优化的高校教师分类退出制度。

2.提升高校的教师分类管理水平

（1）扩大高校办学自主权，提升高校在教师分类管理当中的主动性

扩大高校办学自主权，需要处理好高校内外部两个层面的权责关系。一是要处理好高校与政府的权责关系。二是要处理好学校与二级学院、科研机构的权责关系，在高校教师分类管理中，涉及教师人事管理权责在校内的分配和协调问题。随着中国现代化大学制度建设、高校治理结构的不断优化与管理重心的下移，二级学院作为重要的办学实体，其治理问题已经成为高等教育理论研究和实践探索的重要课题。[①]在高校教师分类管理上，二级学院作为重要的办学实体理应承担相应的管理责任，在教师分类聘任、分类调配、分类培训、分类考核、分类薪酬和分类退出等环节应具备相应的话语权并承担相应的责任，只有有效协调校、院两级在高校教师分类管理当中的权责关系，才能真正提升高校教师分类管理的针对性、务实性和科学性。

（2）提升高校统筹协调能力，实现高校教师分类管理的多部门协同

提升高校在教师分类管理工作中的统筹协调能力。一是应完善高校教师分类管理的统筹协调制度。应进一步明确高校在教师分类管理中的统筹协调的责任和权力，明晰高校校级层面和人力资源部等各个相关部门在高校教

---

① 参见张德祥,李扬帆.二级学院治理：大学治理的重要课题[J].中国高教研究,2017(03)：18–22.

师分类管理中的权责和协同机制，为高校在教师分类管理工作中统筹协调功能的发挥提供坚实的制度支撑。二是应建立高校教师分类管理的统筹机构。高校教师分类管理统筹协调机构需要从校级层面着手，构建教师分类管理事务委员会，就教师分类管理工作中涉及多个部门的事务进行统筹协调，强化人力资源部、财务部、科研部、教务部等高校教师分类管理相关部门的协同性，提升高校教师分类管理工作的效率。三是应针对高校教师分类管理工作构建统一的反馈、评价机制，针对涉及多个相关部门的教师分类管理事务的处理过程和结果进行客观、全面的评价反馈，针对存在的问题和风险及时纠正，以逐步完善高校教师分类管理的统筹协调机制。

（3）完善高校宣传机制，提升高校教师对高校教师分类管理的认同感

加大高校教师分类管理制度在高校教师群体中的宣传力度，一方面应在学校文化建设中突出教师分类管理方面的相关思想和内容，将高校教师分类管理思想通过校园文化熏陶的方式逐步渗透到高校教师群体中，使高校教师在思想上逐渐认同高校教师分类管理。另一方面，学校还应加大对高校教师分类管理相关制度的宣传力度，将关系到广大高校教师群体的教师分类管理相关制度切实传达给每一位教师，使高校教师加强对分类管理相关制度的理解和认识能力。同时，高校在具体的教师分类管理工作中也应注意相关政策的严格执行，使广大高校教师在具体的管理事务中理解和体会相关制度的思想和内容，进一步强化自身对高校教师分类管理的认识。

（4）强化高校差异化管理理念和措施，加强对高校教师的人性关怀

在高校教师分类管理中进一步关注教师差异，加强对高校教师的人性关怀，一方面，应进一步优化高校教师分类标准，将高校教师学科发展特点、年龄、生理和心理状况等充分考虑进高校教师分类标准的构建过程当中，进一步提升高校教师岗位分类的科学性、合理性和人道性，在此分类标准上的高校教师分类管理才能够真正实现其服务和保障教师成长，提升高校教师人力资源质量的目标。另一方面，在具体的高校教师分类管理事件中，应强化以人为本的服务理念，充分提高对高校教师群体的服务意识，提高高校教师分类管理工作的灵活性、主动性，使高校教师分类管理工作能够切实尊重高校教师的客观差异，保障高校教师的基本权益。

（5）构建专业化的高校教师分类管理教育职员队伍

只有将高校教师分类管理专业人员队伍建设纳入高校分类发展战略下的专业管理人员队伍建设体系当中，才能最大限度地实现人力资源共享协同，使高校教师分类管理工作能够真正地落到实处。一是应着力构建高校教师分类管理的专业人员队伍。高校应从教师分类管理出发，统筹人事部门、财务部门、教务部门等教师管理相关行政机构，着力打造具备教师分类管理知识和能力的专业管理人员队伍，提升高校教师分类管理的专业化水平。二是应着力高校行政管理人员转变身份观念，从传统的事业编制理念中的"单位人""国家干部"等身份中走出来，确立契约观念，通过高校教育职员聘任制构建高校教育职员与学校的契约关系，实现对高校教育职员队伍的管理由身份管理到合同管理的转变，提升对高校教育职员的管理水平，并以此内推高校教师分类管理水平的提升。三是明确高校教育职员的法律身份，保障高校教育职员权力的有效行使，避免高校教育职员权力的越界。一方面，应通过制定和完善相关法律法规和大学章程，实现高校教育职员行政权力的合法化，保障高校教育职员在教师分类管理过程中行政权力的有效实施。另一方面，应在"整个社会从管理行政向服务行政转变的环境下，实现高校教育职员的服务者、支持者等角色的明确化、制度化"①，保障高校教育职员在其合理的范围内履行其权责，避免权力滥用，保障高校教师分类管理的科学和有序。

3. 完善高校教师分类管理的评价与反馈机制

完善的高校教师分类管理评价与反馈机制有助于科学引导和规范高校教师分类管理工作，促进高校教师分类管理的不断优化。完善高校教师分类管理的评价与反馈机制主要从评价指标、评价机构、评价对象和评价结果的适用等几个方面展开。

（1）构建符合高校教师分类管理实际的科学评价指标体系

高校教师分类管理的评价应在具体管理实践中，根据现代人力资源管理理念及核心内容，结合高校教师分类管理岗位分类、职责匹配、差异化管理等基本原理，设置出一套符合高校教师人力资源管理特征的评价指标

---

① 邹银凤, 孟倩.完善高校教育职员制度的思考.[J].中国高教研究, 2011（06）: 67.

体系，如：高层次人才引进率、优秀教师流失率、教师分类培训完成率、教师分类考核完成率、教师分类薪酬计算的准确性和及时性、教师与学校劳动纠纷数量、教师对高校人力资源管理与服务工作的满意度等。在高校教师分类管理的评价实践中，应坚持定性评价与定量评价相结合，力求准确客观地评价高校教师分类管理成效。

（2）引进第三方评价机构

第三方独立机构的介入有利于以公证、权威的非当事人身份，根据法律、合同或标准进行评价，从而提高效率，降低风险。现代大学制度的构建需要大学内外部治理结构的改革和优化，通过完善高校管理评价机制，引入第三方评价机构可以实现真正意义上的社会参与，提高高校教师分类管理评价的效率并保障其科学性、客观性和公正性。政府和学校通过购买服务的形式，引入独立于政府、学校的第三方评价机构介入高校教师分类管理工作评价，可以有效实现管理与评价的分类，高校教师分类管理工作的成效不再由管理者进行自我评价，而是通过第三方评价机构，依据科学的评价指标体系，公正、客观地对管理工作进行评价。

（3）明确评价的对象

高校教师分类管理的评价，其对象是高校教师分类管理工作。高校教师分类管理工作的成效不仅仅是通过高校教师队伍建设情况体现出来，还包括高校教师个体的专业发展情况和高校整体的人力资源管理状况。高校教师分类管理的评价，既要考虑高校教师群体的发展，也要考虑高校教师个体的成长，更要考虑高校的整体发展。只有这样，高校教师分类管理的评价才更全面，才能够切实反映高校教师分类管理工作的实际情况，达到预期的评价效果。

（4）重视评价结果的适用

评价的目的是更好地反映工作状况，为工作的优化提供客观而全面的参考依据。国家和高校应充分重视高校教师分类管理的评价结果，从评价结果中发现问题，分析原因，优化工作。针对高校教师分类管理的评价结果，高校人事处、财务处、科研处等相关部门要及时对照检查，不断优化高校教师分类管理工作，提升高校教师分类管理工作水平。

第六章　加强高校教师队伍建设管理的路径

　　路径，是解决问题的门路、方法。面对当前高校师资队伍建设管理存在的突出问题，笔者在理顺我国高校人事管理制度改革的历史变迁，总结其经验的基础上，充分借鉴国内外高校教师队伍建设管理的先进经验，探究构建现代师资管理的新模式。而为了保障现代师资管理新模式的实现而提出的手段措施、方式方法，即为本章要探讨的高校师资队伍建设管理的有效路径。习近平指出："要从培养社会主义建设者和接班人的高度，考虑大学师资队伍的素质要求、人员构成、培训体系等。"[①]立足新时代，贯彻落实习近平关于"加强高校师资队伍建设"重要论述，加强高校教师队伍建设管理的路径要从遵循高校教师队伍建设管理的基本原则、强化现代师资管理模式的基本内容、充分发挥国家对高校教师人力资源开发的统筹主导作用、严格教师队伍的遴选、加大培训力度、健全管理机制等六个方面着手，全力造就一支师德高尚、业务精湛、结构合理、特色鲜明、充满活力的高素质教师队伍。

一、高校教师队伍建设管理的基本原则

　　建立现代师资管理模式除了必须从高校教师活动的一般特性出发，还必须结合我国高等教育的特点，我国高校包含各种不同类型，有重点大学，普通大学有综合性大学、理工类院校、专科类学校。选择高校师资管理模式既要考虑到高校自身因素，又要考虑到外部环境，包括经济体制，劳动人事制度和区域文化环境因素等。

---

① 习近平.在北京大学师生座谈会上的讲话[M].北京：人民出版社，2018：8.

（一）师资管理模式的构建应遵循系统论的原则

1. 整合分性原则。该原则是目标的分解和建立目标管理体系的基础，在进行管理模式构建时，首先应根据本单位实际情况和发展需要及各种内外条件确定管理系统总体目标，然后按照分合原则将总体目标分解成不同层次，不同部分的分目标，对应地将管理层次逐步分解，使得分目标与管理层次一一对应，形成前后衔接，上下连通的管理网络；同时在目标分解的基础上，明确每一个部门、每一个管理层次以至每个人员的目标责任，并赋以相应的权力，建立起目标责任体系。

2. 相关性原则。该原则强调模式各要素和目标与条件之间的关系，强调了模式结构的合理与否，直接关系到整个系统能否正常运行。

3. 有序性原则。该原则的实现使管理模式从两个方向，即时间和空间上实现有序化。

4. 动态性原则。该原则提示我们，由于目标管理模式的工作状态随着环境的改变而改变，因而必须加强科学预测，使对策措施与目标相适应。这样当环境条件变化时，既有适应变化的方案，又有临时应急的手段，从而提高模式的应变能力。

（二）师资管理模式的构建还应遵循市场规律的原则

1. 合理性原则。成功的市场经济模式经验已经证明，市场能够适应不断变化的社会经济条件而发挥优化资源配置的基础性作用。其中的人才市场就是运用市场机制来调节人才的供需关系，实现人才的合理培育。在"人才资源是第一资源"的思想指导下，人才资源的开发和利用，合理配置、合理使用教师，实现教师与生产力其他要素的最佳结合，乃是高校师资管理工作必须坚持的首要原则。

2. 开放性原则。发达国家高校师资的配置，均把国内人才市场与国外人才市场联结起来，以达到更合理地配置国内师资资源和利用国外资源的目的。学习、借鉴、合作和利用发达国家师资管理创造的文明成果，结合实践进行新的创造，才能赢得时间，加快建构具有中国特色的高校师资管理模式。

3. 竞争性原则。成功的市场经济模式下的高校师资管理活动，由于宏观上提供了良好的环境条件，竞争机制已经融入其中。通过自主公开招聘，应聘竞争考试，建立师资流动层，定期考核聘用与晋升，"非升即走"，"英才超常使用"等管理行为，组织开展公平竞争，选优汰次，促进师资资源的优化配置，通过制定有关的师资管理法规，来规范教师的竞争行为，开展有效竞争，增强活力，组建高质量的师资队伍。

4. 渐进性原则。西方发达国家的师资管理经验经历了数百年的积累和完善，我国建立成熟的市场经济制度需要一个长期的、艰难的发展过程。我国高校师资管理模式是在宏观条件逐步成熟的情况下构建的，特别是在我国刚刚进入高等教育大众化的背景下，高校师资管理工作是一个不断实践、不断完善的长期建设过程，试图很快解决管理模式问题是不现实的。

5. 效益性原则。成功市场经济模式下师资管理活动，十分注重提高师资的利用效益。选聘一流师资，构建结构合理具有竞争活力基础上的师资队伍，以合理的生师比、灵活的专兼职教师制度和高效精干的管理人员等管理组织形式和管理行为，培养高质量的适应社会需要的各种专门人才，创造高新科学技术成果，这样的高校才能具有良好的经济效益和社会效益。

二、强化现代师资管理模式的基本内容

（一）制订教师资源规划

包括对教师资源现状做出评估，依据学校的发展战略、目标和任务并应用现代规划方法对未来教师资源供给和需求的各种指标作出预测，再把学校教师资源需求的预测数与同期内学校本身可供给的教师资源数进行对比分析，测算出对各类人员的所需数量，从而制定平衡人力资源供给和需求矛盾的方针政策和具体措施，如补充、调整人员和减员等各种方案。

（二）实施岗位职务分析

职务分析是收集所有与工作有关的重要信息，并对某一特定职位、任务、职责以及完成此项工作所必须具备的知识、技能加以详细说明，即制定职务说明书与职务规范的系统方法。学校人事部门要采用观察、问卷、谈话、讨论等方法，对从调查职务信息、分析书面材料和各部门负责人及实际担任工作者讨论中获得的信息，进行分析、归类，写出综合性的职务说明和职务规范，并召集整个调查中所涉及的部门负责人及任职人员，讨

论制定的职务说明及职务规范是否完整、准确，最后根据讨论结果确定出一份详细的、准确的职务说明和职务规范。

（三）有效配置各种人员

高校的人力资源主要由三支队伍或四支队伍组成，教学科研人员包括实验辅助人员、党政管理人员、后勤服务人员，20世纪90年代以来又衍生出一批校办产业人员。高等学校承担的教学、科研、社会服务等三大职能决定了高校以教学科研人员和中高层次管理人员为办学主体。高校人力资源管理就是要根据高校办学目标对学校的三支（四支）队伍进行合理布局，大力充实教学科研人员，精简党政管理人员，大幅度压缩学校非教学性经费开支，对后勤服务人员和校办产业人员实行企业化管理，切实改变一方面人才紧缺一方面又人浮于事、人员结构严重失衡、人力资源利用效率低下的现状。高校人力资源管理要围绕学校的办学目标，合理规划、配备各方面的人力、人才，正确处理好部分与整体的关系，针对各类人员的特点予以管理，通过多种手段的有效配合，实现系统内部各要素之间的整合，真正做到人尽其才、才尽其用，事得其人、人适其事，把人力资源的潜能转化为高校的整体财富。

（四）实行人本管理、分类管理

所谓人本管理，即在管理过程中实行以人为本。人力资源有别于物力资源，具有生产者和消费者双重属性，其作为消费者的一面如不能得到充分重视和关心，势必影响其作为生产者的一面。这就涉及一个劳动报酬问题。在高校搞"平均主义""吃大锅饭"的情况至今并未根除。如何按照"效率优先、兼顾公平"的原则，改革原有的分配制度，以岗定薪、按劳取酬，优劳优酬，以岗位、业绩津贴为主要内容，建立重实绩、重贡献，向高层次人才和重点岗位倾斜的分配激励机制，则是一个重要问题。另外，高校人力资源不仅具有经济人的一面，还具有社会人的一面，尤其是高校教师的个人需求整体而言，重精神超过重物质。人本管理与单纯的文件管理、制度管理不同。它充分尊重教师的个人尊严、自我价值和个人需要，充分关心教师的教学工作、科研工作以及个人的生活需求，对人才的任用不拘一格，扬长避短，宽容多样性；多了解和听取教师的意见，公开和教师分享学校重要的信息。高校教师在时间和意志上都享有相对企业和机关人员更大的自由，对这一教学科研群体的管理更不能千篇一律，简单划一，应注意对人力资源的开发和利用与投入和培育相结合，报酬福利的投入与精神情感的投入相结合，只有这样，才能有效地调动教师积极性、充分利用高校的人力资源。

高校教师分类管理是进一步优化我国高校教师管理机制，推动高校教师专业发展，提升高校教师队伍整体质量的重要方式。当前，高校人事管理制度改革作为高校管理制度改革的重要组成部分，既受到了极大的关注，也面临着严峻的挑战。高校人事管理制度改革归根结底解决的是高校人力资源开发的问题，回应的是高等教育全面发展的现实诉求。当前的高校人事管理制度改革无论是在改革的深度，还是在改革的广度上都面临着亟待突破的困境。一方面，当前的高校人事管理制度改革在教师分类管理层面多着眼于岗位分类设置及相应岗位的管理，涉及的问题虽然涵盖了教师岗位聘任、考核、培训、退出等环节，但是由于多重因素的制约，改革多停留在表面，未能突破到法制的核心层面。教师分类管理中的教师聘任、考核、培训、退出等环节，面临着我国人事管理传统意识的坚强壁垒，人事管理制度改革难以涉及核心层面。另一方面，当前的高校人事管理制度改革在教师分类管理层面呈现出一种明显的畏难情绪，相关改革更愿意涉及容易操作的教师聘任、培训等环节，而在教师考核、退出等关键环节，出于多种利益的纠葛难以将改革落到实处。虽然很多高校在教师分类管理方而进行了诸多探索，对教师岗位进行了分类设置，但在不同类型教师的管理过程中则呈现出一种"无为"的状态，教师分类管理并没有真正落到实处，高校人事管理制度改革未能做到管理环节的全覆盖，很多关键环节面临着亟待突破的问题。因此，优化高校教师分类管理模式，通过更系统而深入的研究准确把握高校教师分类管理的理论指引和实践路径，以进一步丰富高校教师分类管理的理论体系，更好地指导高校教师分类管理实践，推进高校师资队伍建设。

（五）建立有效激励机制

工作动机是行为和积极性产生的内在驱动力和直接原因，只有千方百计地激发起教师的工作动机，才能使他们在自我激励、自我评价和充满自信的环境中，把极大的劳动热情投入到工作之中，并将自己的行为最大限度地并入学校所期望的轨道，充分调动和维持他们工作的积极性和创造性，发挥潜在能力。激发工作动机是现代人力资源管理的基本职能之一，所以，高校人事师资部门必须想方设法对调动工作动机的心理过程加以考虑、设计和实施，广泛采用经济、信任、职务、知识、情感、目标、荣誉和行为等激励方法，以激发教师的工作动机，提高工作绩效。[①]

人力资源管理的核心是保持和激励员工的积极性与创造性，有效地实现组织目标和员工工作的满足感。拥有人才是前提，但要使人才最大程度地发挥作用，最大限度地调动他们的工作积极性，更是高校师资管理工作中最应关注的问题之一。这既是提高教学、科研质量的迫切需要，也是教师本身发展的需要。实践告诉我们，如果不从理论上探讨调动教师工作积极性的规律，不从宏观与微观的结合上促进激励机制的健全与完善，教师工作的积极性就不可能得到很好的发挥，学校教育管理和科研水平就不能提高。

（六）构建终身教育体系

人力资源的质量，对于高校人力资源而言，一般体现在其主要组成部分——学术劳动力的文化水平（学历）和专业技术水平（职称等级或技术等级）上。高校人力资源质量的提高，在一定程度上决定高校的教学科研产出水平、办学效益和教学质量的提高。许多高校在优化教师队伍方面采取多渠道、大力引进"双高"人才的手段，以改善师资的学历结构和职称结构。引进高素质的人才是必要的，但同时应充分认识到立足本校人才资源，加大师资培训力度的重要性。

三、充分发挥政府对高校教师人力资源开发的统筹主导作用

高校教师作为高校中最主要的人力资源，合理利用和开发高校教师人力资源，是推进高等教育内涵式发展的关键。在当前我国构建人力资源强国的背景下，在诸多人力资源开发主体中政府起着主导作用，政府角色的合理定位可以加快高校教师的人力资源开发，进一步推进高等教育内涵式

---

① 参见徐芳.团队绩效测评技术与实践［M］.北京：中国人民大学出版社，2003.

发展。

（一）政府在高校教师人力资源开发中的角色定位

判断一个政府的角色是否合理，关键是要看政府是否能根据高等教育发展的客观要求制定和实施有效的公共政策，推动高等教育良性发展。在高校教师人力资源开发中，政府角色不是固定的，政府将以"有效性"作为它介入高校教师人力资源开发中的一个基本标准。政府在高校教师人力资源开发过程中应充分发挥其各项行政职能，科学认识其在不同方面、不同阶段的职能，并能适应环境和形势的变化及时转变职能，调整策略，积极引导高校做到教师人力资源开发的终身化与整体化，给他们提供政策支持，充分、调动高校的主动性和积极性，实现教师人力资源的高效配置和效益。政府有四大职能：经济发展、市场监管、社会管理、公共管理，据此我们将政府在高校教师人力资源开发中的角色概括为下面四方面。

1. 政府是高校教师人力资源开发目标的指引者

从人性假设"经济人"观点来看，市场经济条件下，各个行为主体出发点都是追求自身利益的最大化。[1]在市场经济活动中，高校会结合国内外尤其是国家的政策等各种信息，再加以综合分析，对未来的教师人力资源情况进行理性预测，从而确定开发的目标和规划，但是，由于信息的不对称性和单向性，高校的判断预测容易出现偏差，从而使得高校制定的教师人力资源开发规划出现失误。如果政府放任不加以干预，那么就会出现高校的教师人力资源开发混乱、开发流于形式或盲目开发等现象。因此，政府应该坚持综合性、前瞻性、动态性和可操作性的原则，对全国教师人力资源的情况进行分析，最后对教师人力资源开发进行科学合理的预测，建立教师人力资源开发的顶层设计、制定总体规划，鼓励和指引高校充分认识自身条件和实力，以政府制定的人力资源开发规划为导向，明确教师人力资源开发的目标，制定科学的、具体的有助于高校长期发展的规划。

2. 政府是高校教师人力资源开发制度的制定者

现代行政管理的根本目标，就是更好更有效地提供公共物品或公共服务，促进公共利益的最大化。如何保障管理者不偏离其根本目标，不以权

---

① 史娟红.基于政府角色的人力资源开发对策研究.[D]南京航空航天大学, 2012: 22.

谋私，而是致力于促进公共利益的实现，这就需要法律加以保障。[①]这使得政府在行使管理权力时，既要受法律的约束，体现政府有限的特征，又要在制定法律保证权力的正确运行，从而增进社会公共利益，体现政府有效的特征。高校教师的人力资源开发中有众多因素相互作用、相互影响，相互之间存在一定的矛盾，同时受外部和内部环境的影响，如何在这种复杂的环境下，发挥相关主体的作用，合力完成开发目标，如果仅仅依靠市场的作用，很难完成，因此需要应建立起有效的法律调控机制，形成一系列较为完整、系统、务实的制度法规，以法律制度规范各个主体之间的关系，规范、协调他们之间的行为。

目前我国高校教师人力资源开发活动的规则包括：制定有效协调人力资源开发主体之间矛盾的政策；制定有效的高校教师人力资源开发对外交流政策，积极鼓励高校吸引国外优秀人才，积极派遣教师出国留学；制定高校教师人力资源开发中的教育经费投入政策、继续教育政策等；制定高校人力资源开发中约束政府行为的规则等。通过立法推行产学研培养人才政策，建立在政府指导下以企业为主体，市场为导向、多种形式的产学研战略联盟，通过共建科技创新平台、开展合作教育，共同实施重大项目等方式，达到对人力资源的有效开发。

3. 政府是高校教师人力资源开发资源配置的调控者

在当前社会主义制度下，要想确保我国社会主义经济顺利发展，就是要充分地发挥市场在资源配置上的决定性作用。由于目前我国处在经济转型发展的关键时期，市场经济仍不完善，政府只有真正做到宏观调控和市场资源配置的有效结合，才能维持我国的市场经济秩序。政府配置高等教育资源是转型期的必然要求，一方面是由于政府的财政投入是高校教育发展的主要保证；另一方面，由于我国目前实行的是按劳分配为主体、多种要素参与分配的分配方式，在实现高等教育机会均等、兼顾实现社会文化发展和保证国家高素质人才培养之间的平衡问题上，只有政府通过财政投入、政策调控才能实现[②]；因此，在高校教师人力资源开发的资源配置中，政府应发挥其宏观调控功能，从经济和政策上予以协调，从而建立起政府

---

① 夏书章.行政管理学[M].北京：高等教育出版社，2013：76.

② 夏丽萍.高等教育资源配置研究.[D].四川大学，2006：65.

调控和市场调节配置相结合的资源分配模式，需扮演调控者的角色。

4. 政府是高校教师人力资源开发过程的监督者

高校教师人力资源开发需要政府的监督管理，作为高等教育的最大的投资主体，政府在高校教师人力资源开发的监督上占据主导地位。在当前市场经济发育尚不完善，社会参与的力度有限，完全运用市场手段监督高校人力资源开发不太现实的情况下，政府的监督很有必要；同时也是政府行使其市场监管职能，按照法律程序通过司法部门或行政部门对高校教师人力资源进行监督管理的具体体现，通过行政手段干预市场运行目的、使市场更加有序高效进行。充分利用政府的制度性力量，通过政策法规的制定，来宏观调控高校教师人力资源开发，补充和矫正市场机制的不足。政府对高校人力资源开发的监督内容，主要是监督高校对政府制定的各种人力资源开发政策、制度的遵守情况。政府通过抓好监督，保证实施各项开发政策，进而实现高校教师人力资源开发目标。

（二）政府加强和完善高校教师人力资源开发的对策

在我国高校教师人力资源开发中，政府是以指引者、制定者、调控者和监督者的角色发挥作用，它的宏观作用对高校的教师人力资源开发影响很大。在我国目前教育劳动力市场发育不完善的情况下，政府的宏观调控作用至关重要，政府应当通过经济手段、法律手段、行政手段等对高校教师人力资源开发进行合理的导向、科学的规范、超前预测及有效保护。

1. 明确高校教师人力资源开发目标，制定高校教师人力资源开发规划

明确目标，制定规划是高校教师人力资源开发的第一步，根据人力资源开发的特点，高校教师人力资源开发是一项系统性、战略性、规划性、完整性的工程，需要不断地协调各个要素之间的关系，因此，政府在制定政策的过程中要从战略全局出发指导高校明确开发的目标，确定长远的有效的战略规划，从而全面推进我国高校教师人力资源开发。制定一个好的人力资源开发规划，既要把握好未来社会人才需要的时代背景，又要立足于本校实际；既要眼光长远、具有前瞻性，又要具有可操作性；既要具有统一性又要具有灵活性；既要具有配合性又要具有博弈性。

（1）战略性、前瞻性开发目标的引领

①高校教师人力资源开发的目标

高校教师人力资源开发的一个重要目标，就是提高教师的素质。改进高校教师人力资源效益，提高教师本身的专业技术能力、自我学习能力、专业技术更新能力等。建设高质量的教师队伍，是我国高等教育内涵式发展的基本保证。政府应该以教师全面教育为中心，以重点教育为抓手，促进高校教师整体水平提高为最终目标。

高校教师人力资源开发的战略目标，应该包括水平目标、方法目标与管理目标，要有策略性、针对性、前瞻性与科学性。战略目标应该与未来社会发展主流要求与趋势保持一致。高校教师人力资源开发目标的确定与选择的基础之一是战略"诊断"。战略"诊断"的重点是要认知高校教师人力资源开发的核心竞争力，因此必须先对高校的教师现状作出分析，找准目前人才培养中存在的问题与原因，与教师素质、能力和知识要求的关联程度，从而对高校教师队伍的优劣有清醒的判断，并在此基础上对学校的招生质量、教学研究水平、人才市场竞争力和人才培养的水平进行纵向与横向分析，从而获得对高校教师素质、能力和知识的核心竞争力的水平、阶段和发展要素的准确认知，从而明确开发目标。

②把建立和维持高校持久的竞争优势作为教师人力资源开发目标的出发点与归宿

一个好的人力资源开发目标，应该有助于高校的发展与竞争优势的长期保持。而高校的发展与竞争优势保持的关键，在于其师资的优势和其所培养的人才在未来社会中的发展能力。要做到这一点，就必须深入了解高校人才培养的现状、问题与发展，尤其需要关注社会发展的趋势与要求，预测未来社会对于人才的需求。大量研究表明，无论对于个人还是组织，成功者的一个重要特征就是始终不懈地追求一个科学的目标，并且为此付出不懈的努力。对于高校来说，把建立和维持高校持久的竞争优势，作为高校教师人力资源开发目标的出发点与归宿，不仅指明了未来人才培养的方向与要求，而且能够引导各种教育资源的优化配置，有助于协调不同部门与教师人力资源开发之间的活动，增强教师个人、政府与学校之间的一致性与合作。

（2）科学制定高校教师人力资源开发规划

①规划能够帮助高校主动应对未来社会的各种挑战

制定教师人力资源开发规划，要具备灵活性和博弈特征，因为我们对高校本身及其周围的环境的认识不可能是确定的，控制也不可能是完全的。因此，我们制定的人力资源开发战略，应该体现一种主动灵活的精神与博弈的功能，能够帮助高校在未来人才培养的过程中，主动地迎接与灵活地适应由于环境变化所带来的各种挑战。对于各种突变因素，规划系统中应该有相应的方法对策。虽然人力资源开发规划，不是万能的，不可能应对未来出现的所有问题。但是，缺乏开发规划，对整个高校教师人力资源开发没有一个系统的事先的科学分析与预案，在具体的教师人力资源开发的过程与管理中，就可能容易产生随意性与混乱性。在学校的高层决策与管理中，由于没有开发规划的指导，某些教师人力资源开发的关键决策，就可能变得易于受到主管领导的选择偏好的左右。

②以政府人力资源开发规划为导向，高校要有序开展教师人力资源开发

高校作为人力资源培养的基地，其教师人力资源开发规划应走在时代的最前列，要以满足高校的发展为前提。高校教师人力资源必须从战略的思考和发展的视角进行科学合理的目标定位，要把培养、引进、保持和管理等环节结合起来。合理的教师人力资源规划应具有预测性，包括人才的更新计划、人才吸引计划、人才发展计划、全员培训计划、人员晋升计划以及绩效考评计划等。高校要围绕学校的发展目标进行人力资源的策划，既要制定近期的计划，也要做好长期的规划。

在制定进行人力资源规划时，首先，以政府的规划为导向，从高校未来发展的方向出发，超越目前的正常条件，确定具有弹性的教师人力资源开发的长期规划，并且根据这个规划，划分为中期和短期的内容以及更加具体的计划。其次，要把人才的引入和培训放到高等院校教师人力资源开发工作的首要位置，政府要为高校做好留住高水平人才的工作创造良好的环境和机制，并在规划工作中体现人才的重要性。最后，规划的目的既在于眼前，也在于长远，从眼前来看，政府部门应创造相关教育科研平台，增强高校在国家层面科研创新的参与度和融入感，增强高校对高水平学科领年人物的吸引力以及对在校高水平师资力量的培训力度。从长远来看，

需要把专家级别的教师和起到旗帜引领作用的教师的培养工作当成教师人力资源开发的长远目标，一直保持高等院校各个学科的整体优势。

2.完善高校教师人力资源开发的法规和机制建设

法治是治国理政的基本方式，是行政管理的原则之一，在建设法制化社会的过程中，政府更要依法行政，依法管理，在高校教师人力资源开发过程中，政府应当完善相关法律，确定规则，进一步规范政府和高校在教师人力资源开发中的行为，保证高校教师人力资源开发的秩序，开辟高校教师人力资源开发的新渠道。

（1）建立高校教师人力资源开发的法律保障体系

①政府推进和完善高校教师人力资源开发法律体系

党的十八大明确提出，我国要全面推进依法治国，法治是治国理政的基本方式，我们要完善中国特色的社会主义法律体系。健全高校教师人力资源开发法律体系是我国依法治国战略的要求。目前涉及高校人力资源方面的法律有《教师法》《教育法》《高等教育法》《劳动法》《劳动合同法》《就业促进法》《教师资格条例》等法律规范，但是这些法律规范都是从宏观上进行规定，都是一些原则性的、普遍性的规定。我国还缺乏一个系统的、针对性强的、具有可操作性的具体法律规范体系。因此，政府应该将现有的制度法规进行整理加工，以条例或者细则的形式对教师的聘任、培训、进修、流动等方面进行规定，形成一个具体的法律规范体系。另外，对于高校师资流动所涉及的关于社会保障问题及高层次人才引进其配偶的安置问题等，出台权威的、可操作的政策法规。同时，对于市场运作过程的不公平、不规范等现象缺乏有效的规范措施。只有规范化的高校教师人力资源开发政策法规，才能正确引导高等教育的良性发展。

②政府加强高校教师人力资源开发主体的法制教育

高校教师人力资源开发是一项系统的复杂的工程，它涉及政府及相关部门、高校及相关部门、社会以及教师等主体。政府需要加强对开发所涉及的相关主体的法制教育，使其明确把握相关的规章制度，增强其法律意识，自觉依法行使权利和履行义务，贯彻相关法律法规的执行，从而促进高校教师人力资源开发的规范化、制度化、科学化。

③政府加强对高校教师人力资源开发制度法规的执行监督

制度法规的完善为高校教师人力资源开发提供法律保障，再好的法规如果无法落实便是一纸空文，因此政府应充分发挥其监督权，可以设置相应的监管部门，对教师人力资源开发中的制度法规实施情况进行监督检查，切实保障高校教师人力资源开发的有序、稳定进行。

（2）强化高校教师人力资源开发投入机制

①完善经费投入机制，提升教育质量

高校教师人力资源开发离不开政府的支持，政府的政策决定极大影响高校的教师人力资源开发。20世纪以来，美国始终相信"教育是一种人力资本"，并且一直保持全世界人力资本聚积的强国和教育最发达国家的地位，它是世界上教育经费支出最多的国家。优先发展高等教育和开发利用人力资源，使潜在的资源优势转化为现实的人力资本优势，继而转化为人力资本的国际竞争优势，从而促进了国家经济长期稳定和持续的增长。借鉴美国的高等教育发展经验，首先，我国应当明确优先发展教育的战略地位，注重并加大教育经费的投入，出台相应的法律保障教育经费的投入地位；其次，注重中央政府与地方政府以及社会力量的配合，共同发展教育；最后，多渠道保障教育经费投入，进一步加大对多元化筹措教育资金的扶持力度，对企业、个人等的教育投入提供法律保障。比如，完善我国现有的《捐赠法》，对于企业或个人的投资，除了已有的实行从税前所得中全额扣除捐赠额优惠外，在其他具体的税收政策上明确优惠政策，鼓励企业、个人对高校捐赠投资。

②强化人才投入建设，提升人才吸引战略

人才是当今世界的最关键资源，人才的争夺在各个国家之间愈演愈烈，美国、德国、日本等发达国家纷纷出台各种策略，积极争夺国外人才。无论对于高校教师人力资源开发还是国家的人才战略来说，吸引国外人才是当前政府人力资源开发的一项重要举措。首先，政府确立人才吸引的战略地位，制定人才引进的优惠政策；其次，通过多种渠道、多种手段吸引人才；通过高薪引才、企业引才、优秀人才优先待遇等方式吸引国外优秀人才；通过专项基金设立"研究学者计划"吸引世界一流学者，同时注重人才引进后的稳定工作。

（3）规范高校教师人力资源开发的管理制度

①逐步完善培训机制建设

高校教师人力资源开发的一项重要途径就是高校教师培训，它是达到教师人力资源开发目标的一种主要途径。因此，政府应当在高校教师培训方面加强宏观指导，指导高校开展多方位、多层次的教师培训工作，创造更多的进修机会，进一步健全和完善包括学术休假制度、学习进修制度等制度法规，同时以政策法规形式规定培训的资金保障。入职培训的制度化。高校教师的入职培训对于高校新进教师具有重要的意义，也是新进教师组织社会化成功与否的关键因素。[①]教育部要求新入职的教师必须参加入职培训。我们完善入职培训应该在原有以"高等教育法规概论""高等学校职业道德修养""高等教育学""高等教育心理学"四门课为基础的内容上，增加实践教学、讨论、交流以及示范教学等环节，改变以往重理论轻实践，培训形式单一，培训过程枯燥的现状。明确以法律规范的形式对新教师入职进行的制度化的规定。以制度化的形式将新教师入职培训的相关规定明确，比如，培训的方式、培训的时间、培训的考核、培训的经费等，可以极大地保障了新任教师入职辅导的规范化和有效性。

推广专业性的校本培训。校本培训是一种以学校、教师为主体，以解决具体教学问题为基本理念的培训模式。它对于对丰富高校教师教学培训形式，从根本上提高教师教学水平和高校教学质量具有重要意义。政府应当积极推广校本培训，指导高校在组织管理上，设立高校教师教学指导中心，作为教师培训的常设机构；培训内容上注重内容的丰富性、多样性，注重理论联系实际；培训方法上加强教师实践能力的培养，通过与老教师交流、观摩名师教学等方式，提高教师的教学水平；德国汉堡国防大学教学指导中心蒯斯博士认为，培训"重要的不是向参加者推荐唯一的一种理想化的教学形式，并使他们熟练这一种形式"，培训的目的"是让参加者了解和练习多种多样的教育方式，让他们根据不同的授课目的和课堂情况，根据各种不同的大学生成分去有选择地运用这些方式。"[②]

综上，要提高高校人力资源水平可以通过增加多层次的培训机会，让

---

① 吴冬梅.大学教师人力资源管理[M].北京:首都经济贸易大学出版社,2014:169.
② 转引自高蓓蕾.校本培训理念与高校师资教学培训[J].辽宁教育研究,2004(11):64.

高校的教师有机会多学学、多看看，接触最新的科技前沿，不故步自封，时时刻刻掌握最新的技术，并将自己的知识很好的教授给学生，培育更多的优秀人才。

②建立合理的评价激励制度

我国高等院校在进行教师人力资源的开发中，需要建立合理的考核评价机制，并且利用有效策略更好地激励教师。有研究表明，一个人在缺少激励的工作环境中，他的潜力只能发挥20%到30%，但是在有效激励下可以提升到80%到90%。高等院校是出人才的地方，如果想教育出更优秀的学生，就需要相对优秀的教师，所以，人力资源开发的水平关系到高等院校的整体水平，并且对高等院校未来的发展起关键作用。做好人力资源开发工作，能够促进学校达到突破性的进展，并且培养出更多的人才来建设祖国。高等院校在教师人力资源开发中，需要做好激励工作，建立合理而有效的相关机制。学校对表现优秀的教师要给予及时的奖励，对具有特殊贡献的教师要给予相应的奖励。学校在对教师进行激励的过程中，要在精神上和物质上都给予相应的激励，通过不同类型的激励方式，并且按照一定的原则，激发教师的工作热情，使其对自己的职业感到无限的自豪，并且对自己的学校感到骄傲。

③建立良好的沟通机制

教师是高校人力资源中的主体部分，高校的教师人力资源开发要始终坚持尊重教师的意愿、了解教师的需求、激发教师的能动性和创造性。建立高校教师向上反映、向下传达的良好机制，使信息能得到良好的流通，意见能得到全面正确的反映，使其始终向有利于教师成长的方向运行，同时高校也要及时向教师宣传、解释自己的政策，使教师能理解高校、进而支持高校。根据需要层次的相关理论，高等院校教师的需要主要是尊重的需要，以及实现自己价值的需要。对于高等院校的教师来说，他们希望被学校和他人尊重和重视，并且能够在工作中实现自己的价值，生活更加有意义，因此，高校也要对教师加强在情感方面的投入。教师不是工作机器，不是机械地进行教学和研究，他们是具有高级情感的人。用情感留住人才是精细周密的拴住人心的工作。情感投入可以使得所有教师的心系学校，成为一个学校大家庭。学校尊重每一位教师，那么每一位教师肯定就会热爱它。在企业管理中如果投入感情，便能获得较好的成效，对高等院校而言也是如此。高等院校需要制造和谐相处、尊重人才、正面积极的氛围，让教师把学校当成自己的家，使得每位教师都可以快乐地工作和研究，从而发挥自己最大的价值。

高校在教师人力资源开发的过程中，关键就是给教师制造有利于自我发展的空间，营造有利于自我提升的环境。高校要营造一种良好的环境，要努力地为教师提供较好的办公环境，特别是人文环境，使他们在良性的竞争中进步发展，有效提高高校的核心竞争力。同时，在这种环境中，优秀的教师能够更加突出，每个教师之间能够进行自由的交流，促进彼此的学术能力和教学水平。高校通过聘用和邀请国内和国外的业内专家和著名学者到校内开办讲座或交流会，来加强校内教师在专业知识或技能方面的交流，既能交流新的知识和技能，也促进学校教师的发展。同时高校也要增强校内和校外关于学术方面的交流和沟通，增加教师和学生之间的学术活动，制造良好的氛围。对学校进行各个方面的治理，将校园变得更加干净、美丽，为教师制造舒心工作和开心生活的学校环境。

（4）加强高校教师人力资源开发的监督体制

作为高等教育的最大的投资主体，政府在高校教师人力资源开发的质量监控占据主导地位。目前，我们市场经济发育尚不完善，社会参与的力度有限，完全运用市场手段监督高校人力资源开发的质量不太现实，仍然需要政府的参与和支持，需要充分利用政府的制度性力量，通过政策法规的制定，来宏观调控高校教师人力资源开发，补充和矫正市场机制的不足。具体来说，政府通过立法规范、行政指导、评价督导等方式，通过政府、高校、社会三方主体来加强对高校教师人力资源开发质量的监督。

①政府立法规范，完善监督体制

政府制定相应的制度法规用以规范高校教师人力资源开发，既是政府要在法规范围内行使管理权，也是高校制定其教师人力资源开发具体方案时的依据。同时，政府根据其行政职能由相关部门依法对高校教师人力资源开发实施监督，对开发的过程进行依法督促、管理。政府应制定相应的监督法规，将各监督主体职责、职权、组织设置等进行规范，并具有可操作性，既体现了政府依法行政的原则，提高了监督的权威性，又完善了监督体制，提高了高校教师人力资源开发的规范性。

②高校依法实施，实现监督目标

高校在政府制定的政策和法律范围内活动，同样高校教师人力资源开发也应该在政府的制度法规范围内实施，这也是我国进行依法治校的具体表现，健全行之有效的监督机制，可以促使高校教师人力资源开发工作走上法制化、规范化的道路，也是对高校的自主管理行为有一定的约束力。

③社会依法督导，提升监督成效

社会监督是来自政府和高校管理者之外社会公众，依法通过各种形式和途径对高校教师人力资源开发进行的监督，是政府监督的一种有力补充。它具有基础性、广泛性和直接性的特点。政府健全社会监督机制，通过权威机构或者有关社会中介对高校教师人力资源开发进行全方位的直接的监督，能及时发现高校教师人力资源开发实施过程出现的偏差或失误，可以促使高校及时调整开发方案，从而有效提高开发的效益。

3. 合理配置资源，提高开发效益

约翰·S.布鲁贝克（J.S.Brubaker）在其《高等教育哲学》一书中提到，除非社会愿意重新分配目前用于国际空间探索、公共卫生和社会福利计划方面的国家资源。否则根本不可能有足够的人力、物力来普及高等教育。因为这种慷慨的资源重新分配是完全不可能的事情。因此，我们所面临的问题是怎样合理分配有限的剩余资源。这也是每个社会都面临的问题，合理分配资源配置，改进资源配置效率对于任何一个社会都是一件非常重要的任务。如何合理整合和配置社会资源和高校资源，让各个高校最大范围共享有效资源，避免社会资源的浪费，提升高校竞争力，对于政府来说，具有重要现实意义。

（1）发挥市场基础调节功能，加强市场监管

在高等教育大众化的过程中，政府部门要有效地发挥在高等教育资源配置中的调控作用，促进大学的发展，满足多元化需求。大学的发展就是要提高教育资源的配置效率，以高效的教育资源满足尽可能多的学生对多元化高等教育的需要。政府部门，特别是教育部门，对教育信息十分敏感，是国家政策的制定者和实施者，可以更好、更科学地配置教育资源。

政府应该合理地配置剩余资源，加大调控力度，充分提供高校教师在

人力资源中的重视程度，密切的监控和调配各种资源。注重宏观调控，充分发挥市场在人才资源配置中的重要地位。

改善教师人力资源以往被人为分割、条块管理、各自为政的局面，在整个高等教育领域内建立高效、灵敏、准确的人才预测、监控体系，对高校教师人力资源作出科学的预测和规划。

（2）优化教育资源配置，促进高等教育良性发展

目前，我国高等教育资源分配原则是在平等的原则下兼顾效率，在资源总量不足的情况下，我们允许出现适当的差别，但是在确定资源优先的对象上，政府应该建立公平的竞争机制，创造良好的公平的竞争环境，减少人为因素的影响。优先对象应该是在市场调节的机制下，公平竞争产生，而不是由政府指定。公平的竞争机制，自然会提高高校教师人力资源的开发效率，从而促进整个高等教育的良性发展。

教育公平是社会公平的重要基础。政府要大力推动教育资源均衡布局。一方面在硬件布局上推进均衡发展。另一方面在师资布局上推进均衡发展，改进完善师资引入平衡以及学科平衡等机制。

同时，我们要不断地提高政府宏观调控的能力，使之更加科学化和合理化，要不断地调整宏观目标使之更加的切合实际，政府和高校要重视市场竞争机制的作用，建立市场经济所要求的契约关系，充分调动高校积极性，使有限的高等教育资源发挥更大的效益，从而使得我国的高校师资体系更加地完善，促进高等教育良性发展，同时又能维护我国人力资源市场的稳定性，这样我国人力资源市场就能真正地做到公平化和透明化。

（3）多手段调节资源配置，充分利用有限资源

政府对资源配置的调节所采用的手段主要有：经济手段，法律手段，行政手段。政府应该坚持市场化原则对高等教育资源配置采取宏观调控措施，应以经济手段和法律手段为主，辅之以必要的行政手段，充分发挥宏观调控手段的总体功能。

① 以经济手段为基础

《中国教育改革和发展纲要》规定，财政性教育经费投入占 GDP 的比例为 4%，而高等教育的财政经费也只占总财政性教育经费的 20%。这个比例与世界发达国家水平更是相距甚远。政府应当通过财政政策提高高校教

育的投入，明确"教育是一种人力投资"，在高等教育资源上除了加大政府和社会的公共投资外，积极引导企业和个人对教育的投资，多渠道开拓教育经费来源，同时鼓励高校加强内部改革，比如对于后勤服务，建立相应的后勤服务集团公司，转变理财方式，注重资金使用效应，使有限的资源发挥更大的作用。

②以法律手段为辅助

我国政府可以通过立法和拨款进行宏观控制，逐步建立对中央政府和地方政府分级负责、地方管理和大学根据市场需求自主办学的独特的高等教育管理制度。以法律形式明确多种教育形式并存，鼓励社会和私人部门对高等教育的投入，进一步完善高等教育多元化投资的格局。

③采取必要的行政手段

政府在必要时可以利用行政手段整合高校之间的基础资源，建立统一的教师学习发展中心；发挥高校的品牌优势、师资优势、管理优势，鼓励高校之间的合并重组，减少教育资源浪费和闲置现象，使得一些资源得以充分利用，提高高校的规模效益，实现教育资源的优化配置。

4. 建立和完善政产学研结合机制

我国自改革开放以来，高等教育事业的变革和发展虽然已经取得了令人瞩目的成绩，但是从我国现行的教育体制、教育观念、办学机制、人才培养模式、教育内容和教育方法来看还有很多不足，不能完全适应新形势下对人才培养的要求。高校在培养人才的同时还要使科研成果转化为生产力，从而提高企业经济效益，这是经济全球化时代对高等教育的要求。根据国内外高等教育的发展实践证明，产学研结合模式是高等教育发展的时代要求，是培养应用型人才的一个重要途径。[①]而由政府参与的产学研合作，也使得高校的专业建设在宏观政策把握方面起点高、视野宽，企业和社会资源的利用，进一步改善了高校的办学条件，提高了高校的知名度，从而更能吸引优秀的教师进入高校。

（1）建立政府引导，高校实施，企业参与的政产学研创新平台

政产学研的合作模式可以加强高校和企业，尤其是高新技术企业的合

---

① 叶茂林，肖念.中国高等教育热点问题述评［M］.北京：科学出版社，2008：137.

作，从而可以使高校教师能一直接触到最新的技术发展方向和最真实的人才需求状况，高校也将对学科体系、师资力量进行优化调整，拓宽了学科发展的新路子，也促进了教师专业和学术水平的提高。

①搭建多模式创新平台，完善政产学研合作环境

在产学研合作中，我们应改变以往产学研合作碎片化、孤岛化的特征，突显规模品牌效应。围绕地区重点发展的产业领域，建立以高校为主体的知识创新体系建设；围绕支柱产业、优势产业，整合资源，组建具有国家一流水平的产业科学研究院，在源头上实现知识创新、加护创新；^①依靠区域优势，以高校和科研院所为依托，以高新技术企业为龙头，以一体化合作研究形式，打造高水平产学研科技园区和特色平台，创造品牌效应。

②引领专业人才创新能力，优化产学研合作智力保障

当今世界，创新已成为经济社会发展的主要驱动力，创新能力成为国家竞争力的核心要素。面对日新月异的科技进步，迫切需要转变创新理念和模式，加快以学科交叉融合为基础的知识、技术集成与转化，加快创新力量和资源整合与重组，促进政产学研用紧密结合，支撑国家经济和社会发展方式的转变。高校教师作为一个国家人才资源的核心，作为一个国家人才培养的核心，它的创新能力对于一个国家的发展至关重要。但是，受我国高等教育长期以来过分量化的评价机制影响以及整个社会创新意识的匮乏，我国高校教师的创新能力和创新意识明显不足，原创性和国际化的成果较少，因此，通过政府引导的产学研机制来提高教师的创新能力具有很大的现实意义。一般由政府主导的产学研合作起点高、视野宽，高校教师以具体的职务，进入各个企业和研究单位进行培养锻炼或者在相关岗位进行工作，深入了解实践，将科技结果落实到实际生产中，推动社会发展，从而提高教师创新能力和创新意识。教师创新能力的提升，也将最终为政产学研合作提供相应的智力保障，促进各土体的共同发展，为产学研合作良性循环提供保障。

---

① 吕立志, 吴永祥.提升高校创新力的对策研究 [J].江苏科技信息, 2014（22）: 11.

（2）提供政产学研结合的机制保障

2012年3月22日，教育部和财政部联合颁发了《关于实施高等学校创新能力提升计划的意见》，标志着提高高校创新能力已经进入国家战略层面。这也是由政府主导的多方参与的系统工程，它涉及政府、高校、企业等多方主体的利益需求，需要融合产学研各方以及社会其他多方面资源，充分发挥系统成员各自的比较优势和特色，是高校、科研院所和企业多方共赢、整体提升可持续发展能力的战略选择和必由之路。[①]而政府则要主导做好顶层设计、形成有力的机制保障。

① 推进公共服务，挖掘校企合作渠道

产学研的合作对于高校和企业来说都是双赢互利的事，高校获得了一定的市场资源，得到了实训基地，改善了办学条件，教师人力资源也得到开发，科研成果得到了转化；而企业则得到了人才资源、解决了一定的技术难题，提高了企业知名度，获得了一定的前沿成果。然后在实际工作中，由于信息渠道的不畅，沟通平台的欠缺，中间媒介的缺位以及资金方面的问题致使高校和企业的合作并没有达到预期的效果，产学研的合作并未得到良性发展。因此，政府应当发挥其公共服务职能，在高校和企业之间发挥桥梁作用，为高校和企业搭建合作的平台，同时提供一定的优惠政策和资金支持，调动高校和企业的积极性。

②加强立法保障，提升校企合作成效

高校在政府制定的政策和法律范围内活动，又相对独立地有效运转。高校在发展的过程当中越来越注重产学研的结合，促进教学科研及研究成果的经济效益转化，而在这过程中政府起到了非常重要的作用，它通过立法手段对于高校和企业之间的合作发挥着主导作用。政府通过各种有利政策的制定如奖励、财政、贷款等等，支持企业、高校、研究机构的合作，通过政策支持协调他们之间的利益结合，更好地实现经济效益。例如完善各种补贴政策，通过各种补贴鼓励企业、高校、研究机构努力钻研各种新技术、新手段，通过掌握行业尖端技术巩固在市场中的地位和份额；另一方面，资金支持，扶持微小企业给他们提供更好的平台，政府搭台子，给

---

① 冯叶成，刘嘉，张虎.政府—高校—企业协同的产学研合作模式探索与实践[J].科技进步与对策，2012（22）：70.

他们提供"孵化基地"，更好实现资源优化配置。当然，还可以建立产学研专项合作计划，完善资金走向监督流程，随时根据企业、学校、研究机构的要求调整年度计划，发挥平台优势，激励产学研项目的进程。

5. 扩大高等教育对外交流与合作

当前，我国高等教育处在竞争与合作并存、信息化、经济全球化、变化莫测的时代，给我国高等教育带来了很大的机遇，使得我们有机会了解和学习国外的一流大学在人才培养模式、科研、教学方法、管理技术等方面的经验，而且与国外高校的合作，与国外高水平的教师之间的交流，有利于高校和教师学习世界最前沿的科技知识和调整专业走向，将会大大增强我国高校教师的国际化水平，极大提高我国高校教师人力资源开发的效果。

（1）完善公派留学体系

公派出国留学是指由国家统一安排，并提供经费，使相关人员出国留学的方式。国家安排相关人员出国留学，主要是为了推动我国社会的进步和发展，促进我国人力资源建设和国家创新建设。通过教师公派出国吸取他国的观念和经验，提升学校、教师的水平和能力，从而推动我国教育事业的发展。高校教师公派出国留学有利于提升我国教师的整体素质，并通过引进国外先进的学识和观念，为我国教育事业打开一扇全新的大门。通过安排教师出国留学，能够促进学校的发展，使学校向国际化学校进军。某学科教师通过出国留学，可以学习和了解到该学科在国外的发展和研究进度，以及其他国家对于该学科的教学方式，从而教师回国后可以带来全新的知识和风貌，从而推动学校的发展。教师公派出国留学，一方面在教师专业知识培养方面，提升了自身专业素质，另一方面开阔了教师视野，提升教师个人综合素质，最终将提高高校教师人力资源开发的效益。另外，教师出国留学还能发现科技发展的趋势，并通过引进先进的科技和知识，带动我国交叉学科和边缘学科的建设。

为了推动和鼓励各大高校教师出国深造，提高国家的人才力量，政府应进一步加强与各个高校的合作，制定了各种出国留学项目，以支持高校教师的整体素质能够得到有效的提高，并增强各大高校的师资力量。

①增强高校教师公派出国留学的针对性

高校派出教师出国留学应该结合高校对人才的需求方向，一个学校有不同的学院和学科，要从宏观的角度细化，以学院和学科为基础。学校在出国留学管理方面应该只起到管理、指导和规划的作用，而对于培养和引进何种类型的人才，应该交由学院或学科制定相应的计划。另外学院和学科要结合自己的实际情况，并对学院和学科未来的发展方向，对人才的需求方向等进行细致的规划，并加以实施。由学院和学科作为出国留学的主导，能够使教师出国留学更具有针对性，教师能够通过学院制定的发展目标，设计出合适的留学任务，寻找到最适合的国家。其中学院促进留学教师在国外学习比较实用的先进技术，使教师回国后能够尽快投入到国内的研发中。另外要加强对留学教师的管理力度，避免有些教师在国外没有按照目标完成任务。学院和学科要根据相应的目前规划教师的出国留学任务，避免有些教师为了出国留学而私自联系学校，从而致使出国后所选择的学校和专业与教师的任务不对口。

②保障高校教师公派出国留学的服务

为了促进我国高校教师公派出国能取得较好的成效，从事出国留学管理的工作人员要加强对国外大学的选择，使教师能够进入高层次的大学进行深造。外事工作人员要积极配合高校教师出国留学的服务要求，帮助教师填写申报材料，保障申报材料的质量。避免让教师认为国家和学校只负责出钱，而对教师没有其他的帮助。加强高校教师公派出国留学的管理，有助于提升高校的水平和影响力。完善我国公派留学体系，派遣更多的教师出国留学深造能够有效推动和促进国家、学校的进步。

（2）开拓对外交流渠道

与国外高校和其他机构建立交流和合作关系是高校培养骨干教师和科研力量的重要途径，也是促进高校对外开放的重要措施。正如原北京大学校长、中国科学院院士许智宏指出："我们生活在一个国际化的时代，对于大学而言，传统的、以'学术寂寞'为重要特征的学院教育已经被大规模的留学生扩招、高密度的国际学术会议、跨越国界的科学研究、全球性的大学联盟组织所取代。"[①]我国要继续开拓对外交流渠道，开展多层次的

---

① 许智宏.国际化挑战下中国大学改革成必然选择［R］.北京论坛教育分坛，2006.

高等教育国际学术交流，促进国内外高校之间在科研和高层次人才培养方面的合作，鼓励高校汲取国际先进的科研方法和手段，及时掌握科研的最新动态和走势，站在世界科技前沿，这样对于我国高校教师人力资源开发的质量和效率将有很大的提高。

四、改进招聘工作，严格教师队伍的遴选

高等院校的人才培养构建首要面临的任务就是教师招聘工作，该工作结果的好坏会直接导致高质量师资队伍建设的成败问题。这就需要改进招聘工作，更加严格高校师资队伍的遴选，不求所有，但求所用。以把住准入关口为前提，以拓宽选拔视野为重点，以完善队伍结构为保障，"坚决匡正选人用人风气。"[①]

（一）严把师资准入关口

打造一支高质量的高校师资队伍，要从源头着手，把住队伍政治考核关、品德考核关、能力考核关，破除选人陋习、恶习，宁缺毋滥、从优遴选。

1. 把住政治考核关

中国共产党在选拔人才时，历来坚持以政治标准为先。毛泽东认为：各行各业的干部应该是"又红又专"的，其中"政治是主要的，是第一位的"[②]。习近平强调："选人用人要突出政治标准，做到对党、对人民、对历史负责。"[③]在高校师资队伍的遴选过程中，同样也要把政治标准放在首位，"深入考察政治忠诚、政治定力、政治担当、政治能力、政治自律等"[④]，把住政治考核关。坚持具备政治信仰和政治忠诚，能旗帜鲜明地树立马克思主义信仰、社会主义和共产主义理想信念，能树牢"四个意识"、坚定"四个自信"、做到"两个维护"，做政治上的明白人。坚持具备政治定力和政治担当，能在波诡云谲的形势中拨开迷雾，在大是大非的问题前立场坚定，能在教育活动和科学研究中勇于承担使命职责。坚持

① 中共中央印发《党政领导干部选拔任用条例》[N].人民日报, 2019-03-18.
② 毛泽东文集（第7卷）[M].北京: 人民出版社, 1999: 309.
③ 习近平总书记系列重要讲话精神学习读本[M].北京: 中国方正出版社, 2014: 102.
④ 中共中央印发《党政领导干部选拔任用条例》[N].人民日报, 2019-03-18.

具备政治能力和政治自律，能深入理解掌握党的理论、党章、党规和党纪，对党的路线、方针、政策有深刻认识并能坚决贯彻执行，能坚决遵守党的政治纪律和政治规矩，不走歪路邪路。

2. 把住品德考核关

苏联著名的无产阶级革命家奥斯特洛夫斯基曾形象地说："人的美并不在于外貌、衣服和发式，而在于他的本身，在于他的心。要是人没有心灵的美，我们常常会厌恶他漂亮的外表。"①这里"心灵的美"即可以引申为具有良好的品德。习近平指出："合格的老师首先应该是道德上的合格者，好老师首先应该是以德施教、以德立身的楷模。"②高校师资队伍作为立德、育德的主体，自身必须具备高尚的品德，要"深入考察道德品行……注重了解社会公德、职业道德、家庭美德、个人品德等方面的情况"③，把住品德考核关。在品德考核中，对高校教师是否热爱祖国、拥护中国共产党，关注社会、积极服务社会，遵守纪律、有集体主义意识；是否具有强烈的职业认同和职业情感，始终牢记教书育人、以身作则的行为标准；是否热爱家庭、尊老爱幼，能做到勤俭持家，具备良好的家庭责任感；是否以关爱学生为本，能否做到表里如一、言行一致等进行考察，严肃对待、严格筛选，保证高校师资队伍的先进性和纯洁性。

3. 把住能力考核关

《全面深化新时代教师队伍建设改革的意见》指出："严把高等学校教师选聘入口关，实行思想政治素质和业务能力双重考察。"④思想政治素质考察的重要性无须多言，对高校教师"德"的要求并不意味着对其"才"的忽略，有德无才的教师并不是高校师资队伍需要的人才。王安石在《辞男雲说书札子》中说："一介之任，必欲因能。"遴选高校师资队伍时，必须看重教师的能力素质，"深入了解专业知识、专业能力、专业作风、专业精神等方面的情况"⑤，把住能力考核关。高校师资队伍成员不

① ［苏联］奥斯特洛夫斯基.钢铁是怎样炼成的［M］.成都：四川科学技术出版社，2018：205.
② 习近平.做党和人民满意的好老师——同北京师范大学师生代表座谈时的讲话［M］.北京：人民出版社，2014：7.
③ 中共中央印发《党政领导干部选拔任用条例》［N］.人民日报，2019-03-18.
④ 中共中央国务院关于全面深化新时代教师队伍建设改革的意见［N］.人民日报，2018-02-01.
⑤ 中共中央印发《党政领导干部选拔任用条例》［N］.人民日报，2019-03-18.

仅要有善于教学的能力，掌握充分的教育教学技能；还要有独立开展科研的能力，勇于创新创造、服务社会；同时还应该具备必要的语言文字表达能力、组织管理能力、随机应变能力等。"把真正有信仰、有能力、有水平的人才，在理论上、笔头上、口才上有专长的优秀人员"充实到高校师资队伍中来。①

（二）拓宽人员选拔视野

高校师资队伍的遴选也应该不拘一格降人才，多方位发现党政领导干部、社会科研大家、各领域优秀典型等适合教育的人才，多样化配置兼职队伍、特聘教授等特别人才。

1. 多方位发现

黑格尔曾说过："假如你不缺少发现美的眼光，那么，你在每个人、每件事物身上，都可以发现美。"②各行各业、各个领域都"藏龙卧虎"，不是人才不够多，而是发现人才的"眼睛"不够多。高校师资队伍选拔要拓宽视野，大力选拔敢于负责、勇于担当、善于作为的优秀教师。多方位发现是拓宽高校师资队伍选拔视野的前提条件，观察的角度多了，可用、能用的人才自然也就多了。这就要求将目光投向各个领域、各条战线，不管是企事业单位还是社会团体，不管是管理高层还是基层一线，只要符合条件都可用、能用。善于发现那些对教育事业充满热爱，对教书育人充满责任感的优秀人才，善于发现那些理想信念坚定、理论学识充沛、思想政治工作能力突出的优秀人才，善于发现那些埋头苦干、默默耕耘、无私付出的优秀人才，将他们吸纳入高校师资队伍中，为学生"传经送宝"，引导学生成长。

2. 多样化配置

配置，就是指高校在教育活动中，根据教育任务和教育目标，将师资布置在适当的位置。高校工作的细化分工，决定了人才配置的多样化。高校师资队伍选拔要多关注那些"为民服务、求真务实、勤勉敬业、敢于担当、奋发有为"③的人才，将他们吸纳到队伍之中，丰富队伍配置。在高

---

① 黄蓉生.意识·能力·机制·平台——高校意识形态工作队伍构建要义[N].光明日报, 2016-05-15.
② ［德］黑格尔.美学（第一卷）[M].北京: 商务印书馆, 1997: 11.
③ 中共中央印发《党政领导干部选拔任用条例》[N].人民日报, 2019-03-18.

校教学科研工作中，要重视特聘教授、客座教授、兼职教授、讲座教授等的特别作用。选聘一批本身是教授，或者本身不是教授，而是校内外、各领域的党员领导干部、名人专家、企业家、优秀典型等，来为学生讲课、作报告，或带领学生搞科研。在高校思想政治工作中，要重视兼职队伍的特别作用。选聘一批综合素质出众、受学生欢迎的校内名师或人生阅历丰富、热心于育人的老干部、老学者、老模范等兼职担任辅导员或班主任，用他们独特的人格魅力教育、影响学生，为思想政治工作队伍增添亮点。

（三）完善队伍合理结构

高校师资队伍的合理结构是指队伍成员在年龄结构、学历结构、职称结构、学缘结构等方面进行合理组合，实现优势最大化。

1.完善年龄结构

高校师资队伍合理的年龄结构是指老、中、青三个年龄阶段的教师比例均衡，各部分能够正常交替，既有青年教师激发队伍活力，又有中年教师起承上启下的作用，还有年长教师传递丰富经验。针对目前队伍中坚力量不足的问题，一方面"重引进"，改革高校人才招聘以应届毕业生为主的单一模式，多渠道引进有经验、有能力的骨干人才，实施好"千人计划"等人才引进项目，以提高队伍层次性；另一方面"强培养"，如《关于加强和改进新形势下高校思想政治工作的意见》指出，通过"强化青年教师理想信念教育""增强青年教师教书育人担当""建立中青年教师社会实践和校外挂职制度"等措施大力加强青年教师的培养工作[①]，实施好"万人计划""长江学者"奖励计划等人才培养项目，为高校师资队伍打造坚实的后备力量。

2.完善学历结构

高校师资队伍合理的学历结构是指提高高学历人才在队伍中的比例，让高学历教师更好地为学生成长保驾护航、为高校发展贡献力量。针对目前高校专任教师中的高学历人才需求不是的问题，一方面"严标准"，严格教师准入的学历标准，转变一些高校仍接收硕士研究生甚至本科生的现状，吸纳更多高学历、高水平的人才加入队伍，增强队伍战斗力，从另一

---

① 中共中央国务院印发《关于加强和改进新形势下高校思想政治工作的意见》[N].人民日报, 2017-02-28.

个角度讲也要求高校自身要注重优化物质环境和人文环境，采取激励策略，以防止高学历人才的流失；另一方面"促发展"，引导队伍中尚为硕士甚至本科学历的教师树立"更上一层楼"的意识，鼓励其继续学习、不断提高，创造条件和机会让教师可以深造进修，以提升个人学历水平和综合素质。

3. 完善职称结构

高校师资队伍合理的职称结构是指提高高级职称人才在队伍中的比例，增强教师的贡献能力。针对目前高校专任教师职称总体偏低的问题，一方面"优制度"，根据不同领域不同情况科学确定教学、科研等成绩在职称评审中的比重，克服"唯学历、唯资历、唯论文的倾向"[①]，改变论资排辈、特权优先等不合理的"隐形"制度，提高教师晋升的主动性和积极性；另一方面"激升级"，转变教师"求安稳""职称不甚重要"的陈旧观念，帮助其制定长远的职业生涯规划，给教师以一定动力，同时根据实际情况实行适度的"非升即走"，达到一定年限后若教师仍未取得职称升级则流动到低一级岗位，给教师以一定压力。

4. 完善学缘结构

高校师资队伍合理的学缘结构是指学缘类别构成的丰富多样、学缘层次构成的高位优质[②]，完善学缘结构是激发队伍活力的应有之义。针对当前队伍学缘类别单一、学缘层次偏低的问题，一方面"广招贤"，严格控制本校、本市毕业生留校任职的比例，而是将眼光开阔到国内国外、五湖四海，"鼓励高等学校加大聘用具有其他学校学习工作和行业企业工作经历教师的力度"[③]，促进不同学术流派、学术思想之间的相互碰撞和交流；另一方面"优氛围"，为了吸引高品质学缘的人才，高校应致力于浓郁的学术氛围、良好的学习氛围、舒适的生活氛围等的营造，栽好枝繁叶茂的"梧桐树"，吸引八方英才。

---

① 中共中央办公厅 国务院办公厅印发《关于深化职称制度改革的意见》[N].人民日报, 2017-01-09.
② 参见董泽芳等.我国高校教师队伍学缘结构问题及优化对策——基于三个视角的调查与分析 [J].教育科学, 2012(05)：48-52.
③ 中共中央国务院关于全面深化新时代教师队伍建设改革的意见 [N].人民日报, 2018-02-01.

五、加大高校教师队伍的培训力度

加大对高校师资队伍的培训力度，是造就一支"师德高尚、业务精湛、结构合理、充满活力的高素质专业化教师队伍"的必经之路[①]，具体措施包括深化师资力量培训，强化岗位实践锻炼，优化以老带新工作等。

（一）深化师资力量培训

1. 丰富培训类型

高校师资队伍培训工作要注重丰富类型使之多样化。将岗前培训与在职培训相结合，短期培训与长期培训相结合，集体培训与个人培训相结合等，综合利用各种培训类型以扩大培训范围，强化培训影响。第一，岗前培训，即让新入职的教师学习教育教学基本理论和技能，学习教育政策和教师职业道德规范等内容的过程；在职培训，即在教师工作同时组织其进行学习的过程。将岗前培训与在职培训相结合就是使培训工作成为一个连贯不间断的过程，旨在贯彻落实终身学习的理念，促进教师不断完善自我。第二，短期培训就是为了达到一定目标而进行的时间较短的培训，如时事政治理论学习培训、教学技能学习培训等；长期培训也就是长期进修，是教师为了开阔视野、取得多方面进步而暂时离开本职岗位参加学习的一种培训类型。将短期培训与长期培训相结合就是使教师紧跟时代发展，提高自身专业性和全面性。第三，集体培训是指将本校或本院教师集中在一起开展教育理念、教学技能、科研能力等的培训；个人培训是指选派部分优秀教师到国内外名校进行定点培训的过程。将集体培训与个人培训相结合就是使教师获得更多发展机会和平台，接受更高层次的熏陶和培养。

2. 优化培训内容

高校师资队伍培训工作要注重优化内容使之科学化。通过对教师进行理想信念教育、师德宣传教育、专业技能培训等，建立合理实用的培训内容体系，培养符合新时代发展要求的高校师资队伍。第一，紧抓理想信

---

① 习近平.做党和人民满意的好老师——同北京师范大学师生代表座谈时的讲话［M］.北京：人民出版社，2014：4.

念教育，着眼于提高教师的思想政治素质。加强党史国史教育，使教师深入理解中国共产党"因何而来""如何而来"，深入理解近代中国走过的曲折路程，以牢固树立爱党爱国的决心。加强形势政策教育，使教师深刻掌握新时代党和国家"该去何处""如何而去"，自觉贯彻党和国家的基本路线、教育方针和理论政策。加强中华优秀传统文化教育，继承中华传统文化的精髓，吸收革命文化的红色基因，发扬社会主义先进文化的精神实质。第二，紧抓师德宣传教育，着眼于提高教师的道德素质。将师德教育摆在高校教师培养首位，贯穿高校教师职业生涯全过程。加强社会主义核心价值观教育，让教师全面学、系统学、透彻学，领悟到社会公德、职业道德、家庭美德和个人品德的丰富内涵，在学懂、弄通的基础上践行、弘扬。坚持师德宣传制度化、常态化，将师德宣传作为高校宣传思想工作的重要组成部分。挖掘师德典范，讲好师德故事，用优秀师德人物的感染力、号召力凝聚教师，引导其重视德的力量，自觉做到立师德、树师风。第三，紧抓专业技能培训，着眼于提高教师的能力素质。对高校专任教师来说，要着重加强教学技能、科研能力等培训，使其业务能力更加精湛。对高校思想政治工作队伍来说，要着重加强思想政治工作能力培训，党政干部和共青团干部、辅导员和班主任等队伍成员要勤于育人、善于育人，提高思想政治工作实效性。

3.改进培训形式

高校师资队伍培训工作要注重改进形式使之多元化。通过授课式培训、讲座式培训、研讨式培训、课题式培训和网络培训等形式，将培训内容高效顺利地传递给教师。第一，授课式培训和讲座式培训是最为基础、最为普遍的培训形式，依托授课教师系统性的课程讲授或者大专家、大学者围绕某一问题的专题讲座，来更新教师知识，提高教师能力。第二，研讨式培训是在单向授课的基础上，为了充分发挥教师的主观能动性而让教师合作研究、互相探讨、互帮互助的过程，通过与他人思想的碰撞、经验的交流，使教师的认识更为深刻，同时也锻炼了思维能力和表达能力。第三，课题式培训是为了适应新形势下社会对高校教师的要求，通过给教师布置课题任务，让其在课题的完成中发现问题、解决问题，从而培养良好的科研能力、团结协作能力的方式，不仅有利于教师自身的提高，也推动了社会的创新创造。第四，网络培训是在网络时代中借助信息化手段开展的智能化培训，线下培训固然有无法替代的优点，但方便、快捷的线上培训适应了新时代社会和教师的需求，如全国高校教师网络培训中心网站，通过各种在线课程、网络讲座、微课，为教师提供了海量教育资源。将线下培训与线上培训相结合是目前高校师资队伍培训工作的必要之策。

（二）强化岗位实践锻炼

实践能力是高校师资队伍将理论应用于实际的能力，虚实结合才能发挥出应有的作用。因此，通过加强社会实践、抓好岗位锻炼来强化岗位实践锻炼是加大高校师资队伍培训力度的又一举措。

1. 加强社会实践

加强社会实践是高校师资队伍深入社会生活、了解国情社情民情的重要途径，有利于促进教师检验自己掌握知识的正确性，在亲身体验中培养科学的世界观、人生观、价值观，树立教书育人的使命感和责任感，培养家国情怀。第一，拓展实践平台。依托城市社区、农村乡镇、企业工厂等场所，为教师提供广阔的实践平台，如建立各种爱国主义教育基地、文化服务实践基地、科学技术合作基地、骨干教师社会实践研修基地等等，鼓励教师走出校园、走向社会。第二，丰富实践内容。通过生产劳动、参观访问、社会调研、志愿服务等丰富多彩的实践内容，让教师全方位、多角度地参与到社会实践中去，既起到增强教师积极性的作用，又在实践中锻炼其自身能力。如"百万师生重走复兴之路""百万师生'一带一路'社会实践专项行动"等都是根据时代特色为教师"量身定做"的实践活动。第三，构建实践机制。高校要重视实践育人的重要性，认真担起组织管理责任，做好教师社会实践总体规划，严格制度管理，从思想意识到实践行动充分调动起教师的主动性，切实保障高校师资队伍社会实践工作的顺利进行。

2. 抓好岗位锻炼

抓好岗位锻炼就是要充分利用不同岗位的不同要求，来为高校师资队伍创造无数宝贵的锻炼机会，以提升其综合能力。第一，在深入基层中夯实基础。新进教师要珍惜在基层一线工作的时间，充分利用这个机会广泛走进学生，掌握当代青年大学生的主要特点和成长规律，夯实教育教学技能和思想政治工作能力，以坚定教书育人的信心和决心，培养身为教师的荣誉感和获得感。第二，在轮岗交流中开阔视野。水尝无华，相荡乃成涟漪；石本无火，相击而成灵光。高校应根据实际情况制定教师轮岗制度，提高教师对轮岗交流的认识，让教师在岗位的流动中增长见识、累积经验、磨炼自我，形成更成熟的教育思想。第三，在挂职锻炼中博学累识。高校应完善教师挂职锻炼相关政策制度，选派符合条件的教师到党政机关或企事业单位挂职，使其收获全新知识，打破思维定式，丰富人生阅历，朝着复合型人才发展。

（三）优化以老带新工作

毛泽东在谈到"为人民服务"这个问题时曾指出："一切革命队伍的人都要互相关心，互相爱护，互相帮助。"[①]习近平在北京大学师生座谈会上强调："高素质教师队伍是由一个一个好老师组成的，也是由一个一个好老师带出来的。"[②]加大高校师资队伍的培训力度就是要在实际工作中端正新老教师的思想认识、完善传帮带机制，促进以老带新工作取得良好的效果。

1.端正思想认识

以老带新工作是高校师资队伍发展的一个重要环节，也是教师成长成才的一个重要途径。新进教师刚上岗，因为工作环境的不熟悉、工作内容的不熟练，自然会产生很多问题阻碍工作进展，这时需要富有经验的老教师充当"指导者"的角色，帮助新教师快速适应岗位。但现实中存在部分老教师"不愿教"、新教师"不愿学"的现象，使以老带新工作流于形式，没有发挥真实作用。因此，必须端正新老教师对以老带新工作的思想认识。作为新教师，要将以老带新工作当成促进自我成长成才的良好契机。要保持虚心好学、不耻下问的态度，认真听取老教师的指导建议，及时请教工作中遇到的困难问题。要做到尊重、关心老教师，谨记"一日为师，终身为父"的古训，对老教师的辛勤付出怀有感恩之心。作为老教师，则要将以老带新工作当成促进自身进一步提高的宝贵机会。怀着高度的热情和责任心，将教学知识、工作技能等专业经验和为人师表的道德品

---

① 毛泽东选集(第3卷)[M].北京:人民出版社,1991: 1005.
② 习近平.在北京大学师生座谈会上的讲话[M].北京:人民出版社,2018: 8.

质毫无保留地传授给新教师，让其少走"弯路"，促进队伍整体提高。

2.完善传帮带机制

中共中央、国务院于2018年1月印发的《全面深化新时代教师队伍建设改革的意见》指出，提高高等学校教师质量要"加强院系教研室等学习共同体建设，建立完善传帮带机制"。①完善传帮带机制，第一，要制定合理计划，明确目标任务、指导时间、指导内容、指导方式等等，有的放矢，有针对性地对新教师开展培养。第二，要选聘优秀指导教师，以思想政治素质优良、道德情操高尚、专业技能精湛为要求严格选聘老教师，保证以老带新工作的实效性。第三，要充实指导内容，新教师对于刚上手的工作就如同新生儿面对崭新的世界一样，需要老教师在给予其一定发挥空间的同时详细指导，例如指导理论学习、备课、讲课、教学总结、科研以及为人处世等方方面面，给新教师以鼓励和信心。第四，要改进指导方法，综合运用讲授法、讨论法、案例分析法等方法，加强新老教师之间的交流互动，推动以老带新工作圆满完成。

六、健全高校教师队伍的管理机制

（一）健全队伍评聘机制

高校师资队伍评聘机制是指高校教师的职务（职称）评审和聘任机制，教师通过"评"来获得任职资格，通过"聘"来担任一定职务。《关于深化高校教师考核评价制度改革的指导意见》指出要以"教学为要""科研为基"，"注重凭能力、实绩和贡献评价教师"。②

1.重视教学质量

对高校师资队伍而言，教书育人应该是其最首要的工作，反映到高校教师职务（职称）评聘中，教学质量的比重却不尽如人意。大部分高校对教师科研成果的要求十分严格，规定了明确的量化指标，但就教学质量而言，要求就显得"宽松"许多，只要完成教学量，不出现教学事故即为合

---

① 中共中央国务院关于全面深化新时代教师队伍建设改革的意见［N］.人民日报，2018-02-01.

② 教育部关于深化高校教师考核评价制度改革的指导意见_中华人民共和国教育部政府门户网站［EB/OL］.http://www.moe.gov.cn/srcsite/A10/s7151/201609/t20160920_281586.html.

格。针对目前高校评聘中存在的重科研轻教学的现象，高校应在教师评聘过程中"增加课堂教学权重"①，将课堂教学质量作为评价的重要标准之一。一方面，完善教学评价指标，将教师的教学量、教学成果、教学奖励等量化指标与教学态度、课堂表现、师生互动等非量化指标结合，突出教书育人的重要性。另一方面，合理教学评价方法，改革"学生评教"单一模式的弊端，建立全方位教学评价体系，利用抽查听课法、教学成果汇报法、领导评价法、教师互评法、学生评教法等多样化的方法，对教师的教学质量进行科学评审。

2. 注重科研水平

科学研究彰显了高校师资队伍精于"问道"的特性，在高校教师职务（职称）评聘中，科研一直受重视程度很高并占有重要比重，但重量不重质的情况长期存在，如部分高校仅仅用论文发表数量来衡量教师科研能力，导致个别教师为了"赶量""评级"而盲目发论文。针对目前高校评聘中存在的"重数量轻质量的科研评价倾向"②，高校应在"定量"的基础上"重质"，"鼓励潜心研究、长期积累"③，注重高校师资队伍整体科研水平的提高。一方面，要科学处理教师科研成果"质"与"量"的关系，在评审过程中，不仅着眼于论文或课题数量，更注重论文质量、下载量、被引量等，更注重课题级别、有效性、完成度等，更注重代表性成果。另一方面，建立科学合理的分类评价标准，按照哲学社会科学、自然科学等不同领域，基础研究、应用研究等不同类型，实行有针对性的科研评价。

3. 关注实际贡献

高校师资队伍作为培养人才、服务社会的中流砥柱，除了完成规定的教学任务和科研工作之外，还作出了许多有益教育、有益社会的实际贡献，无论是教学能力，还是科研水平，都有一定量化指标或标准可以去衡量，而对于教师的实际贡献却没有明确统一的标准。如，导师指导研究生

---

① 中共中央国务院印发《关于加强和改进新形势下高校思想政治工作的意见》[N].人民日报, 2017-02-28.

② 教育部关于深化高校教师考核评价制度改革的指导意见_中华人民共和国教育部政府门户网站 [EB/OL].http://www.moe.gov.cn/srcsite/A10/s7151/201609/t20160920_281586.html.

③ 教育部关于深化高校教师考核评价制度改革的指导意见_中华人民共和国教育部政府门户网站 [EB/OL].http://www.moe.gov.cn/srcsite/A10/s7151/201609/t20160920_281586.html.

会耗费大量时间和精力，除规定的课程量之外，剩下的部分如指导学生课题、论文等，均没有很好地转化为导师的工作量，这在一定程度上不利于提高教师工作的积极性。针对目前高校评聘中存在的忽视教师实际贡献的问题，高校应更加"注重凭能力、实绩和贡献评价教师"①。一方面，进一步完善教学工作量评价标准，将教师指导学生学术研究、创新创业、社会实践以及各类竞赛等方面的工作，都计入教育教学工作量。另一方面，若学生在某一方面取得突出成绩或重大成就，在表扬表彰学生的同时，也应鼓励激励其班主任、辅导员或指导教师等。

（二）健全队伍考核机制

高校师资队伍考核机制是指高校按照一定的考核办法，对高校教师的思想品德、工作态度、工作业绩等进行优劣评定的一种机制。深化推进高校教师考核评价制度改革，坚持思想素质与业务水平并重、教学业绩与师德表现同存，同时还要注意激励先进与约束后进兼备。

1.思想素质与业务水平并重

思想素质是每一个高校教师都必须具备的基本素质，考核评价要重视思想素质的高低，弘扬真善美。要将思想素质考察贯穿到教师管理和发展全过程，在考核时和日常中随时考察教师是否有端正的思想态度，认真积极的对待每一项工作；是否在不断提高思想水平，自觉主动地学习党的新政策、新理论；是否在追求崇高的思想境界，努力做一个高尚的人。业务水平是判断高校教师是否合格的基本标准之一，考核评价要重视业务水平的高低，培养行家里手。要考察教师是否在不断增强从事这一职业的业务能力，在教书育人方面是否有良好的育人能力，在探索研究方面是否有较高的科研能力，在服务社会方面是否具有较好的贡献能力等。在高校师资队伍的考核过程中，要坚持"思想政治素质和业务能力双重考察"②，培养有思想、有能力、有水平的新时代高校教师。

---

① 教育部关于深化高校教师考核评价制度改革的指导意见_中华人民共和国教育部政府门户网站 [EB/OL].http://www.moe.gov.cn/srcsite/A10/s7151/201609/t20160920_281586.html.
② 教育部关于深化高校教师考核评价制度改革的指导意见_中华人民共和国教育部政府门户网站 [EB/OL].http://www.moe.gov.cn/srcsite/A10/s7151/201609/t20160920_281586.html.

2.教学业绩与师德表现同存

教学业绩是高校教师在教育教学过程做出的成绩，考核评价要以教学业绩为要点，重视教学任务的完成。在合理评价教学质量的前提下，在工作量考核方面，要求每一名教师都必须承担一定的课程任务，同时尽可能担任辅导员或班主任，负责学生的思想政治工作；对于教授、副教授等高级职称，实现本科生授课常态化、制度化。师德表现是高校教师在师德师风方面的言行举止，考核评价要以师德表现为先，恪守师德红线。贯彻落实教育部《关于建立健全高校师德建设长效机制的意见》，将对教师师德的评判日常化，深入到工作、学习、生活的方方面面，对有触碰红线的行为严肃处理、绝不姑息，对师德低下教师的考核、晋升等通通实行"一票否决"。在对高校师资队伍的考核中，要坚持"加强师德考核力度"与"突出教育教学业绩"同存，切实提高教师的教学水平和师德素质，这也是对习近平总书记"教书与育人相统一"[①]原则的贯彻落实。

2.激励先进与约束后进兼备

对高校师资队伍考核的目的一方面在于激励表现优异的教师，提高其职业幸福感和获得感；一方面在于约束表现欠佳的教师，促使其在弥补不足中不断完善自我。因此，在建立健全队伍考核机制时，既要注意多种举措激励先进，通过提高薪酬、完善福利等物质手段来激发教师的活力和积极性，也通过评选先进、授予荣誉称号等精神奖励来满足教师的精神需求，正如习近平所说："让广大教师安心从教、热心从教、舒心从教、静心从教"[②]；又要注意严肃严格约束后进，对于除特殊原因外而没有达到考核要求的教师，不能为了其"面子"就在考核结果上"放水"，该是"不合格"的就要实施一定惩罚，并将惩罚体现在薪酬、评优等方面，以促使教师深刻认识自身问题，并努力寻求解决办法，向"合格线""优秀线"奋斗。

---

① 习近平在全国高校思想政治工作会议上强调：把思想政治工作贯穿教育教学全过程 开创我国高等教育事业发展新局面 [N].人民日报,2016-12-09.

② 习近平.全面贯彻落实党的教育方针努力把我国基础教育越办越好[N].人民日报,2016-09-10.

（三）健全队伍监督机制

高校师资队伍监督机制是指通过各项规章制度，对高校教师的言行举止进行监控和管理的一种机制。自律诚可贵，监督不可少。面对日益复杂的校园环境和风云变幻的社会形势，需要从拓展监督渠道、规范问责追责、营造监督氛围等角度入手，建立健全队伍监督机制。

1. 拓展监督渠道

对高校师资队伍思想政治素质、师德师风、教学活动等的监管监督是一件系统而复杂的工作，需要各方力量齐心协力、同向同行。一方面，可以利用学校民主监督，即领导、行政人员、教师、学生等都是监督的主体，每个人都有监督别人的权利，都可以根据国家、学校颁布的相关法律法规、规章制度，对教师的语言行为合理监察、严格督促。加强学校民主监督最主要的是要提高师生的监督意识，不能有"事不关己，高高挂起"的心态，应该为着高校师资队伍的纯洁，为着学生健康的成长成才，参与到监督工作中。另一方面，可以依靠社会舆论监督，利用电视、报刊、网络等媒介的强大社会影响，传播先进模范，揭露反面典型，形成正确的舆论导向。尤其是高度重视"两微一端"的监督作用，保证渠道的畅通，使"两微一端"成为监督的一把利器。

2. 规范问责追责

问责追责是处理监督结果必不可少且至关重要的一个步骤，有了问题不能"睁一只眼闭一只眼"，使制度沦为摆设，使监督失去意义。一方面，要筑牢底气严于问，发现一个问题，处理一个问题，把问责落到实处。如，对在教学工作中不认真、不仔细，持敷衍态度的教师要严肃批评教育；对在课堂上"乱说话"，向学生传播反党、反国、"反马"等错误思想的教师要严格实施惩戒；对于师德师风方面，大力"推行师德考核负面清单制度"①，将教师的失范行为记入个人信用记录里，并且永不消除。另一方面，要拿出硬气敢于追，不畏惧权威，不包庇袒护，有问题就要一查到底、层层追责。

---

① 中共中央国务院关于全面深化新时代教师队伍建设改革的意见［N］.人民日报，2018-02-01.

3. 营造监督氛围

健全高校师资队伍监督机制就是要在全校、全社会营造一种敢于监督、善于监督、常于监督的氛围。习近平指出，监督就是要"真管真严、敢管敢严、长管长严"[①]。一方面，要营造敢于监督的氛围。对于高校师资队伍，不论是在高校里，还是在社会中，都存在一个突出的问题，那就是人们不敢监督、不愿监督，怕得罪人、怕"惹祸上身"。因此，必须大力提倡和鼓励监督，通过对失范教师的严肃处理和对典型案例的广泛宣传，让人们放下顾虑，增强向高校师资队伍内部病灶开刀的自觉性，不使监督缺位。另一方面，要营造善于监督的氛围。为之于未有，治之于未乱。加强对高校师资队伍的监督，就是要致力于"抓早抓小"，发现错误苗头要及时纠正，扼过错于萌芽；一旦问题出现，不能掉以轻心、放任不管，要及时提醒、批评、处理，避免"小病"变"顽疾"。同时，还要将监督常态化，将监督落实到高校师资队伍的工作里、生活中，贯穿于队伍的日常管理和培训发展，形成处处有监督、事事有监督的良好氛围。

---

① 习近平在十九届中央纪委二次全会上发表重要讲话强调：全面贯彻落实党的十九大精神 以永远在路上的执着把从严治党引向深入 [N]. 人民日报, 2018-01-12.

参考文献

1. 经典著作

[1]马克思恩格斯选集(第42卷)[M].北京:人民出版社,1979.

[2]毛泽东选集(第3卷)[M].北京:人民出版社,1991.

[3]邓小平文选(第1卷)[M].北京:人民出版社,1994.

[4]邓小平文选(第2卷)[M].北京:人民出版社,1994.

[5]马克思恩格斯选集(第1卷)[M].北京:人民出版社,1995.

[6]马克思恩格斯选集(第3卷)[M].北京:人民出版社,1995.

[7]马克思恩格斯选集(第4卷)[M].北京:人民出版社,1995.

[8]毛泽东文集(第7卷)[M].北京:人民出版社,1999.

2. 报纸

[1]习近平.在第十二届全国人民代表大会一次会议上的讲话[N].人民日报,2013-03-18.

[2]习近平在全国宣传思想工作会议上强调:胸怀大局把握大势着眼大事 努力把宣传思想工作做得更好[N].人民日报,2013-08-21.

[3]习近平向全国广大教师致慰问信[N].人民日报,2013-09-10.

[4]习近平在联合国教科文组织总部发表演讲强调:让中华文明同世界丰富多彩的文明一道为人类提供正确的精神指引和强大的精神动力[N].人民日报,2014-03-28.

[5]中共中央办公厅、国务院办公厅印发《关于进一步加强和改进新形势下高校宣传思想工作的意见》[N].人民日报,2015-01-20.

[6]习近平给"国培计划(2014)"北京师范大学贵州研修班参训教师回信[N].人民日报,2015-09-10.

[7]习近平在全国党校工作会议上强调:坚持党校姓党根本工作原则 切实做

好新形势下党校工作[N].人民日报,2015-12-13.

[8]黄蓉生.意识·能力·机制·平台——高校意识形态工作队伍构建要义[N].光明日报,2016-05-15.

[9]习近平.全面贯彻落实党的教育方针 努力把我国基础教育越办越好[N].人民日报,2016-09-10.

[10]陶凤,初晓彤.北大探路高校去行政化改革[N].北京商报,2016-11-11.

[11]习近平在全国高校思想政治工作会议上强调:把思想政治工作贯穿教育教学全过程 开创我国高等教育事业发展新局面 [N].人民日报,2016-12-09.

[12]戴春晨.西湖大学之问:社会捐赠改变中国高校?[N]21世纪经济报道,2017-01-06.

[13]中共中央办公厅 国务院办公厅印发《关于深化职称制度改革的意见》 [N].人民日报,2017-01-09.

[14]中共中央国务院印发《关于加强和改进新形势下高校思想政治工作的意见》[N].人民日报,2017-02-28.

[15]习近平在看望参加政协会议的民进农工党九三学社委员时强调:我国广大知识分子要主动担当积极作为 为国家富强民族振兴人民幸福多作贡献[N].人民日报,2017-03-05.

[16]习近平.决胜全面建成小康社会 夺取新时代中国特色社会主义伟大胜利——在中国共产党第十九次全国代表大会上的报告[N].人民日报,2017-10-28.

[17]习近平在十九届中央纪委二次全会上发表重要讲话强调:全面贯彻落实党的十九大精神 以永远在路上的执着把从严治党引向深入[N].人民日报,2018-01-12.

[18]中共中央国务院关于全面深化新时代教师队伍建设改革的意见[N].人民日报,2018-02-01.

[19]习近平在全国教育大会上强调:坚持中国特色社会主义教育发展道路 培养德智体美劳全面发展的社会主义建设者和接班人[N].人民日报,2018-09-11.

[20]中办、国办印发《加快推进教育现代化实施方案(2018—2022年)》[N].

人民日报, 2019-02-24.

[21]中共中央印发《党政领导干部选拔任用条例》[N]. 人民日报, 2019-03-18.

[22]习近平主持召开学校思想政治理论课教师座谈会强调: 用新时代中国特色社会主义思想铸魂育人 贯彻党的教育方针落实立德树人根本任务[N]. 人民日报, 2019-03-19.

3. 论文专著

[1][美]范斯科德著. 美国教育基础——社会展望[M]. 北京师范大学外国教育研究所译. 北京: 教育科学出版社, 1984.

[2]王通讯. 人才学通论[M]. 天津: 天津人民出版社, 1985.

[3]苏东水. 管理心理学[M]. 上海: 复旦大学出版社, 1987.

[4]纪大海. 教育人才学[M]. 成都: 四川教育科学出版社, 1989.

[5]孙密文. 人才学[M]. 长春: 吉林教育出版社, 1990.

[6]周少南. 斯坦福大学[M]. 长沙: 湖南教育出版社, 1991.

[7]毛继东. 教育人才学[M]. 呼和浩特: 内蒙古大学出版社, 1991.

[8]王英杰. 美国高等教育的发展与改革[M]. 北京: 人民教育出版社, 1993.

[11]姜文闵. 哈佛大学[M]. 长沙: 湖南教育出版社, 1998(3).

[12]陈玉琨. 教育评价学[M]. 北京: 人民教育出版社, 1999.

[13]董泽芳主编. 人力资源开发与管理[M]. 武汉: 华中师范大学出版社, 2000.

[14][英]约翰·亨利·纽曼. 大学的理想(节本)[M]. 徐辉, 顾建新, 何曙荣, 译. 杭州: 浙江教育出版社, 2001.

[15]叶澜, 白益民, 王丹, 陶志琼. 教师角色与教师发展新探[M]. 北京: 教育科学出版社, 2001.

[16]王金福. 析"以人为本"[J]. 福建论坛(人文社科版), 2001(02).

[17]俞可平. 人的全面发展: 马克思主义的最高命题和根本价值[J]. 马克思主义与现实, 2001 (05).

[18]黄威. 教育管理学[M]. 广东; 广东高等教育出版社, 2002.

[19]申继亮, 费广洪, 李黎. 关于中学教师成长阶段的研究[J]. 天津师范大学学报(基础教育版), 2002(03).

[20] 黄德良. 人本管理的价值内涵[J]. 社会科, 2002(04).

[21] 佟晶石. 试论产学研合作创新体系的建设作用 [J]. 科学技术与辩证法, 2002(05).

[22] 姚贵平. 解读职业教育 "双师型" 教师[J]. 中国职业技术教育, 2002(06).

[23] 徐芳. 团队绩效测评技术与实践[M]. 北京: 中国人民大学出版社, 2003.

[24] 傅冰钢. 高校教师人力资源管理改革初探[J]. 江苏高教, 2003(02).

[25] 林茂全, 宋丹. 论高等教育竞争战略[J]. 大连理工大学学报(社科版), 2003(02).

[26] 孙红. 人力资源管理: 高校师资管理的重要理念[J]. 高教论坛, 2004 (02).

[27] 黄艳霞. 北京大学人事制度改革的启示[J]. 交通高教研究, 2004(06).

[28] 周志强. 对高校教师的以人为本管理的思考[J]. 探索, 2004(06).

[29] 宋丹, 孙金伟. 关于对创新及高层次创新人才的几点思考[J]. 辽宁教育研究, 2004(08).

[30] 苟坪. 电子DK所面向组织变革的三级培训体系构建[D]. 电子科技大学, 2005.

[31] 覃丽. 高职院校双师型教师的队伍建设的现状与对策[D]. 天津大学, 2005

[32] 戚鲁. 论人本观下的政府组织绩效管理[J]. 江海学刊, 2005(01).

[33] 孟领. 西方组织变革模型综述[J]. 首都经济贸易大学学报, 2005(01).

[34] 殷姿、李志宏. 美国研究型大学教师考核制度研究[J]. 高教探索, 2005 (01).

[35] 李新男. 创新 "产学研结合" 组织模式构建产业技术创新战略联盟 [J]. 中国软科学, 2005(03).

[36] 宋丹, 党延忠. 高等学校现代师资管理模式探析[J]. 大连理工大学学报 (社科版), 2005(03).

[37] 唐林伟, 周明星. 职业院校 "双师型" 教师研究综述[J]. 河南职业技术师范学院学报(职业教育版), 2005(08).

[38] 申继亮. 教师人力资源开发与管理[M]. 北京: 北京师范大学出版社, 2006.

[39] 夏丽萍. 高等教育资源配置研究 [D]. 四川大学. 2006.

[40] 许智宏. 国际化挑战下中国大学改革成必然选择 [R]. 北京论坛教育分坛, 2006.

[41] 郤海霞. 美国主要研究型大学教师队伍管理的特点及启示 [J]. 比较教育研究, 2006 (04).

[42] 刘诚芳编著. 现代高校教师人力资源管理 [M]. 北京: 民族出版社, 2007.

[43] 张慧. 山东省高等师范院校教师激励机制研究 [D]. 山东师范大学, 2007.

[44] 殷智红, 叶敏编著. 管理心理学 (第2版) [M]. 北京: 北京邮电大学出版社, 2007.

[45] 朴雪涛, 王怀宇. 大学制度创新与中国研究型大学建设 [M]. 北京: 光明日报出版社, 2007.

[46] 陈永明. 德国大学教师聘任制的现状与特征 [J] 集美大学学报, 2007 (01).

[47] 陈培樗, 屠梅曾. 产学研技术联盟合作创新机制研究 [J]. 科技进步与对策, 2007 (06).

[48] 杨莎莎. 国外 "双师型" 师资培养模式比较及对我国的启示 [J] 成人教育, 2007 (06).

[49] 杨泽宇. 产学研结合是突出高职教育办学特色的必由之路 [J]. 教育与职业, 2007 (35).

[50] 王君. 西方现代激励理论视角下的高校教师管理研究 [D]. 山东大学. 2008.

[51] 顾燕. 教师人本管理的理论与实践研究——以上海市西林中学的实践探索为例 [D] 上海师范大学, 2008.

[52] 马茂松. 人本管理视域中的高校人力资源管理研究 [D]. 中国石油大学 (华东), 2008.

[53] 柳泳. 新建地方本科院校教师队伍建设问题研究——以安徽省某一新建地方本科院校为个案 [D]. 南京师范大学, 2008.

[54] 叶茂林, 肖念. 中国高等教育热点问题述评 [M]. 北京: 科学出版社, 2008.

[55] 吕玉刚. 全面实施岗位设置工作, 积极推进聘后规范管理 [J]. 中国高校师资研究, 2008 (05).

[56] 王文岩, 孙福全, 申强. 产学研合作模式的分类、特征及选择 [J]. 中国科

技论坛, 2008 (05).

[57] 易兰华. 高职双师素质教师认定标准研究 [J]. 成人教育, 2008 (12).

[58] 王征. 美国高校教师队伍建设与管理的特色及启示 [J]. 湖北成人教育学院学报, 2008 (01).

[59] 李向前, 陈运辉. 一般本科院校产学研合作教育模式下的教师队伍建设 [J]. 长春工业大学学报 (高教研究版), 2008 (02).

[60] 叶芬梅. 当代中国高校教师职称制度改革研究 [M]. 北京: 中国社会科学出版社, 2009.

[61] 张沛华. 贵州省高职院校 "双师型" 教师队伍建设研究 [D]. 西南大学, 2009.

[62] 张晓, 盛建新, 林洪. 我国产业技术创新战略联盟的组建机制 [J]. 科技进步与对策, 2009 (20).

[63] 赖亚曼, 陈海滨. 美国高校教师管理制度特点分析 [J]. 煤炭高等教育, 2009, 27 (03).

[64] 尤莉. 公益性——现代高等教育的第一特性 [J]. 贵州师范大学学报 (社会科学版), 2010 (04).

[65] 颜超, 冯艳艳. 和谐: 高校人事制度改革的价值趋向 [J]. 科技创新导报, 2010 (09).

[66] 王占军. 推进人事制度改革建设高水平教师队伍——访浙江大学校长杨卫 [J]. 大学 (学术版), 2010 (10).

[67] 高蓓蕾. 校本培训理念与高校师资教学培训 [J]. 辽宁教育研究, 2010 (12).

[68] 朱旭东主编. 教师专业发展理论研究 [M]. 长春: 东北师范大学出版社, 2011.

[69] 刘晓苏. 事业单位人事制度改革研究 [M]. 上海: 上海交通大学出版社. 2011.

[70] 沈红. 论学术职业的独特性 [J]. 北京大学教育评论, 2011 (03).

[71] 王晓龙. 关于高校人事管理制度改革的思考 [J]. 黑龙江高教研究, 2011 (03).

[72] 项杨雪, 柳宏志. 基于产学研战略联盟的高校创新团队建构模式及运行机

制[J].高等工程教育研究,2011(03).

[73]赵炬明.美国大学教师管理研究(下)[J].高等工程教育研究,2011(06).

[74]刘胜建.教师在产学研结合中的作用[J].中国高校科技,2011(06).

[75]邹银凤,孟倩.完善高校教育职员制度的思考.[J].中国高教研究,2011
   (06).

[76]肖兴安.中国高校人事制度变迁研究[D].华中科技大学,2012.

[77]史娟红.基于政府角色的人力资源开发对策研究.[D]南京航空航天大
   学,2012.

[78]董琳.企业技工学校"双师型"教师队伍建设的现状及策略研究——以济
   南市为例[D].内蒙古师范大学,2012.

[79]臧佩红.试论当代日本的教育国际化[J].日本学刊,2012(01).

[80]赵英.协同创新:教师教育改革有效推进的必然路径[J].贵州师范大学
   学报(社会科学版),2012(03).

[81]于海燕,张海娟.世界一流大学师资国际化过程分析[J].高教探索,2012
   (03).

[82]董泽芳等.我国高校教师队伍学缘结构问题及优化对策[J].教育科学,
   2012(05).

[83]张应强.新中国大学制度建设的艰难选择[J].清华大学教育研究,2012
   (06).

[84]顾永红.美国大学教师聘任制度的变迁及启示[J].国家教育行政学院学
   报,2012(10).

[85]徐学兰.地方应用型本科院校"双师型"教师培养问题探究[J]教育探索,
   2012(12).

[86]张道亮,王章豹.产学研战略联盟共赢机制探析[J].科技和产业,2012
   (01).

[87]冯叶成,刘嘉,张虎.政府—高校—企业协同的产学研合作模式探索与实
   践[J].科技进步与对策,2012(22).

[88]原毅军,孙思思.推进产学研战略联盟的多渠道模式研究[J].科技进步
   与对策,2012(22).

[89]夏书章.行政管理学[M].高等教育出版社,2013.

[90] 王凌峰. 美式终身教职：战后变革与中国实践 [J]. 高校教育管理, 2013 (03).

[91] 林友利. 论现代大学制度视域下高校人事制度改革 [J]. 重庆交通大学学报（社会科学版）, 2013 (04).

[92] 江珊. 追寻我国的世界一流大学梦——基于哈佛大学师资队伍建设的思考与启示 [J]. 重庆高教研究, 2013 (06).

[93] 叶龙等主编. 人力资源开发与管理（第二版）[M]. 北京：北京交通大学出版社, 2014.

[94] 段磊, 刘金笛编著. 事业单位组织人事改革实务 [M]. 北京：中国发展出版社, 2014.

[95] 陈昌贵, 曾满超. 研究型大学国际化研究 [M]. 广州：世界图书出版公司, 2014.

[96] 肖华. 应用型本科高校立德树人探索 [M]. 苏州：苏州大学出版社, 2014.

[97] 吴冬梅. 大学教师人力资源管理 [M]. 北京：首都经济贸易大学出版社, 2014.

[98] 管培俊. 新一轮高校人事制度改革的走向与推进策略 [J]. 中国高等教育, 2014 (10).

[99] 管培俊. 关于新时期高校人事制度改革的思考 [J]. 教育研究, 2014 (12).

[100] 吕立志, 吴永祥. 提升高校创新力的对策研究 [J]. 江苏科技信息, 2014 (22).

[101] 岳英. 美国大学的"非升即走"制度及其期限设置的合理性 [J]. 北京大学教育评论, 2015 (02).

[102] 陈正学, 胡锦强, 何旭曙. 养老保险并轨背景下的高校人事制度综合配套改革的思考 [J]. 人力资源管理, 2015 (08).

[103] 管培俊. 新论高校人事改革的方向和推进策略 [J]. 北京大学教育评论, 2015 (01).

[104] 张丽, 刘焱, 裘指挥. 美国高校"非升即走"制的保障机制分析——兼论我国实施该制度的路径优化 [J]. 比较教育研究, 2015 (07).

[105] 张菊, 吴道友, 张巧巧. 高校教师创业现状及其管理机制研究 [J]. 兰州教育学院学报, 2016 (03).

[106] 朱来斌. 地方本科高校转型视阈下"双师型"师资队伍构建路径探析 [J]. 学术探索, 2016 (12).

[107] 康建安. 浅谈我国高校养老保险制度改革 [J] 科学中国人, 2016 (21).

[108] 刘盈盈. 江西省高校青年教师教学能力现状研究和提升路径探析 [D]. 江西农业大学, 2017.

[109] 杨淑敏. 教师队伍结构分析与优化研究 [D]. 华中师范大学, 2017.

[110] 张德祥, 李扬帆. 二级学院治理: 大学治理的重要课题 [J]. 中国高教研究, 2017 (03).

[111] 万里萍. 关于我国高校"去行政化"的思考 [J]. 人民论坛. 2017 (17).

[112] 习近平. 在北京大学师生座谈会上的讲话 [M]. 北京: 人民出版社, 2018.

[113] 本书编写组. 新时代新理论新征程 [M]. 北京: 人民出版社, 2018.

[114] 姚玲等. 学生视域下的高校教师能力现状调查研究 [J]. 学理论, 2018 (05).

[115] 李晓东, 顾正娣. 新时代高校师资队伍建设探索 [J]. 中国成人教育, 2018 (09).